"十四五"职业教育国家规划教材

汽车应用材料
（第2版）

主　编　白树全
副主编　高美兰　李　超　王　臣
参　编　徐丽娜　崔广磊　段剑平
主　审　董继钢

全书配套资源

北京理工大学出版社
BEIJING INSTITUTE OF TECHNOLOGY PRESS

内容简介

本书是国家职业教育汽车检测与维修技术（汽车车身维修技术）专业教学资源库汽车车身材料课程和教育部现代学徒制试点、1+X证书制度试点新能源汽车技术专业以及教育部创新发展行动计划汽车制造与试验技术专业汽车应用材料课程配套教材。根据汽车制造和汽车运行情况对现代汽车应用材料展开应用性的知识阐述，并对汽车新知识、新材料和新技术的应用进行了简要介绍。本书采用最新材料性能试验和有关材料方面的最新国家标准，企业专家提供大量企业真实案例和数字化资源，打造互联网+新形态教材，以便于利用智慧职教云平台，采用线上线下信息化教学方法。

本书图文并茂、实用性强，具有较高的使用价值，可供高等院校汽车类专业选用，也可供有关技术人员、汽车维修技师和汽车维修工参考使用。

为方便教学和学习，凡选用本书作为教材的师生均可登录智慧职教－汽车车身材料 https://www.icve.com.cn/portal_new/courseinfo/courseinfo.html？courseid = kfu5amkr3olp2mr1wadumw&from = skill 和智慧职教 MOOC 学院－汽车材料 https://mooc.icve.com.cn/course.html？cid = QCCBT055508线上学习，同时可以通过扫描书中二维码观看相应的微课、视频、动画等。

版权专有　侵权必究

图书在版编目（CIP）数据

汽车应用材料/白树全主编．—2版．—北京：北京理工大学出版社，2019.11（2024.1重印）

ISBN 978-7-5682-7951-2

Ⅰ.①汽…　Ⅱ.①白…　Ⅲ.①汽车－工程材料　Ⅳ.①U465

中国版本图书馆 CIP 数据核字（2019）第 251210 号

责任编辑／多海鹏	文案编辑／多海鹏
责任校对／周瑞红	责任印制／李志强

出版发行　／　北京理工大学出版社有限责任公司
社　　址　／　北京市丰台区四合庄路6号
邮　　编　／　100070
电　　话　／　（010）68914026（教材售后服务热线）
　　　　　　　（010）68944437（课件资源服务热线）
网　　址　／　http://www.bitpress.com.cn
版 印 次　／　2024年1月第2版第3次印刷
印　　刷　／　唐山富达印务有限公司
开　　本　／　787 mm×1092 mm　1/16
印　　张　／　17.25
字　　数　／　384千字
定　　价　／　59.90元

图书出现印装质量问题，请拨打售后服务热线，负责调换

前　言

党的二十大报告指出，为建设现代化产业体系，未来一段时间，我们要"推动战略性新兴产业融合集群发展，构建新一代信息技术、人工智能、生物技术、新能源、新材料、高端装备、绿色环保等一批新的增长引擎"。新材料产业已被列为国家新兴战略性产业之一，促进了汽车新材料产业的发展。随着现代汽车技术的不断发展，汽车新结构、新材料、新能源、新标准不断推陈出新。

本书是在第1版的基础上修订而成的。本书是国家职业教育汽车检测与维修技术（汽车车身维修技术）专业教学资源库汽车车身材料课程和教育部现代学徒制试点、1+X证书制度试点新能源汽车技术专业以及教育部创新发展行动计划汽车制造与试验技术专业汽车应用材料课程配套教材研究、建设的经验和成果，以加强学生的实践技能训练、培养技术应用能力为出发点，以汽车应用材料的性能和运用为主题，优化课程内容，及时反映汽车新材料、新技术、新成果和新标准，力求适应行业企业、社会对汽车类专业人才的需求，达到实用化与综合化兼顾的目标。

本书修订后，有以下几个特点：

1. 配套国家专业教学资源库，建立了立体化教学资源库，主要包括：电子教案，课程标准，教学素材，课后习题及答案，教学案例及网络资源，教学演示动画、视频、微课等，便于线上线下混合式信息化教学。

2. 本书将"金属材料与热处理""非金属材料""汽车运行材料"课程内容进行整合，针对性和综合性更强，适用性更广。

3. 在内容组织上，基于工学结合、项目导向、理实一体化课程改革需要，加强学生实践技能及与人协同沟通能力的培养。每个模块或任务后，增加拓展知识，介绍大国重器、大国工匠和材料名家等，培养学生的工匠精神和职业素养，课程思政特色明显。

4. 本教材以"必需、实用、够用"为宗旨，合理制定知识点和技能点要求，以技能为主线，理论与技能有机结合，重在教会学生掌握必需的专业知识和技能，体现了以能力为本的职业技术教育特点。

5. 突出"新"字,做到"知识新、工艺新、技术新、设备新、标准新"。注重与汽车行业发展现状紧密联系,实现教材和汽车技术发展的紧密结合。

6. 每个任务都以案例引入,通过案例分析,引出所需掌握的知识点和技能点,可以让学生更好地学以致用。

7. 学习任务中增加"想一想""考一考""试一试"等,调动学生的学习积极性和兴趣,便于学生掌握相关知识和技能。

8. 根据汽车应用型技术技能人才素质培养的经验,按照教学规律和学生的认知规律,采用与汽车产业紧密联系的实例和直观图表表达形式,降低学习难度,提高学生的学习兴趣和学习效率。

本书由包头职业技术学院白树全主编并负责统稿;包头职业技术学院高美兰、李超、王臣任副主编;包头职业技术学院徐丽娜、崔广磊,包头市了然汽车司法评估有限公司段剑平参与了编写工作。其中模块3、5由白树全编写,模块1、4由高美兰编写,绪论、模块6和7由李超编写,模块2、10由王臣编写,模块8、9由崔广磊编写,附录和拓展知识由段剑平编写,徐丽娜负责整理数字化资源。包头职业技术学院王晨、于洪兵,陕西交通职业技术学院郭建明,苏州昆山奥马热工科技有限公司潘慕刚提供了部分信息化资源、企业案例和图片,在此表示感谢。全书由包头市钢兴实业(集团)有限公司董继钢主审。对于在本书的编撰和修订工作中做了大量工作的老师和企业专家,在此深表感谢。

在本书的编写和修订过程中,参阅了有关资料、文献和网络资源,借此向所参阅文献资料的作者表示最衷心的感谢。

由于编者水平有限,书中难免有不当甚至错误之处,欢迎读者批评指正,以便修改再版。

编 者

目录

绪论 ▶ 001

任务 0.1　汽车的主要构成 / 002
任务 0.2　汽车材料的应用 / 003
任务 0.3　汽车应用材料的组成 / 004
任务 0.4　汽车应用材料的展望 / 008

模块 1　**金属材料的性能** ▶ 011

任务 1.1　金属材料的力学性能 / 012
任务 1.2　金属材料的工艺性能 / 025
拓展知识　泰坦尼克号的沉没与材料性能的关系 / 028
技能训练题 / 029

模块 2　**金属的晶体结构与结晶** ▶ 031

任务 2.1　纯金属与合金的晶体结构 / 032
任务 2.2　纯金属与合金的结晶 / 038
任务 2.3　铁碳合金相图 / 046
拓展知识　铋金属结晶体,美到无法想象 / 057
技能训练题 / 058

模块 3　**钢的热处理** ▶ 061

任务 3.1　钢在加热和冷却时的组织转变 / 062
任务 3.2　钢的普通热处理 / 067
任务 3.3　钢的表面热处理 / 071
拓展知识　柯俊——钢铁大师的报国情怀 / 074
技能训练题 / 076

模块 4　**汽车用钢铁材料** ▶ 079

任务 4.1　碳素钢 / 080
任务 4.2　合金钢 / 089
任务 4.3　铸铁 / 107
任务 4.4　典型汽车零件的选材 / 118
拓展知识　国家体育场(鸟巢)用钢 / 129
技能训练题 / 131

模块 5　汽车用有色金属及其合金 ▶ 133

　　任务 5.1　铝及铝合金 / 134
　　任务 5.2　铜及铜合金 / 138
　　任务 5.3　滑动轴承合金 / 144
　　任务 5.4　其他有色金属简介 / 146
　　拓展知识　形状记忆合金 / 149
　　技能训练题 / 151

模块 6　汽车用非金属材料 ▶ 153

　　任务 6.1　塑料 / 154
　　任务 6.2　橡胶 / 158
　　任务 6.3　玻璃 / 162
　　任务 6.4　陶瓷 / 165
　　任务 6.5　复合材料 / 167
　　任务 6.6　汽车用摩擦材料 / 171
　　拓展知识　港珠澳大桥背后的新材料 / 174
　　技能训练题 / 176

模块 7　汽车用燃料 ▶ 179

　　任务 7.1　车用汽油 / 180
　　任务 7.2　车用柴油 / 185
　　任务 7.3　汽车新能源 / 190
　　拓展知识　航空煤油 / 194
　　技能训练题 / 195

模块 8　汽车用润滑材料 ▶ 197

　　任务 8.1　发动机润滑油 / 198
　　任务 8.2　车辆齿轮油 / 207
　　任务 8.3　汽车润滑脂 / 213
　　拓展知识　全合成、半合成、矿物油的区别是什么 / 220
　　技能训练题 / 221

模块 9　汽车用工作液 ▶ 223

　　任务 9.1　汽车制动液 / 224
　　任务 9.2　汽车防冻液 / 228
　　任务 9.3　液力传动油 / 231
　　任务 9.4　其他汽车工作介质 / 234
　　拓展知识　空调制冷发展史 / 237
　　技能训练题 / 239

模块 10　汽车轮胎 ▶ 241

　　任务 10.1　轮胎的类型与结构特点 / 242
　　任务 10.2　轮胎的规格及合理使用 / 245
　　拓展知识　固特异轮胎的诞生 / 249
　　技能训练题 / 251

附　录 ▶ 253

　　附录 1　压痕直径与布氏硬度对照表 / 254
　　附录 2　车用柴油（V）技术要求和试验方法（GB/T 19147—2016）/ 257
　　附录 3　我国各地各月份风险率为 10% 的最低气温
　　　　　（GB/T 19147—2016）/ 261
　　附录 4　机动车辆制动液的技术要求和试验方法（GB/T 12981—2012）/ 262

参考文献 ▶ 265

绪 论

汽车工业作为现代工业社会的一个重要标志,带动和促进着石油、材料、电子、化工等工业,以及交通运输业、旅游业等30余个其他行业的发展,在国民经济中占有着重要的地位。据统计,世界上每年钢材产量的1/4、橡胶产量的1/2、石油产量的1/2,均用于汽车工业及相关产业。

任务0.1 汽车的主要构成

大多数汽车的总体结构及其主要机构的构造和作用原理基本上是一致的。常用汽车的总体构造主要包括发动机、底盘、车身和电气电子设备，如图0-1所示。

图0-1 汽车的总体构造

0.1.1 发动机

发动机是汽车的动力装置，是汽车的"心脏"。其作用是使供入其中的燃料燃烧而发出动力，通过底盘传动系统驱动汽车行驶。现代汽车上广泛使用内燃机，它一般由两大机构和五大系统组成。两大机构为曲柄连杆机构和凸轮配气机构，五大系统为燃料供给系统、润滑系统、冷却系统、点火系统和起动系统。

0.1.2 底盘

底盘接受发动机发出的动力，使得汽车得以正常行驶。底盘将汽车各总成、部件连接成为一个整体，并具有传动、转向、制动等功能。底盘主要包括传动系统（离合器、变速器、传动轴等）、行驶系统（车架、车轮等）、转向系统（转向盘、转向传动装置等）和制动系统（前、后轮制动器，控制和传动装置等）四大系统。

0.1.3 车身

车身用以承载驾驶员、乘客和货物。通常，货车车身由驾驶室、车厢等组成，客车、轿车则由车身结构件、车身覆盖件、车身外装件、车身内装件和车身附件等总成零件组成。

0.1.4 电气电子设备

汽车电气电子设备主要包括电源、发动机的起动系统和点火系统及照明、信号、电子控制设备等。在现代汽车中，电子技术配备有了飞跃性的发展。目前，在汽车上，尤其是在轿车上较普遍地使用了电子打火、发动机动力输出控制（EPC）、发动机电控喷射系统、防抱死制动系统（ABS）、速度感应式转向系统（SSS）、卫星导航系统（GPS）、安全气囊系统（SRS）、自动诊断装置等，大大提高了轿车的可靠性和安全性能。随着电子技术的不断发展，汽车将更加电子化和智能化。

任务 0.2 汽车材料的应用

通常，一辆汽车由约 2 万个零部件组装而成。汽车上每个零件的生产制造都涉及材料问题。据统计，汽车上的零部件采用了 4 000 余种不同的材料加工制造。从汽车的设计、选材、加工制造，到汽车的使用、维修和养护无一不涉及材料。

以现代汽车应用材料为例，按照重量来换算，钢材占汽车自重的 55%～60%，铸铁占 5%～12%，有色金属占 6%～10%，塑料占 8%～12%，橡胶占 4%，玻璃占 3%，其他材料（油漆、各种液体等）占 6%～12%，如图 0-2 所示。目前，汽车制造用材仍以金属材料为主，塑料、橡胶、陶瓷等非金属材料占有一定的比例。在本书中，我们将系统地介绍汽车应用材料的基础知识，以对汽车上应用的各种工程材料以及汽车在运用过程中使用的各种运行材料有一个大致的了解。

资源 0-1
6 分钟看完 25 000 年材料发展历史

资源 0-2
蛟龙号、超级计算机、"钢铁螳螂"等
国之重器"汇聚"江苏彩车

图 0-2 现代汽车应用材料的比例

汽车工业的发展一直是与汽车材料及材料加工工艺的发展同步的。现代社会中，人们对汽车的要求从代步、运输逐渐转向多功能。因此，现代汽车要满足安全、舒适、自重轻、污染排放低、能耗小、价格低等要求，首先就要从材料方面考虑。目前，大量新型材料，如高分子材料、复合材料等的迅速发展，为现代汽车的发展提供了必要的条件。此外，复合材料将使传统的以汽油、柴油作为汽车燃料的状况发生根本性的变革。

任务 0.3　汽车应用材料的组成

按照用途来分，汽车应用材料可分为汽车工程材料和汽车运行材料。

0.3.1　汽车工程材料

工程材料主要是指用于机械、车辆、船舶、建筑、化工、能源、仪器仪表、航空航天等工程领域中的材料。它既包括用于制造工程构件和机械零件的材料，也包括用于制造工具的材料及具有特殊性能的材料。

0.3.1.1　金属材料

金属材料是目前汽车上应用最广泛的工程材料。工业上一般把金属材料分为两大部分：黑色金属和有色金属。黑色金属是指钢铁材料；有色金属是指钢铁材料以外的所有金属材料，如铝、铜、镁及其合金。按照特性来分，有色金属又可以分为轻金属、重金属、贵金属、稀有金属和放射性金属等多个种类。

钢铁材料在我国汽车工业生产中仍占主流地位。中型载货汽车上钢铁材料约占汽车总重量的 3/4，轿车上钢铁材料则超过总重的 2/3。钢铁材料最大的特点是价格低廉，比强度（强度/密度）高，便于加工，因而得到广泛的应用。汽车用钢铁材料有钢板、结构钢、特殊用途钢、

资源 0-3
春秋越王勾践剑，千年不锈的秘密

钢管、烧结合金、铸铁及部分复合材料等，主要用于制造车架、车轴、车身、齿轮、发动机曲轴、气缸体、罩板、外壳等零件。

有色金属因具有质轻、导电性好等钢铁材料所不及的特性，在现代汽车上的用量呈逐年增加的趋势。例如：铝合金具有密度低、强度高和耐蚀性好的特性，在轿车的轻量化中占有举足轻重的地位。据统计，近十年来轿车上铝及其合金的用量已从占汽车总重的5%左右上升至10%左右。此外，采用新型镁合金制造的凸轮轴盖、制动器、转向盘等部件，可以减轻重量和降低噪声。在轿车制造行业，采用铝、镁、钛等轻金属代替钢铁材料来减轻汽车自重，已成为轿车轻量化的一个重要手段。

0.3.1.2 高分子材料

高分子材料属于有机合成材料，亦称聚合物。高分子材料可分为天然高分子材料（如蚕丝、羊毛、油脂、纤维素等）和人工合成高分子材料。后者因具有较高的强度、良好的塑性、较强的耐腐蚀性、很好的绝缘性和较轻的重量等特点，很快成为工程上发展最快、应用最广的一类新型材料。在工程上，根据高分子材料的力学性能和使用状态，一般将其分为塑料、合成纤维、橡胶、胶黏剂和涂料等。

塑料主要指强度、韧性和耐磨性较好，可用于制造某些零部件的工程塑料。塑料具有价廉、耐腐、降噪、美观、质轻等特点。塑料正式应用于汽车始于20世纪60年代石油化工工业的兴盛期。现代汽车上许多构件如汽车保险杠、汽车内饰件、高档车用安全玻璃、仪表面板等零部件，均采用工程塑料制造。塑料与钢铁材料相比更具有安全性，并降低了造价，较大地改善了汽车的安全性、舒适性和经济性。

其他高分子材料在汽车上也有着广泛的应用。汽车的坐垫、安全带、内饰件等多数是由合成纤维制造的。合成纤维是指由单体聚合而成具有很高强度的高分子材料，如常见的尼龙、聚酯等；橡胶通常用来制造汽车的轮胎、内胎、防震橡胶、软管、密封带、传动带等零部件；各种胶黏剂起到黏结、密封等作用，并可简化制造工艺；各种车用涂料对车身的防锈、美化及商品价值有不可忽视的作用。

0.3.1.3 玻璃材料

玻璃的主要成分是SiO_2。汽车上使用的玻璃制品主要为车窗玻璃，要求其具有良好的透明性、耐候性（对气温变化不敏感）、足够的强度和很高的安全性。因此，车用玻璃必须是安全玻璃，主要有钢化玻璃、区域钢化玻璃、普通复合玻璃和HPR（High penetration Resistance）夹层玻璃等几种类型。其中，HPR夹层玻璃是指具有高穿透抗力的夹层玻璃。采用这种玻璃，当车受到撞击时，乘客若撞到车窗玻璃上，玻璃不会被击穿，从而避免了乘客因玻璃碎裂而受伤的危险。在欧美等国家，已规定前挡风玻璃只允许使用HPR夹层玻璃。

0.3.1.4 陶瓷材料

陶瓷材料属于无机非金属材料，主要为金属氧化物和非金属氧化物。陶瓷材料是人类最早利用自然界提供的原料进行加工制造而成的材料，具有耐高温、硬度高、脆性大等特点。传统的陶瓷多采用黏土

资源0-4
5G时代手机材料将大不一样，非金属结构材料或成主流

等天然矿物质原料烧制，而现代陶瓷则多采用人工合成的化学原料烧制。典型的工业用陶瓷材料有普通陶瓷、玻璃和特种陶瓷。

普通陶瓷（传统陶瓷）主要为硅、铝氧化物的硅酸盐材料；特种材料（新型材料）主要为高熔点的氧化物、碳化物、氮化物、硅化物等的烧结材料。近年来，还发展了金属陶瓷，主要指用陶瓷生产方法制取的金属与碳化物或其他化合物的粉末制品。陶瓷在汽车上的最早应用是制造火花塞。现代汽车中，陶瓷的用途得到大大的拓展：一部分陶瓷作为功能材料被用于制造各种传感器，如爆震传感器、氧传感器、温度传感器等部件；另一部分陶瓷则作为结构材料用于替代金属材料制作发动机和热交换器零件。近年来，一些特种陶瓷也用于制造发动机部件或整体、气体涡轮部件等，可以达到提高热效率、降低能耗、减轻自重的目的。

资源 0-5
碳纤维：撑起大国重器的"小材料"

0.3.1.5 复合材料

复合材料是指由两种或两种以上不同材料组合而成的材料。由于它是由不同性质或不同组织结构的材料以微观或宏观的形式组合而成的，故不仅保留了组成材料各自的优点，而且具有单一材料所没有的优异性能，在强度、刚度、耐蚀性等方面比单纯的金属材料、陶瓷材料和高分子材料都优越。

原则上来说，复合材料可以由金属材料、高分子材料和陶瓷材料中任意两种或几种制备而成。按基本材料的种类来分，复合材料可分为非金属基复合材料和金属基复合材料两大类。非金属基复合材料是指以聚合物、陶瓷、石墨、混凝土为基体的复合材料，其中以纤维增强聚合物基和陶瓷基复合材料最常用；金属基复合材料是指以金属及复合材料为基体，用一种或几种金属或非金属增强的复合材料。

复合材料是一种新型的、具有很大发展前途的工程材料，起初主要应用于宇航工业，近年来在汽车工业中也逐步得到应用，对于汽车车顶导流板、风挡窗框等车身外装板件，采用纤维增强复合材料（FRP）制造具有质轻、耐冲击、便于加工异形曲面和美观等优点；汽车柴油发动机的活塞顶、连杆、缸体等零件，采用纤维增强金属（FRM）来制造，可显著提高零件的耐磨性、热传导性、耐热性，并减少热膨胀。

0.3.2　汽车运行材料

汽车运行材料是指汽车在运行过程中所消耗的材料。它包括燃料、润滑剂、工作液和轮胎等。这些材料大多属于石油产品。据统计，全球石油产品的46%被汽车及相关工业所消耗。

0.3.2.1　燃料

通常是指能够将自身储存的化学能通过化学反应（燃烧）转变为热能的物质。汽车用燃料主要是指汽油和轻柴油。

汽油作为点燃式发动机（汽油机）的主要燃料，其使用性能的好坏对发动机工作的可靠性、经济性以及使用寿命有极大影响。汽油是从石油提炼出来的密度小、易于挥发的液体燃料。对于汽油的使用性能，主要从蒸发性、抗爆性、化学稳定性、耐腐蚀性、清洁性等几方面考虑，从而保证了发动机在各种工况下的可靠起动、正常燃烧和平稳运转。

轻柴油（可简称柴油）是车用高速柴油机的燃料。与汽油相比，轻柴油的密度大，易自燃。柴油机与汽油机的工作方式不同，对于柴油，主要从低温流动性、燃烧性、蒸发性、黏度、腐蚀性和清洁性等方面要求其使用性能。

据预测，石油资源只能供全世界使用到2040—2050年。进入21世纪以来，针对环境和能源形势的日趋恶化，世界范围内的环保呼声也越来越高，开发使用被称为"绿色能源"的清洁代用燃料也成为汽车燃料发展的趋势。

目前，较普遍使用的汽车清洁代用燃料有天然气、液化石油气、电能、氢、太阳能、醇类、醚类和合成燃料等。由于天然气、液化石油气、醇类、醚类和合成燃料的相对分子质量比汽油、柴油小得多，有利于与空气的混合、燃烧，故其尾气排放CO、HC、CO_2等污染比汽油、柴油低得多。除此之外，人们还正在尝试利用无污染的太阳能、电能驱动汽车。

0.3.2.2 汽车用润滑油

汽车用润滑油主要包括发动机润滑油、车辆齿轮油和汽车润滑脂等。由于汽车可运行的地域辽阔，各地区的气候条件相差很大，因而对车用润滑油的要求比一般的润滑油更高。

汽车发动机润滑油的主要功用是对汽车摩擦零件间（曲轴、连杆、活塞、气缸壁、凸轮轴、气门）进行润滑。除此以外，性能优良的发动机润滑油还应具有冷却、洗涤、密封、防锈和消除冲击负荷的作用。

车辆齿轮油是用于变速器、后桥齿轮传动机构及传动器等传动装置机件摩擦处的润滑油。它可以降低齿轮及其他部件的磨损、摩擦，分散热量，防止腐蚀和生锈，对保证齿轮装置正常运转和齿轮使用寿命十分重要。

润滑脂是指稠化了的润滑油。与润滑油相比，润滑脂蒸发损失小，高温高速下的润滑性好，附着能力强，还可起到密封的作用。

0.3.2.3 汽车用工作液

汽车用制动液、液力传动油、减震器油、冷却液及空调制冷剂等，统称为汽车用工作液。

制动液是汽车液压制动系统中传递压力的工作介质，俗称刹车油，是液压油中的一个特殊品种。

发动机冷却液是发动机冷却系统的冷却介质。其中防冻冷却液不仅具有防止散热器冻裂的功能，而且具有防腐蚀、防锈、防垢和高沸点（防开锅）的功能，可以有效地保护散热器，改善散热效果，提高发动机效率，保障汽车安全行驶。

减震器液是汽车减震器的工作介质。它利用液体流动通过节流阀时产生的阻力起到减震作用。

制冷剂是汽车空调器的工作介质。它在空调器的系统中循环，以达到制冷的目的。

0.3.2.4 轮胎

轮胎的主要作用是支撑全车重量，与汽车悬架共同衰减汽车行驶中产生的振荡和冲击，支持汽车的侧向稳定性，保证车轮与路面有良好的附着性能。

汽车轮胎以橡胶为原料制成，世界上生产的橡胶约80%用于制造轮胎。轮胎的费用占整个汽车运输成本的25%左右。轮胎使用性能的好坏，直接影响车辆的安全性、行驶稳定性和经济性。随着车辆行驶速度的不断提高，对轮胎的技术和安全要求也更高。掌握轮胎特征，正确地使用和养护轮胎，可以延长轮胎的使用寿命，降低汽车的运行成本。

不同类型的轮胎有不同的结构特点和使用性能，按汽车轮胎组成结构不同，可分为有内胎轮胎和无内胎轮胎；按胎面花纹不同，又可分为普通花纹轮胎、越野花纹轮胎和混合花纹轮胎；按胎体帘布层结构不同，又可分为斜交轮胎和子午线轮胎。

任务0.4　汽车应用材料的展望

21世纪是高新技术的世纪，信息、生物和新材料代表了高新技术发展的方向。对于汽车材料来说，其总的发展趋势是：结构材料中钢铁材料所占比例将逐步下降，有色金属、陶瓷材料、复合材料、高分子材料等新型材料的用量将有所上升。在性能可靠的前提条件下，将尽可能多地采用铝合金、复合材料等轻型、新型材料取代钢铁材料，使汽车向轻量化、高效、节能、低噪声、高舒适度和高安全性等方向发展。

资源0-6
神奇的纳米材料

资源0-7
新型材料让标志更智能

为了满足汽车轻量化的要求，汽车上采用纤维增强聚合物基复合材料（FRP）、铝合金或纤维增强金属基复合材料（FRM）取代了原有的钢铁结构零件；采用新型高强度陶瓷材料制造汽车发动机部件乃至整机；运用碳纤维增强树脂基复合材料（CFRP）制造驱动轴等。此外，汽车运行材料趋向采用绿色环保材料或燃料。

随着科技水平的不断进步和发展，相信会有更多的汽车新型材料不断问世，不断应用于汽车行业之中。

图0-3所示为某轿车外部组成及材料的选择和成形方法，图0-4所示为某轿车内部组成及材料的选择和成形方法。

图0-3 某轿车外部组成及材料的选择和成形方法

图0-4 某轿车内部组成及材料的选择和成形方法

模块 1
金属材料的性能

🚗 知识点

1. 掌握金属材料力学性能指标的概念和意义。
2. 了解金属材料物理性能、化学性能和工艺性能的意义。

✏️ 技能点

学会力学性能指标的测试方法和应用。

一辆汽车约有2万多个零件,这些零件使用了4 000余种不同的材料加工制造,其中80%左右是金属材料。金属材料之所以在汽车上得到广泛的应用,是因为金属材料具有许多良好的性能。

金属材料的性能直接关系到汽车的制造装配、运行维护、使用寿命和加工成本,是合理选用汽车零部件材料的重要依据。金属材料的性能包括使用性能和工艺性能。使用性能是指金属材料为保证机械零件或工具正常工作应具备的性能,即在正常使用条件下所表现出来的性能,包括力学性能、物理性能和化学性能。使用性能决定了材料的使用范围、安全可靠性和使用寿命。工艺性能是指金属材料在各种加工过程中所表现出来的性能,包括铸造性能、锻压性能、焊接性能、热处理性能和切削加工性能等。

任务1.1 金属材料的力学性能

【案例1-1】 史上空前的海难——泰坦尼克号的沉没

1912年,世界航海史上曾被骄傲地称为"永不沉没的巨轮"泰坦尼克号初航时,与一座漂浮的冰山发生了仅仅10 s的碰撞,35 cm厚的双层船体钢板就在水位线处像拉链拉开一样被撕裂,海水排山倒海般涌向船内,约3 h后,这辉煌的首航竟给它带来了葬身海底的厄运。人们不禁要问,到底是什么原因导致这场悲剧的发生?排除其他人为因素,设计、材料的选择和性能无疑起着至关重要的作用。

金属的力学性能是指金属在外力作用下表现出来的性能。表征和判定金属力学性能所用的指标和依据,称为金属力学性能判据。判据的高低表征了金属抵抗各种损伤作用能力的大小,也是金属制件设计时选材和进行强度计算的主要依据。

金属在加工和使用过程中都会受到外力的作用,这种外力通常称为载荷。载荷按照性质不同,一般可分为静载荷和动载荷(冲击载荷和交变载荷统称为动载荷)。静载荷指载荷的大小和方向不随时间发生变化或变化极缓慢的载荷。例如:汽车在静止状态下,车身自重引起的对车架和轮胎的压力属于静载荷。冲击载荷是指以较高的速度作用于零部件上的载荷。例如:当汽车在不平的道路上行驶时,车身对车架和轮胎的冲击即为冲击载荷;交变载荷是指大小与方向随时间发生周期性变化的载荷。运转中的发动机曲轴、齿轮等零部件所承受的载荷均为交变载荷。根据加载形式的不同,外加载荷也可分为拉伸载荷、压缩载荷、弯曲载荷、剪切载荷和扭转载荷等,如图1-1所示。

金属材料在外加载荷的作用下,形状和尺寸的变化称为变形。变形一般分为弹性变形和塑性变形。所谓弹性变形,是指构件受到外加载荷作用时产生变形,载荷卸除后恢复原状的变形。而塑性变形则是指构件在外加载荷作用下产生变形,且当载荷卸除后不能恢复原状的变形,也称为永久变形。

模块 1　金属材料的性能

金属材料的力学性能是设计和制造汽车零件的重要依据，也是控制汽车零件质量的重要参数。金属材料的选择离不开对金属力学性能的分析。例如汽车轮胎紧固螺栓材料及规格的选择，就必须能够保证螺栓在使用过程中不会由于承受不住剪切而扭断，从而保证驾乘人员的安全，如图 1-2 所示。

金属材料的力学性能主要包括静态力学性能（强度、塑性、硬度）和动态力学性能（韧性、疲劳强度）。

图 1-1　载荷的作用形式

图 1-2　汽车轮胎紧固螺栓

⚙ 1.1.1　强度与塑性

【案例 1-2】　　1991 年，深水机械人从 4 000 m 海底捞起一块泰坦尼克号上的钢板，其上有泰坦尼克号的标志。钢板出水后用高压水枪冲洗掉沉积物，居然还有油漆在上面。取了一块试样做拉伸强度试验，强度竟然比现代钢材还要高，据悉建造这艘豪华巨轮用的是当时最优质的钢材。它为什么会沉呢？

强度是指金属材料在静载荷作用下，抵抗塑性变形和断裂的能力。塑性是指金属材料在静载荷作用下产生塑性变形而不发生断裂的能力。强度和塑性指标都可以通过拉伸试验测定。

1.1.1.1　拉伸试验

拉伸试验是指在静拉伸力作用下，对试样进行轴向拉伸，直到拉断。根据拉伸试验绘制出的拉伸曲线，即可计算出强度和塑性的性能指标（《金属材料拉伸试验 室温试验方法》GB/T 288.1—2010）。

拉伸试验前，将被测金属制成具有一定形状和尺寸的标准拉伸试样，图 1-3 所示为常用的圆形拉伸试样。将拉伸试样装夹在拉伸试验机（图 1-4）的两个夹头上，沿轴向缓慢加载进行拉伸，试样逐渐伸长、变细，直到最后拉断。在拉伸试验过程中，拉伸试验机上的自动记录装置可绘出能反映静拉伸载荷 F 与试样轴向伸长量 ΔL 对应关系的拉伸曲线，即 $F-\Delta L$ 曲线。图 1-5 所示为低碳钢的 $F-\Delta L$ 曲线。

图1-3 标准拉伸试样

（a）拉伸前；（b）拉伸后；（c）拉伸试样的颈缩现象

图1-4 拉伸试验机

1—载荷指示器；2—自动绘图装置；3—工作油缸；
4—立柱；5—活动横梁；6—拉伸夹头

资源1-1 拉伸试验机

图1-5 低碳钢的 $F-\Delta L$ 曲线

资源1-2 低碳钢拉伸试验

由图 1-5 曲线可以看出，拉伸过程中试样表现出以下几个变形阶段：

（1）弹性变形阶段（Oe 段）

当载荷不超过 F_e 时，加载试样变形，卸除载荷，试样能恢复原状。F_e 是试样产生弹性变形的最大力。

（2）屈服阶段（s 点附近的平台或锯齿）

当载荷超过 F_e 后，试样除了发生弹性变形外，还有微量塑性变形。当载荷增加到 F_s 时，曲线出现平台或锯齿，表明在载荷不增加或略有减小的情况下，试样却继续伸长，这种现象称为屈服，s 点称为屈服点，F_s 为屈服载荷。

资源 1-3
拉伸曲线分析

（3）强化阶段（sm 段）

屈服阶段之后，继续增加载荷，试样继续伸长。随着试样塑性变形的增大，材料的变形抗力也逐渐增加，这种现象称为形变强化（或称为加工硬化）。F_m 为试样拉断之前承受的最大力。

（4）缩颈阶段（mk 段）

当载荷增加到最大值 F_m 后，试样的直径发生局部收缩，称为"缩颈"。此时变形所需的载荷也逐渐降低，伸长部位主要集中于缩颈部位，如图 1-3（b）和（c）所示。当载荷达到 F_k 时，试样被拉断。

做拉伸试验时，低碳钢等塑性材料在断裂前有明显的塑性变形，有屈服现象，其断口呈"杯锥"状，而铸铁等脆性材料在断裂前不仅没有屈服现象，而且也没有缩颈现象，其断口是平整的。

1.1.1.2 强度指标

通过拉伸试验测得的强度指标有屈服强度和抗拉强度。

（1）屈服强度

金属材料开始产生屈服现象时的最低应力称为屈服强度，用 R_{eL} 表示。

$$R_{eL} = \frac{F_s}{S_0} \text{（MPa）}$$

式中　F_s——试样发生屈服时的最小载荷（N）；

　　　S_0——试样原始横截面积（mm^2）。

对于汽车上使用的高碳钢、铸铁等在拉伸过程中没有明显屈服现象的脆性材料，通常规定以塑性变形量为 0.2% 时的应力值作为屈服强度，如图 1-6 所示，用 $R_{r0.2}$（旧标准用 $\sigma_{0.2}$）表示。

机械零件经常由于过量的塑性变形而失效，因此，零件在使用过程中不允许发生明显的塑性变形，大多数机械零件常以 R_{eL} 或 $R_{r0.2}$ 作为选材和设计时的依据。

(2) 抗拉强度

金属材料在断裂前所能承受的最大应力称为抗拉强度，用符号 R_m 表示。

$$R_m = \frac{F_m}{S_0} \text{（MPa）}$$

式中 F_m——试样断裂前所承受的最大载荷（N）；

S_0——试样原始横截面积（mm^2）。

图 1-6 铸铁的 $F-\Delta L$ 曲线

抗拉强度是设计和选材的主要依据之一，是工程技术上的主要强度指标。一般情况下，在静载荷作用下，只要工作应力不超过材料的抗拉强度，零件就不会发生断裂。

材料的强度对机械零件的设计具有非常重要的意义。强度越高，相同横截面积的材料在工作时所能承受的载荷（力）就越大；当载荷一定时，选用高强度的材料，就可以减小构件的横截面尺寸，从而减小其自重。

在工程上，屈强比 R_{eL}/R_m 是一个有意义的指标。其比值越大，越能发挥材料的潜力。但是为了使用安全，该比值不宜过大，适当的比值一般为 0.65~0.75。另外，比强度 R_m/ρ 也常被提及，它表征了材料强度与密度之间的关系，在考虑汽车轻量化的问题时，常常用到这个指标。

【想一想】

为什么泰坦尼克号船体要做成 35 cm 双层厚钢板？

1.1.1.3 塑性指标

金属的塑性指标主要由断后伸长率和断面收缩率表示。

(1) 断后伸长率

试样拉断后，标距长度的伸长量与原始标距的百分比称为断后伸长率，用符号 A 表示。

$$A = \frac{L_u - L_0}{L_0} \times 100\%$$

式中 L_u——试样拉断后标距的长度（mm）；

L_0——试样的原始标距（mm）。

(2) 断面收缩率

试样拉断后横截面积的缩减量与原始横截面积之比称为断面收缩率，用符号 Z 表示。

$$Z = \frac{S_0 - S_u}{S_0} \times 100\%$$

式中 S_u——试样拉断处的最小横截面积（mm^2）；

S_0——试样的原始横截面积（mm^2）。

同一材料的试样长短不同，测得的断后伸长率略有不同，用短试样（$L_0 = 5d_0$）测得的断后伸长率 A 略大于用长试样测得的断后伸长率 $A_{11.3}$，而断面收缩率与试样的尺寸因素无关。

金属材料的 A、Z 值越大，说明材料的塑性越好。塑性好的金属材料易于通过压力加工制成形状复杂的零件。如汽车车身覆盖件、油箱等大多是采用具有良好塑性的冷轧钢板冲压而成的，而且用塑性好的金属材料制成的零件，偶尔发生过载时，塑性变形能避免发生突然断裂造成的事故。因此，用于汽车制造的材料大多要求有一定的塑性。

1.1.1.4　GB/T 288.1—2010 与 GB/T 228—1987 对比

目前金属材料室温拉伸试验方法采用 GB/T 288.1—2010 新标准，本书即采用此标准。但一些书籍或资料的金属材料力学性能数据是按 GB/T 228—1987 旧标准测定和标注的，为方便读者学习和阅读，将金属材料强度与塑性的新、旧标准名称和符号对照列于表 1-1。

表 1-1　金属材料强度与塑性的新、旧标准名称和符号对照

GB/T 288.1—2010（新标准）		GB/T 228—1987（旧标准）	
名称	符号	名称	符号
屈服强度	R_e	屈服点	σ_s
上屈服强度	R_{eH}	上屈服点	σ_{sU}
下屈服强度	R_{eL}	下屈服点	σ_{sL}
规定残余伸长强度	R_r，如 $R_{r0.2}$	规定残余伸长应力	σ_r，如 $\sigma_{r0.2}$
抗拉强度	R_m	抗拉强度	σ_b
断后伸长率	A 和 $A_{11.3}$	断后伸长率	δ_5 和 δ_{10}
断面收缩率	Z	断面收缩率	ψ

在 GB/T 288.1—2010 中，没有对屈服强度规定符号，本书采用 R_e 作为屈服强度符号。

【试一试】

根据上面所学的知识，分别做同样尺寸、不同材料和同样材料、不同尺寸的拉伸试验，对比它们之间的力学性能关系。

⚙ 1.1.2　硬度

硬度是指金属材料抵抗局部变形或者抵抗其他物质刻划或压入其表面的能力，是重要的力学性能指标之一。通常材料的硬度越高，耐磨性越好，因此，常将硬度值作为衡量材料耐磨性的重要指标。在汽车维修行业中所用的模具、量具、刀具等都要求有足够高的硬度，否则就无法正常工作。

由于测定硬度的试验设备比较简单，操作方便，且属于非破坏性试验，因此，在实际生产中对一般机械零件，大多通过测试硬度来检测力学性能。零件图中对金属材料力学性能的要求往往只标注硬度值。

测定硬度的方法很多，主要有压入法、划痕法、回跳法。生产中常用的是压入法，即在一定外加载荷的作用下，将比工件更硬的压头缓慢压入被测工件表面，使金属局部产生塑性变形，从而形成压痕，然后根据压痕面积大小或压痕深度来确定硬度值。

根据压头和外加载荷的不同，常用的硬度指标有布氏硬度、洛氏硬度和维氏硬度。

1.1.2.1 布氏硬度

布氏硬度是在布氏硬度计（图 1-7）上测得的，用符号 HBW 表示，其试验原理如图 1-8 所示。使用直径为 D 的淬火钢球或硬质合金球作为压头，以规定的试验载荷 F 压入被测金属表面，保持规定时间后卸除载荷，此时在被测金属表面上会留下直径为 d 的球形压痕。计算压痕单位面积上所受的平均压力（即所加载荷与压痕面积的比值），即为该金属的布氏硬度值。

$$HBW = \frac{F}{S} = 0.102 \frac{2F}{\pi D(D - \sqrt{D^2 - d^2})}$$

图 1-7 布氏硬度计

资源 1-4 布氏硬度试验机

（a）

（b）

图 1-8 布氏硬度试验原理和压痕及读数显微镜
（a）试验原理及压痕；（b）读数显微镜

从上式可以看出，当载荷 F 和压头直径 D 一定时，布氏硬度值仅与压痕直径 d 的大小有关。d 越小，说明压痕面积越小，布氏硬度值越大，也就是硬度值越高。在实际应用中，布氏硬度值不用计算，只需使用读数显微镜测出压痕平均直径 d 的大小。在压痕直径与布氏硬度对照表中，即可查出相应的布氏硬度值。布氏硬度值一般不标注单位。

目前，金属布氏硬度试验方法执行 GB/T 231.1—2018 标准，用符号 HBW 表示，布氏硬度试验范围上限为 650 HBW。标注时，习惯上把硬度值写在符号 HBW 之前，后面按以下顺序注明试验条件：球体直径、测试时所加载荷（常用千克力 kgf[①] 作单位）、载荷保持的时间（保持 10~15 s 时不标注）。例如，某种材料的布氏硬度是 180 HBW10/1 000/30，表示用直径 10 mm 的硬质合金球作压头，在 1 000 kgf（9 807 N）的载荷作用下，保持 30 s 时测得的硬度值为 180 N/mm²（MPa）。布氏硬度是 530 HBW5/750，表示用直径 5 mm 的硬质合金球，在 750 kgf（7 355 N）的载荷作用下，保持 10~15 s 时测得的硬度值为 530 MPa。

布氏硬度试验应根据被测金属材料的种类和试样厚度，选用不同大小的球体直径 D、施加载荷 F 和保持时间，按表 1-2 所列的布氏硬度试验规范正确选择。按 GB/T 231.1—2018 规定，球体直径有 10 mm、5 mm、2.5 mm 和 1 mm 四种，试验载荷（单位为 kgf）与球体直径平方的比值（F/D^2）有 30、15、10、5、2.5 和 1 共六种。

布氏硬度试验的优点是数据准确、稳定、重复性强；缺点是压痕较大，易损伤零件表面，不能测量太薄、太硬的材料。布氏硬度试验常用来测量退火钢、正火钢、调质钢、铸铁及有色金属的硬度。布氏硬度试验规范见表 1-2。

表 1-2 布氏硬度试验规范

材料	硬度规范	球体直径 D/mm	F/D^2	保持时间/s
钢、铸铁	<140	10，5，2.5	10	10~15
	≥140	10，5，2.5	30	10
非铁金属	335~130	10，5，2.5	10	30
	≥130	10，5，2.5	30	30
	<35	10，5，2.5	2.5	60

1.1.2.2 洛氏硬度

洛氏硬度是在洛氏硬度计（图 1-9）上测得的，用符号 HR 表示。其试验原理如图 1-10 所示。

用顶角为 120°的金刚石圆锥体或直径为 1.588 mm 的淬火钢球作为压头，先施加初始载荷 F_0（目的是消除因为零件表面不光滑等因素造成的误差），压入金属表面的深度为 h_1（图中 1—1 位置），然后施加主载荷 F_1，在总载荷 $F(F=F_0+F_1)$ 的作用下，压入金属表面的深度为 h_2（压头到 2—2 位置），待表头指针稳定后，卸除主载荷，由于金属弹性变形的恢复而使压头回升至 h_3（压头 3—3 位置），压头实际压入金属的深度为 $h=h_3-h_1$，并以压痕深度 h 值的大小衡量被测金属的硬度。显然，h 值越大，被测金属硬度越低；反之则越高。为了适应人们习惯上数值越大，硬度越高的概念，规定用常数 K 减去 $h/0.002$（表示每 0.002 mm 的压痕深度为一个硬度单位）作为硬度值，即

$$HR = K - \frac{h}{0.002}$$

---

① kgf 为非法定计量单位，此处暂保留，1 kgf = 9.8 N。

图1-9 洛氏硬度计

资源1-5 洛氏硬度试验

图1-10 洛氏硬度试验原理及压痕
(a) 试验原理；(b) 压痕

式中 K——常数，当用金刚石压头时 K 为100，用淬火钢球压头时 K 为130；

h——卸除主载荷后测得的压痕深度。

实际应用时，可以直接从洛氏硬度计刻度盘上读出洛氏硬度值。

为了能够用一台硬度计测量从软到硬不同金属材料的硬度，洛氏硬度采用了不同的压头和载荷组成不同的硬度标尺，并用字母在 HR 后面加以注明。常用的洛氏硬度标尺有 HRA、HRB、HRC 三种，其中 HRC 应用最为广泛。

洛氏硬度标注时，将所测定的洛氏硬度值写在相应标尺的硬度符号之前，例如，75 HRA、90 HRB、60 HRC 等。常用洛氏硬度试验规范及应用举例见表1-3。

洛氏硬度试验操作简便，可以直接从刻度盘上读出硬度值。其压痕较小，基本不损坏零件表面，可直接测量成品和较薄零件的硬度。但由于压痕较小，试验数据不太稳定，所以需要在不同部位测其三点取其算术平均值。

洛氏硬度试验主要适用于测定铜、铝等有色金属及其合金，硬质合金，表面淬火、渗碳件以及退火、正火和淬火钢件的硬度。

表1-3 常用洛氏硬度试验规范及应用举例

硬度符号	压头类型	初载荷/kgf（N）	主载荷/kgf（N）	测量范围	应用举例
HRA	金刚石圆锥体	10（98.1）	50（490.30）	20~88	硬质合金、表面淬火层、渗碳层等
HRB	淬火钢球	10（98.1）	90（882.6）	20~100	有色金属及退火、正火钢件等
HRC	金刚石圆锥体	10（98.1）	140（1373）	20~70	淬火钢、调质钢件

1.1.2.3 维氏硬度

由于布氏硬度试验不适合测定硬度较高的金属，而洛氏硬度试验虽可用来测定各种金属的硬度，但由于采用了不同的压头和载荷，不同标尺间硬度值彼此没有联系，因此不能直接换算。为了使硬度不同的金属有一个连续一致的硬度标准，制定了维氏硬度试验法。

维氏硬度的试验原理和布氏硬度基本相似，也是根据压痕单位面积上的载荷大小来计算硬度值，区别在于其压头采用相对面夹角为136°的金刚石正四棱锥，在规定载荷 F 的作用下压入被测金属表面，保持一定时间后卸除载荷，然后再测量压痕投影的两对角线的平均长度 d，如图1-11所示。维氏硬度用符号 HV 表示，计算公式为

$$HV = 0.189 \frac{F}{d^2}$$

式中 F——作用在压头上的载荷（N）；
　　d——压痕两条对角线长度的算术平均值（mm）。

资源1-6
维氏硬度试验

(a)　　　　　　　　　　　(b)

图1-11 维氏硬度试验原理及压痕
(a) 试验原理；(b) 压痕

试验时，用测微计测出压痕两条对角线的长度，算出其平均值后，经查表就可得出维氏硬度值。

维氏硬度标注方法与布氏硬度相同，硬度数值写在符号前面，试验条件写在后面。对于钢及铸铁，试验载荷保持时间为 10～15 s 时，可以不标出。例如：640 HV30/20，表示用 30 kgf（294.2 N）试验载荷，保持 20 s 测定的维氏硬度值为 640。

维氏硬度试验时所加的载荷小（常用的试验载荷有 5 kgf、10 kgf、20 kgf、30 kgf、50 kgf、100 kgf），压入深度较浅，可测量较薄的材料，也可测量表面淬硬层及化学热处理的表面层硬度（如渗碳层、渗氮层）。由于维氏硬度值具有连续性，故可测定很软到很硬的各种金属材料的硬度且准确性高。维氏硬度试验的缺点是操作过程及压痕测量较费时间，生产效率不如洛氏硬度试验高，故不适合成批生产中的常规检验。

【案例 1-3】 为了进一步弄清导致泰坦尼克号沉没的原因，科学家们对打捞上的金属碎片做了进一步试验——冲击韧度试验，发现钢材断裂时吸收的冲击吸收功很低，是韧性很差的脆性材料。

对于承受冲击载荷的零件，如冲床的冲头、锻锤的锻杆、发动机曲轴等，不仅要满足在静力作用下的强度、塑性、硬度等性能判据，还必须具备足够的韧性。

韧性是指金属在断裂前吸收变形能量的能力，韧性的判据是通过冲击试验测定的。

前面讨论的都是在静载荷作用下测得的力学性能指标。实际上，汽车上大多数零件承受的不是静载荷，而是动载荷（冲击载荷和交变载荷）。汽车起步、加速、紧急制动、停车时，变速器中的齿轮、传动轴、后桥中的半轴、差速器齿轮等零件受到的载荷，即属于冲击载荷，而曲轴、连杆、轴承、弹簧等汽车零件，在工作过程中往往受到大小或方向随时间呈周期性变化的交变载荷载荷。在动载荷作用下测得的力学性能指标主要有冲击韧性和疲劳强度。

1.1.3 冲击韧性

冲击载荷引起的应力比静载荷大，因此具有更大的破坏性。对于承受冲击载荷作用的材料，不仅要求具有高的强度和一定的塑性，还必须具备足够的冲击韧性。金属材料抵抗冲击载荷作用而不被破坏的能力称为冲击韧性。目前，工程技术上常用一次摆锤冲击试验来测定金属承受冲击载荷的能力，如图 1-12 所示。

图 1-12 夏比冲击试验原理及冲击试验机
(a) 试验原理；(b) 冲击试验机

1.1.3.1 摆锤式一次冲击试验

首先，将被测金属按照国家标准制成带有 U 形或 V 形缺口（试样上开缺口是为了将试样从缺口处击断，脆性材料不开缺口）的标准试样，如图 1-13 所示。然后，将试样放在冲击试验机的支座上，使缺口背向摆锤。将具有一定质量的摆锤升起到一定高度 h_1，使之自由落下将试样击断。在惯性的作用下，击断试样后的摆锤会继续升至一定高度 h_2。根据能力守恒原理，击断试样所消耗的功 $A_K = mg(h_1 - h_2)$，A_K 又称为冲击吸收功，其值可以从试验机的刻度盘上直接读出。A_K 与试样缺口处横截面积 S 的比值，称为该材料的冲击韧性，用符号 α_K 表示，单位为 J/cm^2，即

资源 1-7
摆锤式一次
冲击试验

$$\alpha_K = \frac{A_K}{S} (J/cm^2)$$

冲击韧性值越大，表明材料的韧性越好，受到冲击时不易断裂。冲击韧性值的大小受很多因素影响，不仅与试样形状、表面粗糙度、内部组织有关，还与试验时的环境温度有关。

图 1-13 冲击试样
(a) U 形缺口；(b) V 形缺口

有些金属材料在室温时并不显示脆性，而在较低温度下则可能发生脆断。温度对冲击吸收功的影响如图 1-14 所示。由图 1-14 可见，冲击吸收功的值随着试验温度的下降而减小。材料在低于某温度时，A_K 值急剧下降，使试样的断口由韧性断口过渡为脆性断口。因此，这个温度范围称为韧脆转变温度范围。金属的韧脆转变温度越低，说明金属的低温抗冲击性能越好。韧脆转变温度是衡量金属冷脆倾向的指标。例如非合金钢的韧脆转变温度约为 -20 ℃，因此在较寒冷（低于 -20 ℃）地区使用的非合金钢构件，如车辆、桥梁、运输管道等在冬天容易发生脆断现象。因而在选择金属材料时，应考虑其工作条件的最低温度必须高于它的韧脆转变温度。

图 1-14 韧脆转变温度示意图

1.1.3.2 小能量多次冲击试验

在实际工作中，金属经过一次冲击就断裂的情况极少，许多零件在工作时都经受着小能量的多次冲击。在多次冲击下导致金属产生裂纹、裂纹扩张和瞬时断裂，其破坏是每次冲击损伤积累发展的结果。因此需要采用小能量多次冲击作为衡量这些零件承受冲击抗力的指标。

图1-15 小能量多次冲击试验示意图

小能量多次冲击试验如图1-15所示。试验时试样受到试验机锤头的能量多次冲击。测定被测试样在一定冲击能量下，最后产生断裂的冲击次数，即为金属材料的多次冲击抗力。

金属的韧性通常用冲击韧性和断裂韧性来衡量。韧性越低，表明金属发生脆性断裂的倾向越大。当冲击能量低、冲击次数较多时，材料的多次冲击抗力取决于材料的强度；当冲击能量较高、冲击次数较少时，材料的冲击抗力主要取决于塑性和韧性。

汽车发动机中的活塞、活塞销、曲轴、连杆等零件在工作中就受到冲击载荷的作用，所以应采用韧性好的材料制造。

【案例1-4】 泰坦尼克号后经分析，当时造船工程师只考虑到要增加钢板的硬度，而没有想到增加其韧性。为了增加钢板的硬度，工程师往炼钢炉料中加入了大量的硫化物，导致钢材在低温下的脆性大大增加。经试验，从海底打捞出来的钢材在当时的水温下，在受到可能强度的撞击下，很快断裂，而拿当今用于造船的钢板在同样的温度和撞击强度下进行对比试验，结果钢板只是变成V形，而不断裂。

1.1.4 疲劳强度

许多机械零件，如发动机曲轴、齿轮、弹簧及滚动轴承等，在工作中受到大小和方向都随时间做周期性变化的载荷作用，即使应力远远低于材料的屈服强度，但经过一定循环次数后，也可能发生突然断裂，这种现象称为疲劳断裂。疲劳断裂与在静载荷作用下的断裂不同，不管是脆性材料还是塑性材料，疲劳断裂都是突然发生的，事先均无明显的塑性变形，所以疲劳断裂具有很大的危险性。例如：汽车的板弹簧或前轴发生疲劳而突然断裂，就会造成车毁人亡的重大交通事故。据统计，损坏的机械零件中大约有80%以上是由于金属的疲劳造成的。因此，在设计这种受力条件下工作的零部件，选用材料时必须考虑材料抵抗疲劳破坏的能力。

材料的疲劳强度可以通过疲劳试验机测定，如图1-16所示。将光滑的标准试样的一端固定并使试样旋转，在另一端施加载荷。在试样旋转过程中，试样工作部分的应力将承受周期性的变化，从拉应力到压应力，循环往复，直至试样断裂。图1-17所示为疲劳曲线示意图，由曲线表明，材料承受的交变应力越大，其断裂前能承受的循环次数越少；反之，则循环次数越大。当材料承受的交变应力低于某一值时，经过无数次循环，试样都不会产生疲劳断裂。工程上规定，材料经过无限次交变载荷作用而不发生断裂的最大应力，称为疲劳强度,用符号 σ_{-1} 表示,单位为 MPa。

图 1-16 疲劳试验示意图

图 1-17 疲劳曲线示意图

实际上,金属材料不可能做无限次交变载荷试验。工程上规定,对于黑色金属经受 10^7 次、有色金属经受 10^8 次交变载荷作用而不产生断裂的最大应力,即为该材料的疲劳强度。

影响金属疲劳强度的因素很多,如零件外形、表面质量、受力状态与周围介质等。因此,在进行设计时尽量避免尖角、缺口和截面突变等容易引起应力集中的结构,降低零件的表面粗糙度或者采用表面淬火、喷丸等处理方法,均可有效地提高零件的疲劳强度。在汽车的维修、保养过程中,应及时排除隐患,以保证车辆的安全运行。

【想一想】
泰坦尼克号的沉没会不会和疲劳强度有关?

【试一试】
如果我们手里没有工具,让你掰断一根直径 1 mm 的细铁丝,你怎样做?

任务1.2　金属材料的工艺性能

汽车上大多数零件是采用金属材料制造的,金属材料的工艺性能是指金属材料在加工过程中所表现出来的性能。工艺性能对于保证汽车产品质量、降低成本、提高生产效率起着十分重要的作用,是汽车设计、制造、修理及选择汽车零件材料必须认真考虑的因素。按照工艺方法,金属材料的工艺性能主要包括铸造性能、锻压性能、焊接性能、热处理性能和切削加工性能等。

1.2.1　铸造性能

金属材料铸造成形获得优质铸件的能力称为铸造性能。金属材料可以通过铸造制成各种零件,如汽车上的曲轴、凸轮轴、气缸体、气缸套、转向器壳体(图 1-18)等都是铸造而成的。

图1-18 汽车上的铸件

铸造性能主要包括流动性、收缩性、偏析性及吸气性等。流动性是指熔融金属的流动能力。流动性好的金属容易充满铸型，获得外形完整、尺寸精确、轮廓清晰的铸件。收缩性是指铸件在凝固和冷却过程中，其体积和尺寸减小的现象。铸件收缩不仅影响尺寸，还会使铸件产生缩孔、缩松、内应力、变形和开裂等缺陷，故铸造用金属材料的收缩率越小越好。偏析是指金属凝固后，铸锭或铸件化学成分和组织的不均匀现象。偏析会使铸件各部分的力学性能有很大的差异，降低铸件质量。

设计铸件时，必须考虑材料的铸造性能。铸造性能好，则可以铸造出结构复杂、形状精确、强度较高的铸件，并且可以简化工艺过程，提高产品合格率。在常用的金属材料中，铸造铝合金、灰铸铁和青铜等具有良好的铸造性能。

1.2.2 锻压性能

锻压是指对金属坯料施加外力，使其产生塑性变形，改变其形状、尺寸，改善性能，使金属材料在冷热状态下压力加工成形的工艺。按重量百分比计，汽车上约70%的零件是由锻压加工方法制造的，如汽车的车体外板（图1-19）就是冷轧钢板经过压力加工成形的。

金属的锻压性能是指金属材料对采用压力加工方法成形的适应能力，是衡量材料通过塑性加工获得优质零件难易程度的工艺性能。金属的锻压性能越好，表明该金属越适合于塑性加工方法成形；锻压性能越差，说明该金属越不宜选用塑性加工方法成形。

图1-19 汽车上冲压件

锻压性能的优劣常用金属的塑性和变形抗力来综合衡量。塑性越高，变形抗力越小，则该金属的锻压性能越好；反之则差。不同成分的金属，其锻压性能不同。例如，低碳钢具有良好的锻压性能，铸铁的锻压性能则很差，根本不能采用锻压工艺加工，而铜合金和铝合金在室温状态下就有良好的锻压性能。

1.2.3 焊接性能

金属材料对焊接加工的适应性称为焊接性，也就是在一定的焊接工艺条件下，获得优质焊接接头的难易程度。焊接性能好的金属，可用一般的焊接方法和焊接工艺进行焊接，焊缝中不易产生气孔、夹杂或裂纹等缺陷，其强度与母材相近，并且焊接接头具有良好的力学性能。焊接性能差的金属材料要采用特殊的焊接方法和焊接工艺才能进行焊接。不同成分的金属，其焊接性能不同。

焊接在汽车制造中应用极为普遍，汽车车架、车桥、车身、车厢等几大总成都应用了焊接技术，尤其是轿车车身覆盖件的拼装更离不开焊接。图1-20所示为汽车焊接生产线。

图1-20 汽车焊接生产线

1.2.4 热处理性能

金属材料适应各种热处理工艺的性能，称为热处理性能。热处理工艺性包括淬透性、淬硬性、淬火变形开裂倾向、表面氧化脱碳倾向、过热和过烧的敏感倾向及回火脆性倾向等。各种金属材料由于化学成分及内部组织结构的不同，其热处理性能也不同，在热处理过程中出现的淬透性、变形开裂倾向等也不同。因此，应根据不同的材料、不同的工件形状，选择不同的热处理工艺，来满足其性能要求。

1.2.5 切削加工性能

切削加工性能是指金属材料接受切削加工的难易程度。金属材料的切削加工性主要与材料本身的化学成分、组织状态、硬度、韧性及导热性有关。一般当金属材料具有适当的硬度（170~230HBS）和足够的脆性时，对刀具磨损小，切削量大，切屑易于折断脱落，加工表面粗糙度小，且精度也高。而工件硬度过高，刀具易磨损，切削加工困难；硬度过低，容易粘刀，且不易断屑，加工后表面粗糙。所以，硬度过高或过低、韧性过大的材料，其切削加工性能较差。

拓展知识

泰坦尼克号的沉没与材料性能的关系

1912 年，世界航海史上曾被骄傲地称为"永不沉没的巨轮"泰坦尼克号遭遇了一场旷世海难，轮船在航行时，同一座漂浮的冰山发生了仅仅为 10 s 的碰撞，这一死亡之吻使得 35 cm 厚双层船体钢板在水位线处像拉链拉开一样被撕裂，海水排山倒海般涌向船内，约 3 h 后，这辉煌的首航竟给它带来了葬身海底的厄运。人们不禁要问，到底是什么原因导致这场悲剧的发生？排除其他人为因素，设计、材料的选择和性能无疑起着至关重要的作用。

沉没的泰坦尼克号巨轮

泰坦尼克号为何如此迅速沉没是一个未解之谜，也成了 20 世纪令人难以释怀的悲惨海难。自 1985 年开始，探险家们数次探潜到 12 612 ft（1ft = 0.304 8 m）深的海底，找出遗物，研究这一沉船。在 1995 年 2 月，R Gannon 在美国《科学大众》（popular science）杂志发表文章，他回答了这个困扰世人 80 多年的未解之谜——早年的泰坦尼克号采用了含硫高的钢板，韧性很差，特别是在低温呈现脆性，这就是导致"皇家邮轮"迅速沉没的症结。

为什么高含硫量的钢板就导致了脆性呢？由于当时造船厂的生产技术还比较落后，在钢板制造过程中，生铁会因使用的燃料（含硫）而混入较多的硫，在固态下，硫在生铁中的溶解度极小，以 FeS 的形式存在于钢中，而 FeS 的塑性较差，所以导致钢板的脆性较大，更严重的是，FeS 与 Fe 可形成低熔点（985 ℃）的共晶体，分布在奥氏体的晶界上。当钢加热到约 1 200 ℃ 进行热压力加工时，晶界上的共晶体已经溶化，晶粒间结合被破坏，使钢材在加工过程中沿晶界开裂，这种现象称为热脆性。为了消除硫的有害作用，必须增加钢中的锰含量。因为造船工程师只考虑到要增加钢的强度，而没考虑增加其韧性，所以在制造船体时已经留下很大的隐患。

为进一步弄清泰坦尼克号沉没的原因，科学家们对打捞上来的残骸金属碎片与如今的造船钢材做了对比冲击试验，发现在用于"泰坦尼克号"的钢材断裂时吸收的冲击吸收功很低，断口平齐，而现代造船钢材在同样温度和撞击条件下，钢板只是变成 V 形而不断裂。所以船体材料的致命缺陷导致了泰坦尼克号海难的发生。

本章小结

技能训练题

一、名词解释

1. 金属的力学性能 2. 强度 3. 塑性 4. 硬度 5. 冲击韧性 6. 疲劳强度 7. 铸造性能 8. 锻压性能 9. 焊接性能 10. 热处理性能 11. 切削加工性能

二、填空题

1. 载荷按照性质不同一般可分为_____和_____。

2. 金属材料在载荷作用下，形状和尺寸的变化称为变形。变形一般分为_____变形和_____变形。

3. 金属材料的力学性能主要指标有_____、_____、_____、_____等。

4. 拉伸低碳钢时，试样的变形可分为_____、_____、_____和_____四个阶段。

5. 通过拉伸试验测得的强度指标主要有_____强度和_____强度，分别用符号_____和_____表示。

6. 金属材料的塑性也可通过拉伸试验测定，主要的指标有_____和_____，分别用符号_____和_____表示。

7. 洛氏硬度采用了不同的压头和载荷组成不同的硬度标尺，常用的洛氏硬度标尺有_____、_____和_____三种，其中_____应用最为广泛。

8. 530 HBW5/750，表示用直径_____的硬质合金球，在_____kgf（_____N）的载荷作用下，保持_____s时测得的硬度值为_____。

9. 工程技术上常用_____来测定金属承受冲击载荷的能力。

10. 材料经过无限次_____载荷作用而不发生断裂的最大应力，称为疲劳强度，用符号_____表示。

三、选择题

1. 拉伸试验时，试样在断裂前所能承受的最大应力称为材料的（　　）。
   A. 屈服强度　　　　　　B. 抗拉强度　　　　　　C. 弹性极限
2. 测定淬火钢件的硬度时，一般常选用（　　）来测试。
   A. 布氏硬度计　　　　　B. 洛氏硬度计　　　　　C. 维氏硬度计
3. 金属材料的（　　）越好，则其压力加工性能越好。
   A. 强度　　　　　　　　B. 塑性　　　　　　　　C. 硬度
4. 运转中的发动机曲轴、齿轮等零部件所承受的载荷均为（　　）。
   A. 静载荷　　　　　　　B. 冲击载荷　　　　　　C. 交变载荷

四、简答题

1. 什么是强度、塑性？衡量它们的指标各有哪些？分别用什么符号表示？
2. 什么是硬度？常用的硬度测定方法有哪几种？布氏硬度、洛氏硬度各适用于哪些材料的硬度？
3. 什么是冲击韧性？可以用什么符号表示？
4. 什么叫金属的疲劳？疲劳强度用什么符号表示？
5. 什么是金属的工艺性能？工艺性能包括哪些内容？
6. 有一标准低碳钢拉伸试样，直径为10 mm，标距长度为100 mm，在载荷为21 000 N时屈服，拉断试样前的最大载荷为30 000 N，拉断后的标距长度为133 mm，断裂处最小直径为6 mm，试计算其屈服强度、抗拉强度、断后伸长率和断面收缩率。
7. 金属的疲劳断裂是怎样发生的？如何提高零件的疲劳强度？
8. 下列工件应采用什么试验方法测定硬度？
   （1）铸铁轴承座毛坯；（2）黄铜轴套；（3）硬质合金刀片；（4）耐磨工件的表面硬化层。

模块 2

金属的晶体结构与结晶

🚗 知识点

1. 了解金属晶体结构、相和组织的基本概念。
2. 理解纯金属和合金的结晶过程、影响晶粒大小的因素以及细化晶粒的方法。
3. 掌握常见的金属晶格类型、铁碳合金相图的应用以及铁碳合金的成分、组织和性能之间的关系。

✒ 技能点

1. 能够根据碳的质量分数判断铁碳合金的力学性能。
2. 具有分析和应用铁碳合金相图的能力。

【案例 2-1】 你是否相信价值连城的钻石和价格低廉的石墨都是由碳元素组成的？同样是由碳元素组成的，为什么金刚石是硬度最高的物质，而石墨却很软？

金属材料的性能与金属的化学成分和组织结构有着密切的联系，了解金属材料的内部组织结构与结晶过程，认识影响金属材料结构及性能的各种因素，对于合理选用材料、充分发挥材料的潜力是十分必要的。

任务 2.1 纯金属与合金的晶体结构

2.1.1 纯金属的晶体结构

自然界的固态物质，根据原子内部的排列特征可分为晶体和非晶体两大类。晶体的原子是按一定几何形状有规律排列的，如金刚石、石墨及一切固态的金属和合金；而非晶体的原子是无规则地堆积在一起的，如玻璃、石蜡、松香等。晶体具有固定的熔点和各向异性的特征，而非晶体没有固定的熔点，且各向同性。

2.1.1.1 晶体结构基本知识

（1）晶格

在金属晶体中，原子是按一定的几何规律周期性排列的，如图 2-1（a）所示。为了便于分析，把金属晶体中的原子近似看作固定不动的刚性小球，用一些假想的线条将各球中心连接起来，形成一个空间格子，简称为晶格，如图 2-1（b）所示。

资源 2-1
晶格

（2）晶胞

根据晶体中原子排列具有周期性的特点，通常从晶格中选取一个能充分反映晶体特征的最小几何单元来分析原子的排列规律，这个最小几何单元称为晶胞，如图 2-1（c）所示。

图 2-1 晶格与晶胞
(a) 晶体中原子排列；(b) 晶格；(c) 晶胞

(3) 晶格常数

晶胞的大小用晶胞各棱边长度 a、b、c 和棱边夹角 α、β、γ 表示。其中 a、b、c 称为晶格常数，单位是纳米（1 nm = 10^{-9} m）。棱边 $a = b = c$，棱边夹角 $\alpha = \beta = \gamma = 90°$ 的晶胞称为简单立方晶胞。

2.1.1.2 常见的金属晶格类型

不同金属具有不同的性能，主要是由于它们具有不同的晶格类型。金属的晶格类型很多，但最常见的晶格类型有以下三种。

(1) 体心立方晶格

如图 2-2 所示，体心立方晶格的晶胞是一个立方体，在立方体的中心和八个顶角上各有一个原子。晶胞顶角上的原子为相邻的八个晶胞所共有，因此每个晶胞中的原子数为 1/8 × 8 + 1 = 2（个）。具有体心立方晶格的金属有 α-Fe、Cr、Mo、W、V、Nb 等约 30 种，这些金属都具有较高的强度和较好的塑性。

资源 2-2
体心立方晶格

图 2-2 体心立方晶格

(2) 面心立方晶格

如图 2-3 所示，面心立方晶格的晶胞也是一个立方体，在立方体六个面的中心和八个顶角上各有一个原子。晶胞顶角上的原子为相邻的八个晶胞所共有，而每个面中心的原子为两个晶胞所共有，因此每个晶胞中的原子数为 1/8 × 8 + 1/2 × 6 = 4（个）。具有面心立方晶格的金属有 γ-Fe、Al、Cu、Ni、Au、Ag、Pb 等约 20 种，这些金属都具有较好的塑性。

资源 2-3
面心立方晶格

图 2-3 面心立方晶格

(3) 密排六方晶格

如图 2-4 所示，密排六方晶格的晶胞是一个六方柱体，在六方柱体的十二个顶角和上下底面中心各有一个原子，在晶胞的中间还有三个原子。晶胞顶角上的原子为相邻的六个晶胞所共有，上下底面中心的原

资源 2-4
密排六方晶格

子为两个晶胞所共有,因此每个密排六方晶胞中的原子数为 1/6 × 12 + 1/2 × 2 + 3 = 6 (个)。具有面心立方晶格的金属有 α – Ti、Mg、Be、Cd、Zn 等,这类金属通常较脆。

图 2 – 4　密排六方晶格

晶格类型不同,原子在晶格中排列的紧密程度也不相同,通常用致密度(晶胞中原子所占体积与晶胞体积的比值)来比较。在常见晶格类型中,体心立方晶格的致密度为 68%,而面心立方晶格和密排六方晶格的致密度均为 74%。同一种金属在晶格类型发生变化时,其体积和性能也将发生相应的变化。

2.1.1.3　金属的同素异构转变

有些金属在固态下,其晶体结构会随着温度的变化而发生改变。这种金属在固态下随温度的改变,由一种晶格转变为另一种晶格的现象,称为同素异构转变。由同素异构转变所得到的不同晶格的晶体,称为同素异构体。一般常温下的同素异构体用 α 表示,较高温度下的同素异构体依次用 β、γ、δ 等表示。

图 2 – 5　纯铁的冷却曲线

图 2 – 5 所示为纯铁的冷却曲线,由图可见,液态纯铁冷却到 1 538 ℃ 时,结晶成具有体心立方晶格的 δ – Fe,在 1 394 ℃ 和 912 ℃ 发生同素异构转变,分别转变成具有面心立方晶格的 γ – Fe 和具有体心立方晶格的 α – Fe,这些转变可用下式表示:

$$L \xrightarrow{1\,538\ ℃} \delta - Fe \xrightarrow{1\,394\ ℃} \gamma - Fe \xrightarrow{912\ ℃} \alpha - Fe$$

金属的同素异构转变与液态金属的结晶过程相似,也遵循晶核形成和晶核长大的结晶规律,故称为二次结晶或重结晶。由于不同晶格类型原子排列紧密程度不同,晶格变化将导致金属的体积发生变化,因此,同素异构转变时会产生较大的内应力。例如 γ – Fe 转变为 α – Fe 时,铁的体积会膨胀约 1%,它可以引起钢淬火时产生内应力,严重时会导致工件变形和开裂。

纯铁的同素异构转变是钢铁材料能通过热处理方法改变其内部组织结构,从而改变其性能的依据。

2.1.2 合金的晶体结构

纯金属虽然具有良好的导电性、导热性，但由于纯金属强度、硬度较低，无法满足生产中对金属材料的一些高性能的要求，且纯金属冶炼困难、价格较高，所以实际生产中大量使用的很少是纯金属，绝大多数是合金。

（1）合金

由两种或两种以上金属元素或金属元素与非金属元素组成的具有金属特性的物质，称为合金。例如工业上广泛应用的碳钢和铸铁就是铁和碳组成的合金。

（2）组元

组成合金的最基本的、独立的物质称为组元。组元一般是组成合金的元素，也可以是稳定的化合物。根据组元的多少，合金可分为二元合金、三元合金和多元合金。例如黄铜是由铜和锌组成的二元合金。

（3）相

合金中化学成分、晶体结构和物理性能相同的均匀组成部分称为相。液态物质称为液相，固态物质称为固相。合金在固态下，由一个固相组成时称为单相合金，由两个以上固相组成时称为多相合金。

（4）组织

组织泛指用金相观察方法看到的由形态、尺寸和分布方式不同的一种或多种构成的总体，只有一种相构成的组织称为单相组织；由几种相构成的组织称为多相组织。相是组织的基本单元，组织是相的综合体。

合金的性能取决于组织，而组织的性能又首先取决于其组成相的性能。因此，为了了解合金的组织与性能，有必要首先了解构成合金组织的相结构及其性能。

根据合金中各组元之间相互作用的不同，固态合金中的相可分为固溶体和金属化合物两类。

2.1.2.1 固溶体

将糖溶于水中，可以得到糖在水中的"液溶体"，其中水是溶剂，糖是溶质。如果糖水结成冰，便得到糖在固态水中的"固溶体"。合金也有类似的现象，合金在固态下，一种组元的晶格内溶解了另一组元的原子而形成的均匀相，称为固溶体。各组元中，与固溶体晶格类型相同的组元称为溶剂，其他组元称为溶质。按溶质原子在溶剂中所占位置的不同，固溶体分为以下两类：

（1）置换固溶体

溶质原子占据溶剂晶格部分结点而形成的固溶体，称为置换固溶体，如图2-6（a）所示。按照溶质原子在溶剂中的溶解度不同，置换固溶体又可分为有限固溶体和无限固溶体。形成无限固溶体的条件是溶质与溶剂原子的半径接近，且具有相同的晶格类型。如铜镍合金可以形成无限固溶，而铜锌只能形成有限固溶体。

（2）间隙固溶体

溶质原子分布在溶剂晶格间隙而形成的固溶体，称为间隙固溶体，如图2-6（b）所示。由于溶剂晶格的间隙有限，所以只有原子半径较小的溶质（碳、氮、硼等非金属元素）才能溶入原子半径较大的溶剂晶格的间隙。间隙固溶体能溶解的溶质的数量是有限的。

无论是置换固溶体还是间隙固溶体，都因溶质原子的溶入而使溶剂晶格发生歪扭，从而使合金对塑性变形的抗力增加。这种通过溶入溶质原子形成固溶体，使金属材料强度、硬度增加的现象，称为固溶强化。固溶强化是提高金属材料力学性能的重要途径之一。

图 2-6 固溶体的分类
（a）置换固溶体；（b）间隙固溶体

实践证明，适当控制固溶体中的溶质含量，可以在显著提高金属材料强度、硬度的同时，仍能保持良好的塑性和韧性。

2.1.2.2 金属化合物

金属化合物是指合金组元间相互作用而形成的具有金属特性的一种新相，可以用分子式（如 Fe_3C、$CuZn$）表示。其晶格类型不同于任一组元，性能也与组元不同，一般熔点高，且硬而脆。

由于金属化合物硬而脆，所以单相金属化合物的合金很少使用。当金属化合物呈细小的颗粒弥散分布在固溶体基体上时，能显著提高合金的强度、硬度和耐磨性，这种现象称为弥散强化。金属化合物通常是碳钢、合金钢、硬质合金和非铁金属的重要组成相及强化相。

固溶体、金属化合物均是组成合金的基本相。由两相或两相以上组成的多相组织，称为机械混合物。在机械混合物中各组成相仍保持它原有的晶格类型和性能，而机械混合物的性能介于各组成相性能之间，并与各组成相的性能以及相的数量、形状、大小和分布状况等密切相关。

2.1.3 金属实际的晶体结构

前面讨论的金属晶体结构是把晶体内部原子排列的位向看成是完全一致时理想的单晶体结构。实际上金属材料不都是这样的理想结构，而是一个多晶体结构，并存在有很多缺陷。

2.1.3.1 多晶体结构

工业上使用的金属材料除专门制作外，即使体积很小，其内部仍包含许多不同晶格位向及形状的小晶体，每个小晶体的内部晶格位向基本一致，如图 2-7 所示。每个小晶体的外形多为不规则的颗粒状，通常把它们称为晶粒。晶粒与晶粒之间的界面称为晶界。

在钢铁材料中，晶粒的尺寸一般为 $10^{-3} \sim 10^{-1}$ mm，故必须

图 2-7 多晶体结构示意图

在显微镜下才能观察到。通常把在显微镜下所观察到的金属晶粒的大小、形态和分布称为"显微组织"。非铁金属的晶粒一般都比钢铁材料的晶粒大些，有时甚至不用显微镜就能直接观察到，如镀锌钢板表面的锌晶粒，其尺寸通常达到几毫米至十几毫米。

2.1.3.2 晶体缺陷

金属实际的晶体结构不仅是多晶体结构，而且其内部还存在着各种晶体缺陷。金属实际晶体结构中，局部原子排列的不规则性，统称晶体缺陷。这些缺陷对金属的性能会产生很大影响。根据缺陷的几何形态特征，晶体缺陷可分为点缺陷、线缺陷和面缺陷。

（1）点缺陷

点缺陷是指晶体中呈点状的缺陷。最常见的点缺陷是空位和间隙原子，如图2-8所示。当晶格中的某些原子由于某种原因（热振动的偶然偏差）脱离其晶格结点，其结点未被其他原子所占有时，这种空着的位置就称为"空位"；同时又有个别原子出现在晶格间隙处，这种不占有正常晶格位置的原子称为"间隙原子"。

在空位和间隙原子附近，由于原子间作用力的平衡被破坏，使其周围的其他原子发生靠拢或撑开的现象称为晶格畸变。晶格畸变将使晶体性能发生改变，如强度、硬度和电阻的增加等。

（2）线缺陷

线缺陷是指晶体中呈线状分布的缺陷。常见的线缺陷是各种类型的位错。位错实际上就是在晶体中有一列或若干列原子发生了某种有规律错排的现象。其中比较简单的一种位错形式是刃型位错，如图2-9所示。刃型位错是在规则排列的晶体中间多出了一层多余的原子面，这个多余的原子面像刀刃一样切入晶体，使晶体中上下两部分的原子产生了错排现象，因而称为"刃型位错"。在刃型位错线附近，由于原子错排而产生了晶格畸变，故会影响金属的性能。

图2-8 空位和间隙原子示意图

图2-9 刃型位错示意图

（3）面缺陷

面缺陷是指晶体中呈面状分布的缺陷。常见的面缺陷是晶界和亚晶界。晶界是两相邻晶粒间相互接触的边界。由于各晶粒的位向不同，相邻晶粒间存在30°～40°的位向差，故晶界是不同位向晶粒之间原子无规则排列的过渡层，如图2-10（a）所示。晶界处原子的不规则排列，使晶格处于畸变状态，当金属进行塑性变形时晶界起到一定的阻碍作用，表现出强度、硬度升高的现象。晶界越多，晶粒越细，常温下金属的强度、硬度和塑性越高。

在实际金属的每个晶粒内部，其晶格位向并不像理想晶体那样完全一致，而存在许多尺寸很小、位向也相差很小的小晶块，这些小晶块称为"亚晶粒"，两个相邻亚晶粒的界面称为"亚晶界"，如图 2-10（b）所示。亚晶界实际上是由一系列刃型位错组成的小角度晶界，其原子排列不规则，因此也会产生晶格畸变。

图 2-10　晶界与亚晶界示意图
(a) 晶界；(b) 亚晶界

由上述点、线、面缺陷可知，各种晶体缺陷处晶格均处于畸变状态，引起晶格内部产生内应力，导致材料塑性变形抗力增大，从而使金属材料在常温下的强度、硬度提高。例如，生产中常用的压力加工工艺就是通过金属材料的塑性变形使晶体产生缺陷，达到强化金属的目的的。用产生塑性变形使金属得到强化的方法称为形变强化。

任务 2.2　纯金属与合金的结晶

金属由液体状态转变为晶体状态的过程称为结晶。金属的组织结构与结晶过程密切相关，因此，研究纯金属与合金的结晶规律，有利于探索和改善金属材料的性能。

2.2.1　纯金属的结晶

2.2.1.1　纯金属的冷却曲线

纯金属的结晶过程可以用冷却曲线来描述。冷却曲线是通过热分析法测定的，即首先将纯金属加热到熔化状态，然后将其以极其缓慢的速度冷却，在冷却过程中，每隔一定时间测定一次温度，直到冷却至室温，然后将测量数据标注在温度—时间坐标上，便可得到纯金属的冷却曲线，如图 2-11（a）所示。

由冷却曲线可知，液态金属随着时间的延长，温度不断下降。当温度降低到 a 点时，液态金属开始结晶。由于金属结晶时释放出结晶潜热，补偿了冷却时散失在空气中的热量，因而在结晶过程中液态金属的温度并不随着时间的延长而下降，直至 b 点结晶终止时才继续下降，在冷却曲线上表现为一水平线段，它所对应的温度就是纯金属的理论结晶温度 T_0。但在实际生产中，金属的冷却不可能极其缓慢，致使实际结晶温度 T_1 低于理论结晶温度 T_0，实际结晶温度低于理论结晶温度的现象称为过冷现象。理论结晶温度与实际结晶温度之差（$T_0 - T_1$）称为过冷度，用 ΔT 表示，如图 2-11（b）所示。

图 2-11　纯金属的冷却曲线与过冷度
（a）纯金属冷却曲线；（b）过冷度 ΔT

过冷度不是一个恒定值，它与液态金属的冷却速度有关。冷却速度越大，金属的实际结晶温度越低，过冷度越大。过冷是结晶的必要条件。

2.2.1.2　纯金属的结晶过程

纯金属的结晶过程是在冷却曲线上的水平线段内发生的，是晶核不断形成和长大的过程。

当液态金属冷却时，随着温度的下降，原子的运动能力减弱，其活动范围变小。当温度降到 T_1 时，某些局部原子将按照金属固有的晶格，有规则地排列成小晶体，这些小晶体称为晶核。晶核的形成过程称为形核。晶核形成以后，会吸附周围液体中的原子而长大。与此同时，又有一批新的晶核形成并长大。如此继续，直到全部液态金属转变成固态为止，结晶过程结束，最后形成由许多外形不规则、位向不同的小晶体组成的多晶体，如图 2-12 所示。

资源 2-5
纯金属的结晶过程

图 2-12　纯金属结晶过程示意图
（a）熔液；（b）形核；（c）形核与晶核长大；（d）晶核长大；（e）结晶结束

2.2.1.3 金属晶粒大小与控制

晶粒的大小是影响金属材料性能的重要因素之一。一般来说，晶粒越细，金属材料的强度、硬度越高，塑性、韧性越好，这种现象称为细晶强化。因为随着晶粒的细化，晶界越多、越曲折，晶粒与晶粒之间咬合的机会就越多，越不利于裂纹的发展和传播。因此，生产中通常希望通过使金属材料晶粒细化来提高金属的力学性能。

凡是能促进形核及抑制晶核长大的因素，都能使结晶后的晶粒数目增多、晶粒细化。生产中细化晶粒的途径有以下几种：

（1）增大过冷度

形核率 N 和长大速率 G 都随过冷度的增大而增大，但在很大范围内形核率比晶核长大速率增长的更快，如图 2-13 所示。所以过冷度越大，单位体积内晶粒数目越多，晶粒越细化。但当过冷度过大或温度过低时，原子的扩散能力降低，形核的速率反而减小。通过增大过冷度来细化晶粒的方法只适用于中小型和薄壁铸件。

（2）变质处理

大型铸件由于散热较慢，要获得较大的过冷度很困难，而且过大的冷却速度往往导致铸件开裂而报废。因此，生产中常采用变质处理来细化晶粒，即在浇注前向液态金属中加入某些物质（称为变质剂），由它形成的微粒可起到晶核的作用，从而使晶核数目增多、结晶后晶粒数目增加，达到细化晶粒的目的。例如，

图 2-13　形核率和长大速率与过冷度的关系

向铝或铝合金中加入微量的钛或钠盐；向铸铁中加入硅铁、硅钙合金等。变质处理操作容易，效果较好，在生产中得到了广泛的应用。

（3）附加振动

在金属液结晶过程中，采用机械振动、超声波振动或电磁振动等方法，不仅可以使已经生长的小晶体破碎，而且破碎的小晶体可以起到晶核的作用，增加了形核率，从而使晶粒细化。

2.2.2　合金的结晶

合金的结晶与纯金属一样，也遵循形核和长大规律，但由于合金成分中包含两个或两个以上的组元，所以合金的结晶过程比纯金属复杂得多，要借助于合金相图才能表示清楚。

合金相图是表示在十分缓慢的加热或冷却条件（平衡条件）下，合金的状态与温度和成分之间关系的图形，也称为状态图或平衡图。在生产实践中，相图可作为正确制定铸造、锻压、焊接及热处理工艺的重要依据。

2.2.2.1 二元合金相图的建立

合金的结晶过程不仅与温度有关，还与成分有关，因此，二元合金相图需用温度和成分两个坐标表示，通常纵坐标表示温度，横坐标表示合金的成分。相图是用试验方法测得的，下面以 Cu–Ni 二元合金为例，说明用热分析法测定二元合金相图的过程。

资源 2–6
二元合金相图的建立

1）配制不同成分的 Cu–Ni 合金；
2）用热分析法测出所配制各合金的冷却曲线，如图 2–14（a）所示；
3）找出各冷却曲线中的相变点（开始结晶温度和结晶终了温度）；
4）将各合金的相变点分别标注在温度—成分坐标图中相应成分的位置上；
5）连接各具有相同意义的相变点，即得到如图 2–14（b）所示的 Cu–Ni 二元合金相图。

图 2–14　Cu–Ni 合金相图的建立

Cu–Ni 合金相图是最简单的二元合金相图，任何复杂相图都是由若干简单的基本相图组成的，下面介绍两种二元相图的最基本类型，即匀晶相图和共晶相图。

2.2.2.2 匀晶相图

合金的两组元在液态和固态下均可以任意比例互相溶解的合金相图称为匀晶相图。Cu–Ni、Fe–Cr 等合金都具有这类相图。

（1）相图分析

图 2–15（a）所示为 Cu–Ni 二元合金相图，图中 A 点是纯铜的熔点（1 083 ℃），B 点是纯镍的熔点（1 452 ℃）。上面一条为液相线，代表各种成分的 Cu–Ni 合金在冷却过程中开始结晶（或加热过程中熔化终了）的温度；下面一条为固相线，代表各种成分的 Cu–Ni 合金在冷却过程中结晶终了（或加热过程中开始熔化）的温度。液相线以上的区域为液相区，用 L 表示；固相线以下的区域是固相区，用 α 表示；液相线与固相线之间的区域是液、固两相共存区，用 L+α 表示。

（2）合金的平衡结晶过程

现以图 2–15（a）中合金 I 为例，分析 Cu–Ni 合金的平衡结晶过程。当液态合金缓慢冷却到 t_1 温度时，开始从液相中结晶出 α 固溶体，随着温度的下降，α 相的量不断增加，剩余液相量不断减少。当合金冷却到 t_4 温度时，结晶结束，得到与原合金成分相同的 α 固溶体。温度继续下降，合金组织不再发生变化。合金 I 结晶时的冷却曲线及组织转变如图 2-15（b）所示。

在结晶过程中，不仅液相和固相的量不断变化，而且液相和固相的成分通过原子的扩散也在不断变化。液相成分沿着液相线由 L_1 变化至 L_4，固相成分沿固相线由 $α_1$ 变化至 $α_4$。由此可见，液、固相线不仅是相区分界线，也是结晶时两相成分变化线。

图 2-15　Cu-Ni 二元合金相图

2.2.2.3　共晶相图

合金的两组元在液态能完全互溶，在固态下相互有限溶解或不溶，并发生共晶转变的相图称为共晶相图。如 Pb-Sn、Pb-Sb、Al-Si 等都属于这类相图。下面以图 2-16 所示 Pb-Sn 合金相图为例进行分析。

图 2-16　Pb-Sn 合金相图

（1）相图分析

图 2-16 中 A 点是纯铅的熔点（327.5℃），B 点是纯锡的熔点（232℃），C 点是共晶点（183℃，$ω(Sn)=61.9\%$），E 点（183℃，$ω(Sn)=19.2\%$）和 F 点（183℃，$ω(Sn)=97.5\%$）分别是锡在铅中和铅在锡中的最大溶解度。ACB 是液相线，AECFB 是固相线，

ED 和 FG 分别表示锡在铅中和铅在锡中的溶解度曲线，也称固溶线。可以看出，随着温度降低，固溶体的溶解度下降。相图中有三个单相区，即液相区 L、α 相区和 β 相区；三个两相区，即 L+α、L+β 和 α+β 相区。

凡成分位于 EF 之间的合金，当温度降至 ECF 线时，其剩余液相的成分均会变为 C 点成分的液相 L_C，此时液相将同时结晶出 E 点成分的 α 固溶体和 F 点成分的 β 固溶体，其反应式为

$$L_C \xrightarrow{183\ ℃} (\alpha_E + \beta_F)$$

这种在一定温度下，由一定成分的液相同时结晶出两种成分不同固相的转变，称为"共晶转变"。共晶转变是在恒温下进行的，发生共晶转变的温度称为共晶温度；发生共晶转变的成分是一定的，该成分（C 点成分）称为共晶成分；C 点称为共晶点；由共晶转变得到的两相混合物称为共晶体，ECF 称为共晶转变线。

(2) 典型 Pb-Sn 合金的平衡结晶过程

1) 合金Ⅰ（$E \sim D$ 之间的合金）。

当合金Ⅰ由液相缓慢冷却到 1 点时，从液相开始结晶出 Sn 溶于 Pb 的 α 固溶体。随着温度的降低，α 固溶体不断增多，液相不断减少，液相的成分沿着 AC 线变化，而 α 固溶体的成分沿着 AE 线变化。当冷却至 2 点时，液相合金全部结晶为 α 固溶体，这一结晶过程与匀晶相图合金相同。温度在 2~3 点之间，α 固溶体不发生变化。当温度降至 3 点时，Sn 在 Pb 中的溶解度达到饱和；当温度下降到 3 点以下时，多余的 Sn 以 β 固溶体的形式从 α 固溶体中析出。为了区别于从液相中结晶出的 β 固溶体，把从 α 固溶体中析出的 β 固溶体称为二次 β（或次生 β 相），用 $β_Ⅱ$ 表示。在 $β_Ⅱ$ 析出的过程中，α 固溶体的成分沿 ED 线变化，β 固溶体的成分沿 FG 线变化。故合金Ⅰ冷却到室温时的组织为 $α + β_Ⅱ$。图 2-17 所示为合金Ⅰ的冷却曲线及组织转变示意图。

成分在 $F \sim G$ 之间的合金，其冷却过程与合金Ⅰ相似，室温组织为 $α_Ⅱ + β$。

2) 合金Ⅱ（C 点成分的合金）。

C 点成分的合金称为共晶合金，该合金缓慢冷却到 C 点时，将发生共晶转变，即由 C 点成分的液相在共晶温度（183 ℃）同时结晶出 E 点成分的 $α_E$ 固溶体和 F 点成分的 $β_F$ 固溶体组成的两相组织（$α_E + β_F$）。

在 C 点温度以下，液相消失，共晶转变结束。随温度继续下降，固溶体的溶解度随温度的降低而

图 2-17 合金Ⅰ的冷却曲线及组织转变示意图

减少，所以共晶组织中的 α 和 β 固溶体的成分分别沿着 ED 和 FG 线变化，析出 $β_Ⅱ$ 和 $α_Ⅱ$ 相。由于从共晶体中析出的 $β_Ⅱ$ 和 $α_Ⅱ$ 相与共晶体中的 α 和 β 相混在一起，难以辨别出来，且 $β_Ⅱ$ 和 $α_Ⅱ$ 数量较少，所以一般不予考虑。合金Ⅱ（共晶合金）的室温组织为 $α + β$。图 2-18 所示为合金Ⅱ的冷却曲线及结晶过程示意图，图 2-19 所示为共晶合金的显微组织。

图 2-18 合金Ⅱ的冷却曲线及结晶过程示意图

图 2-19 共晶合金的显微组织

3）合金Ⅲ（$E \sim C$ 点之间的合金）。

成分在 $E \sim C$ 点之间的合金称为亚共晶合金。当合金Ⅲ由液相缓慢冷却到 1 点时，开始从液相结晶出 α 固溶体。随着温度的降低，α 固溶体的量不断增多，成分沿着 AE 线变化；液相不断减少，成分沿着 AC 线变化。当冷却至 2 点温度时，α 固溶体的成分为 E 点成分，而剩余液相的成分达到 C 点成分（共晶成分），剩余液相将发生共晶转变，转变为共晶体，此时合金由初生相 α 固溶体和共晶体（α+β）组成。共晶转变结束后，随着温度的下降，由于固溶体的溶解度降低，从初生的 α 固溶体和共晶体中的 α 固溶体中不断析出 $β_Ⅱ$，从共晶体中的 β 固溶体中不断析出 $α_Ⅱ$，直至室温为止。在显微镜下除了在初生 α 固溶体中可以观察到 $β_Ⅱ$ 外，共晶体中析出的二次相很难辨认，所以亚共晶合金Ⅲ的室温组织为 $α+β_Ⅱ+(α+β)$。亚共晶合金的冷却曲线和结晶过程以及其室温组织分别如图 2-20 和图 2-21 所示。

图 2-20 亚共晶合金的冷却曲线和结晶过程

图 2-21 亚共晶合金的显微组织

成分在 $E \sim C$ 点之间的所有亚共晶合金，其冷却过程都与合金Ⅲ相似，室温组织都是由 $α+β_Ⅱ+(α+β)$ 组成，所不同的是成分越接近 C 点，组织中初生相 α 量越少，而共晶体 α+β 越多。

4）合金Ⅳ（$C \sim F$ 点之间的合金）

成分在 $C \sim F$ 点之间的合金称为过共晶合金，其冷却曲线和结晶过程示意图如图 2-22 所示。过共晶合金的结晶过程与亚共晶合金相似，不同的是初生相为 β 固溶体，次生相为 $α_Ⅱ$，所以其室温组织为 $α_Ⅱ + β + (α + β)$。过共晶合金的显微组织如图 2-23 所示。

成分在 $C \sim F$ 点之间的所有过共晶合金，其冷却过程都与合金Ⅳ相似，室温组织都是由 $α_Ⅱ + β + (α + β)$ 组成，所不同的是成分越接近 C 点成分，组织中初生相 β 量越少，而共晶体 α + β 越多。

根据上述几种典型合金的结晶过程可见，Pb-Sn 合金结晶后所得组织中仅出现 α、β 两相，图 2-16 就是以相组分填写的 Pb-Sn 合金相图。由于不同合金中 α 和 β 的数量、形状、大小不同，就出现了初生相 α、β，次生相 $α_Ⅱ$、$β_Ⅱ$ 及共晶体 α + β，将这些组织分别填写在相图中，就形成了以组织组分填写的 Pb-Sn 二元合金相图，如图 2-24 所示。

图 2-22 过共晶合金的冷却曲线和结晶过程

图 2-23 过共晶合金的显微组织

图 2-24 以组织组分填写的 Pb-Sn 合金相图

任务 2.3　铁碳合金相图

钢铁材料的基本组元是铁和碳两种元素,故称为铁碳合金。不同成分的铁碳合金,在不同的温度下具有不同的组织,因而表现出不同的性能。铁碳合金相图是研究平衡条件下,铁碳合金的成分、温度和组织之间关系的图形,是制定钢铁材料各种热加工工艺的重要依据。

2.3.1　铁碳合金的基本相及组织

在铁碳合金中,铁与碳两组元在液态下可以无限互溶,在固态下碳可以溶解在铁的晶格中形成固溶体,也可与铁发生化学反应形成金属化合物。铁碳合金的基本相有铁素体、奥氏体和渗碳体,另外还有由两种基本相组成的多相组织珠光体和莱氏体。

2.3.1.1　铁素体

铁素体是碳溶于 α – Fe 中所形成的间隙固溶体,用符号 F 表示。由于体心立方晶格的间隙较小,所以碳在 α – Fe 中的溶解度很小,在 727 ℃时 α – Fe 中最大溶碳量仅为 0.021 8%。随着温度的降低,α – Fe 中溶碳量减少,在 600 ℃时约为 0.005 7%,室温时仅为 0.000 8%。由于铁素体的溶碳量极少,因此铁素体在室温的性能与纯铁相似,即具有良好的塑性、韧性,但强度、硬度较低。

铁素体在显微镜下呈明亮的多边形晶粒组织,如图 2 – 25 所示。铁素体在 770 ℃以下具有磁性。

图 2 – 25　铁素体的显微组织

2.3.1.2　奥氏体

奥氏体是碳溶于 γ – Fe 中所形成的间隙固溶体,用符号 A 表示。由于面心立方晶格的间隙较大,所以碳在 γ – Fe 中的溶解度也较大,在 1 148 ℃时溶碳量最大,达到 2.11%。随着温度的降低,溶碳量逐渐减少,在 727 ℃时溶碳量为 0.77%。奥氏体的强度、硬度不高,但塑性、韧性较好,因此生产中,常将钢加热到奥氏体状态进行压力加工。

奥氏体是一个高温相,存在于 727 ℃以上。奥氏体的显微组织也呈明亮的多边形,但晶界较平直,并且晶粒内常出现孪晶(图中晶粒内的平行线),如图 2 – 26 所示。奥氏体无磁性。

2.3.1.3 渗碳体

铁和碳所形成的金属化合物称为渗碳体,用化学式 Fe_3C 表示。渗碳体具有复杂的斜方晶格,如图 2-27 所示。其碳的质量分数为 6.69%,具有很高的硬度(相当于 800 HBW),塑性和韧性几乎为零,脆性很大。在铁碳合金中,渗碳体常以片状、粒状或网状等形式与固溶体相共存,它是钢中的主要强化相,其数量、大小、分布和形态对钢的性能有很大影响。

图 2-26 奥氏体的显微组织

图 2-27 渗碳体的晶体结构

渗碳体在 230 ℃以下具有弱磁性,在 230 ℃以上失去磁性。

2.3.1.4 珠光体

珠光体是由铁素体和渗碳体相间排列而成的层片状的机械混合物,用 P 表示,如图 2-28 所示。珠光体中碳的质量分数为 0.77%,其力学性能介于铁素体和渗碳体之间,强度较高,硬度适中,有一定的塑性。

图 2-28 珠光体的显微组织

2.3.1.5 莱氏体

莱氏体是奥氏体和渗碳体的机械混合物，用 Ld 表示。莱氏体的含碳量为 4.3%，存在于 727 ℃ 以上。在 727 ℃ 以下，莱氏体则是由珠光体和渗碳体组成的机械混合物，称为低温莱氏体或变态莱氏体，用 L'd 表示。低温莱氏体的显微组织可以看成是在渗碳体的基体上分布着颗粒状的珠光体，如图 2-29 所示。莱氏体硬度很高、塑性很差。

图 2-29 低温莱氏体的显微组织

铁碳合金的基本相及组织的力学性能见表 2-1。

表 2-1 铁碳合金的基本相及组织的力学性能

名 称	符 号	R_m/MPa	HBW	A/%	A_K/J
铁素体	F	230	80	50	160
奥氏体	A	400	220	50	—
渗碳体	Fe_3C	30	800	≈0	≈0
珠光体	P	750	180	20~25	24~32
莱氏体	L'd	—	700	—	—

2.3.2 铁碳合金相图

由于 $\omega(C) > 6.69\%$ 的铁碳合金脆性很大，加工困难，没有实用价值，而且 Fe_3C 又是一个稳定的化合物，可以作为一个独立的组元，因此铁碳合金相图实际上是碳的质量分数为 0~6.69% 的 $Fe-Fe_3C$ 相图，如图 2-30 所示。

2.3.2.1 铁碳合金相图分析

为便于研究，在分析铁碳合金相图时，将图 2-30 中左上角（包晶转变）部分予以简化，简化后的 $Fe-Fe_3C$ 相图如图 2-31 所示。

（1）$Fe-Fe_3C$ 相图中的特性点

表 2-2 所示为 $Fe-Fe_3C$ 相图中各主要特性点的温度、含碳量和含义。

图 2-30　Fe-Fe₃C 相图

图 2-31　简化后的 Fe-Fe₃C 相图

表 2-2　$Fe-Fe_3C$ 相图中各主要特性点的温度、含碳量和含义

特性点	温度/℃	$\omega(C)/\%$	含义
A	1 538	0	纯铁的熔点
C	1 148	4.3	共晶点
D	1 227	6.69	渗碳体的熔点
E	1 148	2.11	碳在奥氏体（$\gamma-Fe$）中的最大溶解度，也是钢与铸铁的成分分界点
F	1 148	6.69	共晶渗碳体的成分
G	912	0	纯铁的同素异构转变点
K	727	6.69	共析渗碳体的成分
P	727	0.021 8	碳在铁素体（$\alpha-Fe$）中的最大溶解度
S	727	0.77	共析点
Q	600	0.005 7	600 ℃时碳在 $\alpha-Fe$ 中的溶解度

（2）$Fe-Fe_3C$ 相图中的特性线

表 2-3 所示为 $Fe-Fe_3C$ 相图中各主要特性线的名称和含义。

表 2-3　$Fe-Fe_3C$ 相图中各主要特性线的名称和含义

特性线	名称	含义
ACD	液相线	任何成分铁碳合金在此线以上均为液相，用 L 表示。液态铁碳合金缓慢冷却 AC 线结晶出奥氏体，缓冷至 CD 线结晶出渗碳体。从液态中析出的渗碳体称为一次渗碳体，表示为 Fe_3C_I
AECF	固相线	液态合金冷却至此线全部结晶为固相
ECF	共晶线	$\omega(C)>2.11\%$ 的铁碳合金，缓冷至此线（1 148 ℃）时，将发生共晶转变，从具有共晶成分的液相中，同时结晶出奥氏体和渗碳体的机械混合物，即莱氏体（Ld）
PSK	共析线，又称 A_1 线	$\omega(C)>0.021\,8\%$ 的铁碳合金，缓冷至此线（727 ℃）时，发生共析转变，从具有共析成分的奥氏体中同时析出铁素体和渗碳体的机械混合物，即珠光体（P）
ES	碳在奥氏体中的溶解度曲线，又称 A_{cm} 线	在 1 148 ℃时碳在奥氏体中的溶解度最大（2.11%），随着温度的下降，溶解度减小，多余的碳将以渗碳体的形式从奥氏体中析出。从奥氏体中析出的渗碳体称为二次渗碳体，表示为 $Fe3C_{II}$
PQ	碳在铁素体中的溶解度曲线	在 727 ℃时碳在铁素体中的溶解度最大（0.021 8%），随着温度的降低，溶解度减小，多余的碳将以渗碳体的形式从铁素体中析出。从铁素体中析出的渗碳体称为三次渗碳体，表示为 Fe_3C_{III}
GS	A_3 线	GP 线为冷却时奥氏体向铁素体转变的终了线

（3）铁碳合金的分类

铁碳合金根据其在 Fe - Fe$_3$C 相图中的位置可分为以下几种。

1) **工业纯铁**。$\omega(C) \leq 0.0218\%$ 的铁碳合金。

2) **钢**。$0.0218\% < \omega(C) \leq 2.11\%$ 的铁碳合金。根据其室温组织不同又可分为以下几种：

亚共析钢：$0.0218\% < \omega(C) < 0.77\%$；

共析钢：$\omega(C) = 0.77\%$；

过共析钢：$0.77\% < \omega(C) \leq 2.11\%$。

3) **白口铸铁**。$2.11\% < \omega(C) \leq 6.69\%$ 的铁碳合金称为白口铸铁。根据其室温组织不同又可分为以下几种：

亚共晶白口铸铁：$2.11\% < \omega(C) < 4.3\%$；

共晶白口铸铁：$\omega(C) = 4.3\%$；

过共晶白口铸铁：$4.3\% < \omega(C) \leq 6.69\%$。

2.3.2.2 典型铁碳合金的平衡结晶过程及室温组织

（1）共析钢

图 2-31 中合金 Ⅰ 为共析钢。当液态合金缓慢冷却到与液相线 AC 相交的 1 点时，开始从液相中结晶出奥氏体。随着温度的下降，奥氏体量逐渐增多，其成分沿 AE 线变化，而剩余液相逐渐减少，成分沿 AC 线变化。冷却至 2 点时，液相全部结晶为与原合金成分相同的奥氏体。在 2~S 点温度范围内为单一的奥氏体。待冷却至 S 点时，奥氏体将发生共析转变，同时析出 P 点成分的铁素体和 K 点成分的渗碳体，转变成铁素体和渗碳体层片相间的机械混合物，即珠光体。在 S 点以下继续冷却时，铁素体成分沿 PQ 线变化，将析出三次渗碳体，三次渗碳体与共析渗碳体混在一起，不易分辨，且数量极少，可忽略不计。因此，共析钢在室温的组织是珠光体，如图 2-28 所示。

资源 2-7
共析钢结晶过程

共析钢在冷却过程中的组织转变情况如图 2-32 所示。

图 2-32 共析钢在冷却过程中的组织转变示意图
(a) 1 点以上；(b) 1~2 点；(c) 2~S 点；(d) S 点以下

（2）亚共析钢

图 2-31 中合金 Ⅱ 为亚共析钢。亚共析钢在 3 点以上温度冷却过程与共析钢在 S 点以上相似。当缓慢冷却到与 GS 线相交的 3 点时，开始从奥氏体中析出铁素体，随着温度的降低，铁素体量逐渐增多，其成分沿 GP 线变化，而奥氏体量逐渐减少，成分沿 GS 线向共析成分

资源 2-8
亚共析钢
结晶过程

接近。当冷却到与 PSK 线相交的 4 点时，剩余奥氏体达到共析成分，将在共析温度下发生共析转变而形成珠光体。温度继续下降，从铁素体中析出极少量三次渗碳体，可忽略不计。因此，亚共析钢在室温的组织是铁素体＋珠光体。亚共析钢在冷却过程中的组织转变情况如图 2-33 所示。

图 2-33　亚共析钢在冷却过程中的组织转变示意图
(a) 1 点以上；(b) 1~2 点；(c) 2~3 点；(d) 3~4 点；(e) 4 点以下

所有亚共析钢的室温组织都是铁素体＋珠光体，但随着碳的质量分数的增加，组织中珠光体的量增多，铁素体的量减少。图 2-34 所示为不同成分亚共析钢的室温组织，图中白色部分为铁素体，黑色部分为珠光体。

图 2-34　不同成分亚共析钢的室温组织
(a) $\omega(C)=0.2\%$；(b) $\omega(C)=0.4\%$；(c) $\omega(C)=0.6\%$

（3）过共析钢

图 2-31 中合金Ⅲ为过共析钢。过共析钢在 3 点以上温度冷却过程与共析钢在 S 点以上相似。当缓慢冷却到与 ES 线相交的 3 点时，奥氏体中的溶碳量达到饱和，随着温度的降低，多余的碳以二次渗碳体的形式析出，并以网状形式沿奥氏体晶界分布。随着温度的降低，二次渗碳体量逐渐增多，而奥氏体量逐渐减少，奥氏体成分沿 ES 线向共析成分接近。当冷却到与 PSK 线相交的 4 点时，剩余奥氏体达到共析成分，将在共析温度下发生共析转变而形成珠光体。温度继续下降，组织不再变化。因此，过共析钢在室温的组织是珠光体＋网状二次渗碳体。过共析钢在冷却过程中的组织转变情况如图 2-35 所示。

资源 2-9
过共析钢结晶过程

图 2-35　过共析钢在冷却过程中的组织转变示意图
(a) 1 点以上；(b) 1~2 点；(c) 2~3 点；(d) 3~4 点；(e) 4 点以下

所有过共析钢的室温组织都是珠光体+网状二次渗碳体,但随着碳的质量分数的增加,组织中二次渗碳体的量逐渐增多,珠光体的量逐渐减少,当$\omega(C)=2.11\%$时,二次渗碳体的量达到最大,其值为22.6%。图2-36所示为过共析钢的室温组织,图2-36(a)中呈片状黑白相间的部分为珠光体,白色网状为二次渗碳体。

(a)　　　　　　　　　　　　　　　(b)

图2-36　过共析钢的室温组织

(a) 4%硝酸酒精腐蚀;(b) 碱性苦味酸钠腐蚀

(4) 共晶白口铸铁

图2-31中合金Ⅳ为共晶白口铸铁。当共晶白口铸铁缓慢冷却到C点时将发生共晶转变,即从液态合金中同时结晶出E点成分的奥氏体和F点成分的渗碳体的机械混合物,即莱氏体。在C点以下继续冷却时,莱氏体中奥氏体将析出二次渗碳体,随着温度的下降,二次渗碳体的量不断增多,而奥氏体的量不断减少,其成分沿ES线向共析成分接近。当温度下降至与PSK线相交的1点时,奥氏体达到共析成分,将发生共析转变析出珠光体,二次渗碳体保留到室温。因此,<u>共晶白口铸铁在室温的组织是珠光体和渗碳体(共晶渗碳体+二次渗碳体)组成的两相组织,即低温莱氏体</u>,如图2-29所示。

共晶白口铸铁冷却过程中的组织转变示意图如图2-37所示。

(a)　　　(b)　　　(c)　　　(d)

图2-37　共晶白口铸铁冷却过程中的组织转变示意图

(a) C点以上;(b) 在C点时;(c) C~1点;(d) 1点以下

(5) 亚共晶白口铸铁

图2-31中合金Ⅴ为亚共晶白口铸铁。当亚共晶白口铸铁缓慢冷却到与AC线相交的1点时,开始从液相中结晶出奥氏体。随着温度的下降,奥氏体量逐渐增多,其成分沿AE线变化,而剩余液相量逐渐减少,其成分沿AC线向共晶成分接近。当冷却到与共晶线ECF相交的2点时,剩余液相达到共晶成分,将发生共晶转变形成莱氏体,此时的组织为奥氏体+莱氏体。随着温度的继续下降,奥氏体的成分将沿着ES线向共析成分接近,并

不断从先结晶出来的奥氏体和莱氏体中析出二次渗碳体。当温度下降至与 PSK 线相交的 3 点时，奥氏体达到共析成分，将发生共析转变析出珠光体，二次渗碳体保留到室温。因此，亚共晶白口铸铁室温的组织是珠光体 + 二次渗碳体 + 低温莱氏体。亚共晶白口铸铁冷却过程中的组织转变示意图如图 2-38 所示。其显微组织如图 2-39 所示，图中黑色块状或树枝状为珠光体，珠光体周围白色网状为二次渗碳体，黑白相间的基体为低温莱氏体。

图 2-38 亚共晶白口铸铁冷却过程中的组织转变示意图
(a) 1 点以下；(b) 1~2 点；(c) 在 2 点时；(d) 2~3 点；(e) 3 点以下

所有亚共晶白口铸铁的室温组织都是珠光体 + 二次渗碳体 + 低温莱氏体，但随着碳的质量分数的增加，低温莱氏体的量增多，珠光体量减少。

(6) 过共晶白口铸铁

图 2-31 中合金Ⅵ为过共晶白口铸铁。当过共晶白口铸铁缓慢冷却到与 CD 线相交的 1 点时，开始从液相中结晶出一次渗碳体。随着温度的下降，一次渗碳体量逐渐增多，剩余液相量逐渐减少，其成分沿 CD 线向共晶成分接近。当冷却到与共晶线 ECF 相交的 2 点时，剩余液相达到共晶成分，将发

图 2-39 亚共晶白口铸铁的室温组织

生共晶转变形成莱氏体，此时的组织由莱氏体和一次渗碳体组成。随着温度的继续下降，合金的组织变化与共晶、亚共晶白口铸铁基本相同，即冷却至 3 点莱氏体转变成低温莱氏体，继续冷却，合金组织不再变化。过共晶白口铸铁室温组织是低温莱氏体 + 一次渗碳体，过共晶白口铸铁冷却过程中的组织转变示意图如图 2-40 所示。图 2-41 所示为过共晶白口铸铁的显微组织，图中白色条状为一次渗碳体，基体为低温莱氏体。

图 2-40 过共晶白口铸铁冷却过程中的组织转变示意图
(a) 1 点以下；(b) 1~2 点；(c) 在 2 点时；(d) 2~3 点；(e) 3 点以下

所有过共晶白口铸铁的室温组织都是低温莱氏体 + 一次渗碳体，但随着碳的质量分数的增加，一次渗碳体的量增多，低温莱氏体量减少。

图 2-41 过共晶白口铸铁的显微组织

2.3.2.3 铁碳合金的成分、组织、性能间的关系

(1) 铁碳合金的成分与组织间的关系

由上述分析可知，随着碳的质量分数的提高，铁碳合金室温下的平衡组织依次为

$$F + Fe_3C_{III} \rightarrow F + P \rightarrow P \rightarrow P + Fe_3C_{II} \rightarrow P + Fe_3C_{II} + L'd \rightarrow L'd \rightarrow L'd + Fe_3C_{I}$$

任何成分的铁碳合金在室温均是由铁素体和渗碳体两相组成的，并且随着碳的质量分数的增加，铁素体的相对量在减少，而渗碳体的相对量在增加。铁碳合金的成分与组织组成物和相组成物相对量的关系如图 2-42 所示。

图 2-42 铁碳合金的成分与组织组成物和相组成物相对量的关系

(2) 铁碳合金的成分与性能间的关系

在铁碳合金中，渗碳体是一种强化相，所以渗碳体数量越多，分布越均匀，则铁碳合金的强度、硬度越高，塑性、韧性越差；但当渗碳体分布在晶界或作为基体存在时，则铁碳合金的塑性和韧性将大大下降，且强度也随之降低。图 2-43 所示为铁碳合金中碳的质量分数对钢力学性能的影响，从图中可以看出，当 $\omega(C) < 0.9\%$ 时，随着碳的质量分数的增加，钢的强度和硬度直线上升，而塑性和韧性却不断降低；而当 $\omega(C) > 0.9\%$ 时，由于二次渗碳体不断在晶界析出并形成完整的网状，不仅使钢的塑性、韧性进一步下降，而且强度也开始明显下降。因此，在机械制造中，为了保证钢既具有足够高的强度，同时又具有一定的塑性和韧性，钢中碳的质量分数一般都不超过 1.4%。

图 2-43 铁碳合金中碳的质量分数对钢力学性能的影响

对于 $\omega(C) > 2.11\%$ 的白口铸铁，由于组织中含有大量的硬而脆的渗碳体，难以切削加工，因此在机械制造中很少直接应用。

2.3.3 铁碳相图的应用

Fe-Fe$_3$C 相图表明了钢铁材料的成分、组织与性能的变化规律，为生产中的选材及制定加工工艺提供了重要依据。

2.3.3.1 在选材方面的应用

由 Fe-Fe$_3$C 相图可知，不同成分的铁碳合金，其室温组织不同，导致其力学性能也不同。因此，可根据零件的不同性能要求来合理地选择材料。例如，要求塑性、韧性好的金属构件（汽车上的油底壳、气缸盖罩），应选碳的质量分数较低的钢；要求强度、硬度、塑性和韧性都较高的机械零件（汽车曲轴），则应选用碳的质量分数为 0.25%～0.60% 的中碳钢；对于汽车上承受交变载荷的弹簧，要求具有较高的弹性和韧性，则需选用碳的质量分数为 0.60%～0.85% 的中高碳钢；对于要求有高硬度、高耐磨性的切削刀具和测量工具，则应选碳的质量分数为 0.7%～1.3% 的高碳钢。

2.3.3.2 在制定热加工工艺方面的应用

(1) 铸造方面

铸造生产中，可以根据 Fe-Fe$_3$C 相图确定钢铁材料的浇铸温度，一般为液相线以上 50～100 ℃。由相图可知，共晶成分的合金结晶温度最低，结晶区间最小，流动性好，体积收缩小，易获得组织致密的铸件，所以通常选择共晶成分的合金作为铸造合金。

(2) 在锻压方面

相图可以作为确定钢的锻造温度范围的依据。通常把钢加热到单相奥氏体区，钢的塑性好，变形抗力小，易于成形。一般始锻温度控制在固相线以下 100～200 ℃，而终锻温度控制在 GS 线以上，过共析钢应在稍高于 PSK 线以上。

(3) 在焊接方面

在焊接工艺上，焊缝及周围热影响区受到不同程度的加热和冷却，组织和性能会发生变化，相图可作为研究变化规律的理论依据。铁碳合金的焊接性与碳的质量分数有关，随着碳的质量分数的增加，钢的脆性增加、塑性下降，导致钢的冷裂倾向增加、焊接性变差。碳的质量分数越高，焊接性越差，故焊接用钢主要是低碳钢或低碳合金钢。

(4) 在热处理方面

在热处理工艺中，相图是制定各种热处理工艺加热温度的重要依据。例如，钢的退火、正火、淬火加热温度都是依据铁碳相图来确定的。

拓展知识

铋金属结晶体，美到无法想象

铋主要用于制造易熔合金，熔点为 47～262 ℃，最常用的是铋同铅、锡、锑、铟等金属组成的合金，用于消防装置、自动喷水器、锅炉的安全塞，一旦发生火灾时，一些水管的活塞会"自动"熔化，喷出水来。在消防和电气工业上，用作自动灭火系统和电器熔断器、焊锡。铋合金具有凝固时不收缩的特性，用于铸造印刷铅字和高精度铸型。碳酸氧铋与硝酸氧铋用于治疗皮肤损伤和肠胃病。铋金属是无毒的，并且具有许多非常有趣的性质。那么铋金属的晶体会是什么样的呢？一起来看看，如图 2－44 所示。

实验者将大块的铋金属放进容器中进行加热，随着温度的升高，铋金属慢慢熔化。随后实验者将一块固态金属放进液体中，并且停止加热，液面很快凝结了一层薄膜，当拨开这层膜时，液面像是镜子一样泛着光亮，十分好看。

图 2－44 铋金属结晶体

> 等待一段时间，实验者翻开表面凝结的固体，在近镜头的观察下，铋金属泛着蓝色和粉色光芒，简直比水晶还要美丽。
>
> 当实验者在碗中进行结晶实验时，这次大片的铋金属结晶体呈现在我们眼前，像是高低的山峰一样错落有致，泛着五彩的光芒，实在是太漂亮了。

本章小结

1. 金属材料的性能取决于其化学成分和组织结构，金属的组织结构与其结晶过程密切相关，因此研究金属的晶体结构与结晶，有利于探索和改善金属材料的性能，对于合理选用材料、充分发挥材料的性能潜力十分必要。

2. 常见的金属晶格类型有体心立方晶格、面心立方晶格和密排六方晶格。固态合金中的相分为固溶体和金属化合物两大类，固溶强化和弥散强化是提高金属材料力学性能的重要途径。金属实际的晶体结构是一个多晶体，并存在晶体缺陷，晶体缺陷处晶格处于畸变状态，引起晶格内部产生内应力，导致金属塑性变形抗力增大，从而使金属材料在常温下强度、硬度提高。

3. 晶粒大小是影响金属材料性能的重要因素之一。一般来说，晶粒越细，金属材料的强度、硬度越高，塑性、韧性越好，这种现象称为细晶强化。生产中通常希望通过使金属材料的晶粒细化来提高金属的力学性能。

4. 铁碳合金相图是研究平衡条件下，铁碳合金的成分、温度和组织之间关系的图形，是研究钢铁材料的基础，也是制定钢铁材料各种热加工工艺的重要依据。

技能训练题

一、名词解释

1. 相 2. 组织 3. 固溶强化 4. 弥散强化 5. 过冷度 6. 变质处理 7. 铁素体 8. 奥氏体 9. 渗碳体 10. 珠光体 11. 低温莱氏体

二、填空题

1. 常见的金属晶格类型有_____晶格、_____晶格和_____晶格三种。

2. 根据缺陷的几何形态特征，实际金属的晶体缺陷分为_____、_____和_____。

3. 过冷度不是一个恒定值，它与液态金属的冷却速度有关。冷却速度越大，金属的实际结晶温度越_____，过冷度越_____。

4. 金属结晶过程是一个_____和_____的过程。

5. 金属的晶粒越细小，其强度、硬度_____，塑性、韧性_____，这种现象称为细晶强化。

6. 按溶质原子在溶剂中所占位置的不同，固溶体分为_____和_____两类。

7. 奥氏体在 1 148 ℃时，碳的质量分数为＿＿＿＿；在 727 ℃时，碳的质量分数为＿＿＿＿。

8. 根据室温组织的不同，钢分为＿＿＿＿钢，其室温组织为＿＿＿＿和＿＿＿＿；＿＿＿＿钢，其室温组织为＿＿＿＿；＿＿＿＿钢，其室温组织为＿＿＿＿和＿＿＿＿。

三、选择题

1. 位错是一种（　　）。
   A. 点缺陷　　　　　　　B. 线缺陷　　　　　　　C. 面缺陷
2. 在 20 ℃时，纯铁的晶体结构类型为（　　）。
   A. 体心立方晶格　　　　B. 面心立方晶格　　　　C. 密排六方晶格
3. 固溶体的晶体结构与（　　）相同。
   A. 溶剂　　　　　　　　B. 溶质　　　　　　　　C. 溶剂和溶质都不
4. 金属化合物的性能特点是（　　）。
   A. 熔点高，硬度低　　　B. 熔点高，硬而脆　　　C. 熔点低，硬度高
5. 铁素体为（　　）晶格，奥氏体为（　　）晶格，渗碳体为（　　）晶格。
   A. 体心立方　　　　　　B. 面心立方　　　　　　C. 复杂斜方
6. 铁碳相图上的 ES 线是（　　），PSK 线是（　　）。
   A. A_1　　　　　　　　B. A_3　　　　　　　　C. A_{cm}

四、判断题

1. 纯铁在 950 ℃时为体心立方晶格的 α – Fe。　　　　　　　　　　　（　　）
2. 实际金属的晶体结构不仅是一个多晶体，而且还存在很多缺陷。　（　　）
3. 固溶体的晶格类型与溶剂相同。　　　　　　　　　　　　　　　（　　）
4. 置换固溶体只能为有限固溶体，而间隙固溶体可以是无限固溶体。（　　）
5. 组织和相是两个不同的概念，它们之间没有任何联系。　　　　　（　　）
6. 碳溶于 α – Fe 中所形成的间隙固溶体称为奥氏体。　　　　　　　（　　）
7. 室温下 $ω(C)=0.9\%$ 的碳钢比 $ω(C)=1.2\%$ 的碳钢强度高。　　（　　）
8. 在 1 100 ℃时，$ω(C)=0.4\%$ 的钢能进行锻造，而 $ω(C)=4.0\%$ 的铸铁不能锻造。
　　　　　　　　　　　　　　　　　　　　　　　　　　　　　　　（　　）

五、简答题

1. 常见的金属晶格类型有哪几种？试画出铜、铬和锌的晶胞示意图。
2. 实际金属晶体中存在哪几种晶体缺陷？这些缺陷对金属的力学性能有什么影响？
3. 什么是过冷度？影响过冷度的因素是什么？
4. 晶粒大小对金属的力学性能有什么影响？如何细化晶粒？
5. 铁碳合金根据其在相图中的位置可分为哪几种？说明它们的含碳范围和室温组织。
6. 为什么钢铆钉要用低碳钢制作，而锉刀一般用高碳钢制作？
7. 为什么绑扎物件一般用铁丝（镀锌的低碳钢丝），而起重机吊重物时却用钢丝绳（用 60、65、70 等钢制成）？
8. 同样形状和大小的三块铁碳合金，其成分分别为 $ω(C)=0.2\%$、$ω(C)=0.65\%$、$ω(C)=4.0\%$，用什么方法可迅速将它们区分开来？

模块 3

钢的热处理

知识点

1. 了解钢在加热和冷却时的组织转变过程。
2. 掌握普通热处理和表面热处理的工艺特点及应用范围。

技能点

能够根据工件的性能要求选择合适的热处理工艺。

【案例 3-1】 据史书记载，三国时期蒲元为诸葛亮锻制出"斩金断玉，削铁如泥"的神刀 3 000 把。据说蒲元在冶炼金属、制造刀具上所用方法与常人大不一样，当钢刀制成后，为了检验钢刀的锋利程度，他在大竹筒中装满铁珠，然后让人举刀猛劈，结果"应手灵落"，如同斩草一样，竹筒豁然断成两截，而筒内的铁珠也一分为二。那么蒲元在冶炼金属、制造刀具上使用了什么方法呢？

其实"神刀"是在蒲元对钢材进行了热处理的基础上打造的，那么钢材在热处理后性能为什么会发生改变？又是如何提高钢的强度和硬度的呢？

钢的热处理是通过加热、保温和冷却等工序改变钢的内部组织结构，从而获得预期性能的工艺。其目的是改善和提高材料的性能，充分发挥材料的性能潜力，延长其使用寿命。因此，热处理在机械制造业有着重要的地位和作用，在汽车、拖拉机制造中，80%的零件都要进行热处理，而刀具、量具、模具和滚动轴承等，100%都需要进行热处理。

根据加热和冷却方式的不同，热处理一般分为普通热处理和表面热处理。普通热处理又称整体热处理，主要包括退火、正火、淬火和回火；表面热处理包括表面淬火和化学热处理。尽管热处理的种类很多，但都是由加热、保温和冷却三个阶段组成的，因此要掌握各种热处理方法对钢的组织和性能的影响，就必须研究钢在加热、保温和冷却过程中的组织转变规律。图 3-1 所示为最基本的热处理工艺曲线。

图 3-1 热处理工艺曲线

任务 3.1 钢在加热和冷却时的组织转变

热处理工艺中加热和冷却的目的都是使钢的组织发生转变。在铁碳相图中，A_1、A_3、A_{cm} 线都是平衡状态的相变温度（又称临界点），而在实际生产中加热和冷却过程不可能非常缓慢，因此往往造成相变点的实际位置比平衡状态时有所偏离，即加热时实际转变温度略高于平衡相变点，而冷却时却略低于平衡相变点。为了使两者有所区别，通常将加热时的实际相变点用 A_{c1}、A_{c3}、A_{ccm} 表示，冷却时的实际相变点用 A_{r1}、A_{r3}、A_{rcm} 表示，如图 3-2 所示。

图 3-2 钢在加热或冷却时各临界点的实际位置

3.1.1 钢在加热时的组织转变

钢进行热处理时首先要加热，其目的是获得均匀而细小的奥氏体组织。通常将这种加热转变称为钢的奥氏体化。加热时奥氏体化的程度及晶粒大小，对其冷却转变过程及最终的组织和性能都有极大的影响。因此，了解奥氏体的形成规律是掌握热处理工艺的基础。

以共析钢为例，其室温平衡组织为珠光体，当把共析钢加热到 A_{c1} 点以上温度时，就会使珠光体向奥氏体转变，这一转变是由成分相差悬殊、晶格类型截然不同的两相 F + Fe_3C 混合物转变成另一种晶格类型的单相奥氏体（A）的过程。因此，在此过程中必然进行晶格的改组和铁碳原子的扩散，并遵循形核和长大的基本规律。该过程可归纳为奥氏体晶核的形成、奥氏体晶核的长大、残余渗碳体的溶解和奥氏体成分均匀化四个阶段，如图3-3所示。

图 3-3 共析钢奥氏体形成过程

(a) A 晶核形成；(b) 晶核长大；(c) 残余 Fe_3C 溶解；(d) A 均匀化

由以上分析可知，热处理的保温阶段不仅是为了让工件热透，同时也是为了获得均匀的奥氏体组织，以便冷却后获得良好的组织和性能。

亚共析钢和过共析钢的奥氏体形成过程与共析钢基本相同，但其完全奥氏体化的过程有所不同。亚共析钢加热到 A_{c1} 以上温度时还存在铁素体，这部分铁素体只有继续加热到 A_{c3} 以上时才能完全转变为奥氏体；过共析钢则只有在加热温度高于 A_{ccm} 时，才能获得单一的奥氏体组织。

加热时形成奥氏体晶粒的大小直接影响到冷却转变产物的晶粒大小和力学性能。奥氏体晶粒越细小，其冷却转变产物也越细小，力学性能越高。因此，在加热时为了获得均匀而细小的奥氏体晶粒，必须选取合适的加热温度，并严格控制保温时间。

3.1.2 钢在冷却时的组织转变

冷却过程是热处理的关键工序，其冷却方式不同，冷却后的组织和性能也不同。热处理生产中有等温冷却和连续冷却两种方式。等温冷却是将奥氏体化后的钢迅速冷至 A_{c1} 以下某一温度并保温，使其在该温度下发生组织转变，然后再冷却到室温的热处理工艺，如图3-4中虚线所示；连续冷却是指将奥氏体化的钢自加热温度连续冷却至室温的热处理工艺，如图3-4中实线所示。

资源 3-1
钢热处理的
冷却方式

图 3-4 两种冷却方式示意图

资源 3-2
过冷奥氏体的等温转变

3.1.2.1 过冷奥氏体的等温转变

奥氏体在 A_1 温度以上是稳定的,能够长期存在而不发生转变,一旦冷却到 A_{r1} 温度以下就处于不稳定状态,即将发生转变。我们把在 A_{r1} 温度以下暂存的、不稳定的奥氏体称为过冷奥氏体。过冷奥氏体在不同温度下的等温转变产物可以用等温转变曲线来确定。

(1) 过冷奥氏体等温转变曲线的建立

现以共析钢为例来说明过冷奥氏体等温转变曲线的建立。

1) 首先将共析钢制成若干小圆形薄片试样,加热至奥氏体化后,分别迅速放入 A_{r1} 以下不同温度的恒温盐浴槽中进行等温转变。

2) 分别测出在各温度下过冷奥氏体转变的开始时间、终了时间以及转变产物量。

3) 将测得的参数画在温度—时间坐标图上,并将各转变开始点和终了点分别用光滑曲线连接起来,便得到共析钢过冷奥氏体等温转变曲线,如图 3-5(a)所示。

图 3-5 共析钢过冷奥氏体等温转变曲线
(a) 共析钢等温转变曲线的建立;(b) 共析钢等温转变曲线

因过冷奥氏体在不同过冷度下,转变所需时间相差很大,故图中用对数坐标表示。由于曲线与字母"C"相似,故又称为 C 曲线。

图 3-5(b)中左边曲线为过冷奥氏体等温转变开始线,右边曲线为过冷奥氏体等温转变终了线。A_1 线以上是稳定的奥氏体区。A_1 线以下,转变开始线左边的区域为过冷奥氏体区;转变终了线以右的区域是转变产物区;两线之间是过冷奥氏体和转变产物共存

区。由纵坐标到转变开始线之间的水平距离表示过冷奥氏体等温转变前所经历的时间,称为孕育期。孕育期越长,表示过冷奥氏体越稳定。对于共析钢,过冷奥氏体在550 ℃附近等温时,孕育期最短,即过冷奥氏体最不稳定,转变速度最快,这里被形象地称为C曲线的"鼻尖"。C曲线的下部有两条水平线,上边一条是马氏体转变开始线,用M_s表示;下边一条是马氏体转变终了线,用M_f表示。

(2) 过冷奥氏体等温转变产物的组织形态及性能

1) 珠光体转变。共析钢在A_{r1}~550 ℃区间进行等温时,过冷奥氏体的转变产物为珠光体型组织,它是由铁素体与渗碳体组成的层片相间的机械混合物。等温温度越低,铁素体和渗碳体的片层间距越小。根据片层的厚薄不同,珠光体型组织又可细分为三种,如表3-1所示。

表 3-1 珠光体型组织的形态和性能

等温温度	组织名称	符号	片层间距	硬度（HRC）
A_{r1} ~ 650 ℃	珠光体	P	>0.4 μm	10 ~ 20
650 ~ 600 ℃	索氏体	S	0.2 ~ 0.4 μm	20 ~ 30
600 ~ 550 ℃	托氏体	T	<0.2 μm	30 ~ 40

实际上这三种组织都是珠光体,其差别只是珠光体的片层间距大小不同,等温温度越低,片层间距越小。片层间距越小,强度、硬度越高,塑性、韧性越好。

2) 贝氏体转变。共析钢在550 ℃~M_s区间进行等温时,过冷奥氏体的转变产物为贝氏体。贝氏体是含过饱和碳的铁素体和碳化物组成的机械混合物,用符号"B"表示。根据形成温度和组织形态,可将贝氏体分别为上贝氏体和下贝氏体,如图3-6所示。

(a) (b)

图 3-6 贝氏体的显微组织

(a) 上贝氏体显微组织（600×）；(b) 下贝氏体显微组织（600×）

共析钢在350~550 ℃区间等温,将形成黑色羽毛状的上贝氏体。上贝氏体强度很低,脆性很大,基本没有实用价值。在350 ℃~M_s区间等温,形成黑色竹叶状的下贝氏体。下贝氏体具有较高的强度、硬度和良好的塑性、韧性。因此,生产中常用等温淬火的方法来获得下贝氏体组织,以获得良好的综合力学性能。

3) 马氏体转变。马氏体转变是在M_s~M_f之间连续冷却过程中进行的。当过冷奥氏体被快速冷却到M_s点以下时,转变产物是马氏体。马氏体是碳在α-Fe中的过饱和固溶体。

马氏体的组织形态主要与碳含量有关。当碳含量低于0.2%时,可获得板条状的马氏体,它具有较高的强度、硬度和较好的塑性、韧性;当碳含量大于1.0%时,得到针片状马氏体,它具有很高的硬度,但塑性差、脆性大;但碳含量在0.2%~1.0%时,得到板条马氏体和针片状马氏体的混合组织。图3-7所示为板条马氏体和针片状马氏体的显微组织。

(a) (b)

图3-7 板条马氏体和针片状马氏体的显微组织
(a) 板条马氏体的显微组织; (b) 针片状马氏体的显微组织

3.1.2.2 过冷奥氏体的连续冷却转变

在实际生产中,过冷奥氏体大多是在连续冷却中转变的,因此研究过冷奥氏体连续冷却时的组织转变规律有着重要的意义。

图3-8所示为共析钢的连续冷却转变曲线。由图可见,连续冷却转变曲线只有C曲线的上半部分,因此连续冷却时只发生珠光体和马氏体转变,而不会发生贝氏体转变。图中P_s线为过冷奥氏体向珠光体转变的开始线;P_f线为过冷奥氏体向珠光体转变的终了线;KK'线为过冷奥氏体向珠光体转变的终止线,它表示冷却曲线与KK'线相交时,过冷奥氏体即停止向珠光体转变,剩余部分一直冷却到M_s线以下发生马氏体转变。v_K是过冷奥氏体在连续冷却过程中不发生分解,全部转变为马氏体的最小冷却速度,也称为马氏体临界冷却速度;v_K'是获得全部珠光体型组织的最大冷却速度。

图3-8 共析钢的连续冷却转变曲线

资源3-3 共析钢过冷奥氏体的连续冷却转变

【想一想】
钢铁材料为什么能够进行热处理?

任务 3.2　钢的普通热处理

3.2.1　钢的退火和正火

在机械制造过程中,退火和正火经常作为预先热处理,安排在铸造、锻造和焊接之后或粗加工之前,用以消除前一工序所造成的某些组织缺陷及内应力,为随后的切削加工及热处理做好组织准备,也可用于性能要求不高的机械零件的最终热处理。

(1) 钢的退火

退火是将钢加热到适当温度,保温一定时间,然后缓慢冷却(一般是随炉冷却,也可埋砂冷却或灰冷)的热处理工艺。根据钢的成分和退火目的的不同,退火常分为完全退火、等温退火、球化退火、扩散退火和去应力退火等。各类退火的工艺特点及适用范围如表3-2所示。

表 3-2　各类退火的工艺特点及适用范围

退火的分类	加热温度	冷却方式	目的	适用范围
完全退火	$A_{c3}+30\sim50$ ℃	随炉冷却到600 ℃以下,出炉空冷	消除残余应力,改善组织,细化晶粒,降低钢的硬度,为切削加工和最终热处理做准备	亚共析钢的铸、锻、焊接件的预先热处理
等温退火	$A_{c3}(A_{c1})$ $+30\sim50$ ℃	快速冷却到A_{r1}以下某一温度,等温一定时间,出炉空冷	与完全退火相同。但等温退火可缩短生产周期,提高生产效率	合金钢工件
球化退火	$A_{c1}+30\sim50$ ℃	经充分保温后,随炉冷却到600 ℃,出炉空冷	使珠光体中的片状渗碳体和网状二次渗碳体球化,变成在铁素体基体上弥散分布着粒状渗碳体的组织,即球状珠光体。降低硬度、改善切削加工性,为后续热处理做组织准备	具有共析或过共析成分的碳钢或合金钢
扩散退火	固相线以下100~200 ℃	长时间保温后,随炉冷却	消除铸件中的偏析,使钢的化学成分和组织均匀化	质量要求高的合金钢铸锭或铸件
去应力退火	A_{c1}以下某一温度(一般为500~650 ℃)	随炉冷却到200~300 ℃,出炉空冷	消除铸件、锻件、焊接件、冷冲压件以及机加工工件的残余应力,稳定工件尺寸,减少变形	所有钢件

(2) 钢的正火

正火是将钢加热到 A_{c3}（或 A_{ccm}）以上 30~50℃，保温一定时间，然后出炉在空气中冷却的热处理工艺。

正火和退火的主要区别是正火的冷却速度稍快，得到的组织较细小，强度和硬度有所提高，操作简便，产生周期短，成本较低。正火主要应用于以下几个方面：

1）改善低碳钢和低碳合金钢的切削加工性。由于正火后的组织为细珠光体，其硬度有所提高，从而改善了切削加工中的"黏刀"现象，降低工件的表面粗糙度。

2）消除网状渗碳体。对于过共析钢可消除网状二次渗碳体，为球化退火做组织准备。

3）作为中碳钢零件的预先热处理。通过正火可以消除钢中粗大的晶粒，消除内应力，为最终热处理做组织准备。

4）作为普通结构件的最终热处理。对于某些大型或结构复杂的普通零件，当淬火有可能产生裂纹时，往往用正火代替淬火、回火作为这类零件的最终热处理。

退火和正火加热温度范围及热处理工艺曲线如图 3-9 所示。

图 3-9　退火和正火加热温度范围及热处理工艺曲线

3.2.2　钢的淬火

淬火是将钢加热到 A_{c3}（或 A_{c1}）以上 30~50℃，保温一定时间，然后以大于马氏体临界冷却速度快速冷却，以获得马氏体或下贝氏体组织的热处理工艺。其目的是提高钢的硬度和耐磨性。淬火是强化钢材最重要的工艺方法。淬火必须与适当的回火工艺相配合，才能使钢具有不同的力学性能，以满足各类零件或工模具的使用要求。

(1) 淬火加热温度的确定

淬火加热温度应以获得均匀而细小的奥氏体晶粒为原则。钢的成分不同，其淬火加热温度也不同。碳钢的淬火加热温度范围如图 3-10 所示。一般亚共析钢的淬火加热温度为 $A_{c3}+30$~50℃；共析钢及过共析钢为 $A_{c1}+30$~50℃。对于合金钢，由于合金元素对奥氏体化有延缓作用，加热温度应比

资源 3-4
大型齿轮的淬火

碳钢高,尤其是高合金钢淬火加热温度远高于 A_{c1},同样能获得均匀而细小的奥氏体晶粒,这与合金元素在钢中的作用有关。

淬火保温时间是根据工件的有效厚度及成分来确定的,生产中常用经验公式来进行估算。

（2）淬火冷却介质

为了保证淬火后获得马氏体组织,淬火冷却速度必须大于马氏体临界冷却速度,但过快的冷却速度必然产生较大的淬火内应力,导致工件产生变形或裂纹,所以淬火时在获得马氏体组织的前提下,应尽量选用较缓和的冷却介质。理想的冷却介质应保证：在 C 曲线鼻尖附近快冷,以避免过冷奥氏体发生转变;在 C 曲线鼻尖以上或以下温度缓冷,以降低工件的热应力和组织应力。图 3-11 所示为理想的淬火冷却速度。但到目前为止,还没有找到完全理想的淬火冷却介质。

图 3-10　碳钢的淬火加热温度范围　　　　图 3-11　理想的淬火冷却速度

生产中常用的淬火冷却介质有水、油、盐或碱的水溶液。

1）水及水溶液。水在 500～650 ℃ 范围内需要快冷时,冷却速度相对较小;而在 200～300 ℃ 范围内需要慢冷时,冷却速度又相对较大,容易引起工件的变形和开裂。为了提高水在 500～650 ℃ 范围内的冷却能力,常在水中加入 5%～10% 的盐或碱,制成盐或碱的水溶液。盐水、碱水常用于形状简单、截面尺寸较大的碳钢工件的淬火。

2）油。常用的淬火油有机械油、变压器油、柴油、植物油等。其优点是在 200～300 ℃ 范围冷却较缓慢,有利于减小工件的变形;缺点是在 550～650 ℃ 范围冷却也较慢,不利于淬硬,所以油一般用于合金钢和尺寸较小的碳钢工件的淬火。

3）盐浴或碱浴。为了减小零件淬火时的变形,可采用盐浴或碱浴作为淬火冷却介质,如熔化的 $NaNO_3$、KNO_3 等,用于形状复杂、尺寸较小、变形要求严格的工件的分级淬火和等温淬火,它们的冷却能力介于水和油之间。

（3）常用的淬火方法

常用的淬火方法有单介质淬火、双介质淬火、分级淬火和等温淬火等,如图 3-12 所示。

1）单介质淬火。将钢加热到淬火温度,保温一定时间,放入一种淬火介质中一直冷却到室温的淬火方法,如图 3-12 中曲线 1 所示。例

资源 3-5
常用的淬火方法

如碳钢在水中、合金钢在油中淬火。此方法操作简便，容易实现机械化和自动化，但水冷易变形，油冷不易淬硬，适用于形状简单的碳钢和合金钢工件。

2) 双介质淬火。

将钢加热到淬火温度，保温一定时间，先浸入冷却能力强的淬火介质中，待零件冷却到稍高于 M_s 温度时，再立即转入冷却能力弱的介质中冷却到室温的淬火方法，如图3-12中曲线2所示。例如碳钢的水—油淬火、合金钢的油—空气淬火等。此方法能有效地防止淬火变形和裂纹，但要求操作工人有较高的技术水平，适用于形状复杂的高碳钢和尺寸较大的合金钢工件。

图3-12 常用的淬火方法

3) 分级淬火。将钢加热到淬火温度后，先浸入温度稍高于 M_s 点的盐浴或碱浴槽中，短时保温，待工件整体达到介质温度后取出空冷，以获得马氏体组织的淬火方法，如图3-12中曲线3所示。分级淬火比双介质淬火容易控制，能有效减小工件的变形和开裂，适用于形状复杂、尺寸较小的工件。

4) 等温淬火。将钢加热到淬火温度后，快速冷却到下贝氏体转变温度区间等温，使奥氏体转变为下贝氏体组织的淬火方法，称为等温淬火，如图3-12中曲线4所示。等温淬火时内应力及变形很小，而且能获得较高的综合力学性能，但生产周期长，效率低，主要用于形状复杂、尺寸要求精确、韧性要求高的小型工件。

(4) 钢的淬透性

钢淬火的目的是获得马氏体组织，但并非任何钢种、任何成分的钢在淬火时都能在整个截面上得到马氏体，这是由于淬火冷却时表面与芯部冷却速度有差异所致。显然只有冷却速度大于临界冷却速度的部分才有可能获得马氏体。钢的淬透性是指钢在淬火时获得淬硬层深度的能力，其大小通常用规定条件下淬硬层的深度来表示。淬硬层越深，其淬透性越好。凡是能增加过冷奥氏体稳定性，即使C曲线右移，减小钢的临界冷却速度的因素，都能提高钢的淬透性；反之，则降低淬透性。所以，钢的化学成分和奥氏体化条件是影响其淬透性的基本因素。

淬透性与淬硬性是两个完全不同的概念。淬硬性是指钢在淬火后所能达到的最高硬度的能力。淬硬性主要取决于马氏体的含碳量，而合金元素对淬硬性没有显著影响，但对淬透性却有很大影响。因此，淬透性好的钢，其淬硬性不一定高。

3.2.3 钢的回火

回火是将淬火后的钢重新加热到 A_1 以下某一温度，保温一定时间后冷却到室温的热处理工艺。

淬火后的工件不宜直接使用，必须及时进行回火。回火决定了钢的组织和性能，是重要的热处理工序，其目的是减少或消除淬火应力，防止工件变形开裂，稳定工件尺寸及获得必需的力学性能。

(1) 回火的种类和应用

生产中根据回火温度不同分为低温回火、中温回火和高温回火三类，淬火后进行高温回火，称为调质。回火的工艺特点及应用范围见表 3 – 3。

表 3 – 3 回火的工艺特点及应用

回火工艺	回火温度/℃	回火组织及硬度	特点	用途
低温回火	100 ~ 250	回火马氏体（58 ~ 64 HRC）	保持了淬火马氏体的高硬度和高耐磨性，内应力和脆性有所降低	主要用于工具、滚动轴承及表面处理件
中温回火	350 ~ 500	回火托氏体（38 ~ 50HRC）	具有较高的弹性和一定的韧性	主要用于各种弹性零件，如弹簧和热作模具
高温回火	500 ~ 650	回火索氏体（25 ~ 35HRC）	具有较好的综合力学性能，即强度、硬度、塑性、韧性都比较好	广泛用于汽车、拖拉机轴类零件、齿轮和高强度螺栓、连杆等

（2）回火脆性

淬火钢回火时，随着温度的升高，通常强度、硬度降低，而塑性、韧性提高。但在某些温度范围内钢的韧性有下降的现象，这种现象称为回火脆性。按回火脆性的温度范围，可分为低温回火脆性和高温回火脆性。

1）低温回火脆性。淬火钢在 250 ~ 350 ℃ 之间回火时出现的回火脆性，称为低温回火脆性或第一类回火脆性。几乎所有的钢都存在这类脆性，这类回火脆性是不可逆的，因此，一般应避免在此温度范围内回火。

2）高温回火脆性。一些合金钢，尤其是含 Cr、Mn、Ni 等合金元素的钢，淬火后在 450 ~ 650 ℃ 之间回火时也会产生回火脆性，称为高温回火脆性或第二类回火脆性。这类回火脆性是可逆的，生产中可采用快速冷却或在钢中加入 W、Mo 等合金元素来有效抑制这类回火脆性。

【想一想】

钢铁材料的 4 种常用普通热处理在加热、冷却和最终性能上有何区别？为什么？

任务 3.3 钢的表面热处理

生产中很多机械零件要求其表面具有较高的强度、硬度和耐磨性，而芯部则要求具有足够的塑性和韧性，这种情况可以通过表面热处理，仅使工件表面强化，来满足以上性能要求。表面热处理是指为改变工件表面的组织和性能，仅对工件表层进行的热处理工艺，包括表面淬火和化学热处理。

资源 3 – 6
钢的表面
热处理概述

3.3.1 钢的表面淬火

表面淬火是指在不改变钢的化学成分及芯部组织的情况下，利用快速加热，将表层加热到奥氏体化温度后进行淬火，使表层获得硬而耐磨的马氏体组织，而芯部组织仍然不变的热处理工艺。目前生产中广泛应用的是感应加热表面淬火和火焰加热表面淬火。

资源 3-7 钢的表面淬火概述

(1) 感应加热表面淬火

1) 感应加热表面淬火的原理。如图 3-13 所示，将工件放入铜管制成的感应器（线圈）中，并通入一定频率的交流电，在感应器周围将产生一个频率相同的交变磁场，于是在工件表面就会产生频率相同、方向相反的感应电流，这个电流在工件内形成的回路称为涡流。涡流在工件内分布是不均匀的，表层电流密度大，芯部电流密度小，这种现象称为"集肤效应"。由于钢本身具有电阻，因而集中于工件表层的涡流将产生电阻热，使工件表层迅速加热到淬火温度，然后立即喷水快速冷却，工件表层即被淬硬，从而达到表面淬火的目的。

感应加热表面淬火后，要进行 180～200 ℃ 的低温回火，以降低淬火应力，保持高硬度和高耐磨性。

2) 感应加热淬火的种类及应用范围。根据所用电流频率的不同，可分为高频感应加热、中频感应加热和工频感应加热三种，见表 3-4。

3) 感应加热表面淬火的特点。与普通淬火相比，感应加热淬火具有加热速度快、加热温度高、淬火质量好、生产效率高等特点，但感应加热设备较贵，维修调整较困难，形状复杂的零件不易制作感应器，不适于单件生产。

图 3-13 感应加热表面淬火的原理

资源 3-8 感应加热表面淬火的工艺路线和案例

表 3-4 感应加热淬火的种类及应用范围

感应加热的种类	常用频率 /kHz	淬硬深度 /mm	应用范围
高频感应加热	200～300	0.5～2	淬硬层要求较薄的中小模数齿轮和中小尺寸的轴类零件
中频感应加热	2.5～8	2～10	大、中模数齿轮和较大直径的轴类零件
工频感应加热	50 Hz	10～20	大直径零件，如轧辊、火车车轮等

感应淬火最适宜的钢种是中碳钢和中碳合金钢，也可用于高碳工具钢、低合金工具钢及铸铁等。一般表面淬火前应对工件进行正火或调质，以保证芯部有良好的力学性能。

(2) 火焰加热表面淬火

火焰加热表面淬火是利用氧—乙炔或煤气—氧的混合气体燃烧的火焰，将工件表层快速加热到淬火温度,然后立即喷水快速冷却的热处理工艺,如图3-14所示。火焰加热表面淬火的淬硬层深度一般为2~8 mm。

图3-14 火焰加热表面淬火示意图

火焰加热表面淬火具有操作简便、设备简单、成本低等优点,但加热温度不够均匀,淬火质量较难控制,适用于单件、小批生产以及大型零件的表面淬火。

3.3.2 钢的化学热处理

化学热处理是将工件置于一定温度的活性介质中,使一种或几种元素渗入工件的表层,以改变其化学成分、组织和性能的热处理工艺。与表面淬火相比,化学热处理不仅改变表层的组织,而且还改变其化学成分,获得一般表面淬火达不到的特殊性能(如耐热性、耐蚀性、减摩性等),从而提高钢的使用性能,延长使用寿命。

化学热处理的方法很多,目前最常用的方法有渗碳、渗氮和碳氮共渗等。

(1) 钢的渗碳

渗碳是将工件在渗碳介质中加热并保温,使碳原子渗入工件表层的化学热处理工艺。

1) 渗碳的目的及应用。渗碳用钢为低碳钢和低碳合金钢。渗碳的目的是提高工件表层碳的质量分数,经淬火和低温回火后,提高工件表面的硬度和耐磨性,而芯部仍然保持良好的塑性和韧性。渗碳一般用于在较大冲击载荷和在严重磨损条件下工作的零件,如汽车变速齿轮、活塞销、摩擦片和套筒等。

2) 渗碳方法。根据渗碳剂的不同,渗碳方法可分为固体渗碳、液体渗碳和气体渗碳三种,常用的是气体渗碳。图3-15所示为气体渗碳示意图,即将工件置于密封的井式气体渗碳炉中,加热到930 ℃左右,滴入容易分解和气化的有机液体(煤油、甲醇、苯等)并保温一定时间,使渗碳介质在高温下分解出活性碳原子,并被工件表面吸收,被吸收的活性碳原子由表面逐渐向工件内部扩散,形成具有一定深度的渗碳层。渗碳后,渗层深度可达0.2~2.5 mm,表层碳的质量分数以0.85%~1.05%为最佳。

图3-15 气体渗碳示意图
1—风扇电动机;2—炉气火焰;3—炉盖;
4—砂封;5—电阻丝;6—耐热罐;
7—工件;8—炉体

3) **渗碳件的热处理及性能**。工件渗碳后必须进行淬火和低温回火才能达到预期的性能。经渗碳、淬火、低温回火处理后，工件表面硬度可达 58～64 HRC，耐磨性较好，芯部硬度可达 30～45 HRC，具有较高的强度、韧性和一定的塑性。

（2）钢的渗氮

渗氮也称氮化，是将工件在渗氮介质中加热并保温，使氮原子渗入工件表层的化学热处理工艺。其目的是提高工件表面的硬度、耐磨性、疲劳强度和耐腐蚀性。

常用的渗氮方法有气体渗氮和离子渗氮两种。气体渗氮是将工件置于通入氨气的井式渗氮炉中，加热到 500～570 ℃，使氨气分解出活性氮原子，活性氮原子被工件表面吸收，并向内部逐渐扩散形成具有一定深度的渗氮层。渗氮层深度一般为 0.1～0.6 mm，其渗氮时间为 40～70 h，故气体渗氮生产周期很长。

与渗碳相比，气体渗氮工件表面硬度更高，可达到 1 000～1 200 HV（相当于 69～72 HRC）；渗氮温度较低，且渗氮后不需要进行其他热处理即可达到较高的硬度，因此渗氮件变形较小；渗氮层的耐磨性、耐腐蚀性、热硬性及疲劳强度均高于渗碳层。但渗氮层薄而脆，渗氮周期较长，生产效率低，因此渗氮主要应用于耐磨、耐高温、耐腐蚀的精密零件，如精密齿轮、精密机床主轴、汽轮机阀门及阀杆、发动机气缸和排气阀等。

（3）钢的碳氮共渗

碳氮共渗是在一定温度下，同时将碳、氮原子渗入工件表层的化学热处理工艺。以中温气体碳氮共渗和低温气体碳氮共渗应用较为广泛。

中温气体碳氮共渗实质上是以渗碳为主的共渗工艺。零件经共渗后须进行淬火及低温回火。中温气体碳氮共渗主要用于低碳及中碳结构钢零件，如汽车和机床上的各种齿轮、蜗轮、蜗杆和轴类零件等。

低温气体碳氮共渗实质上是以渗氮为主的共渗工艺。与一般渗氮相比，渗层脆性较小，故又称软氮化。这种工艺生产周期短，成本低，零件变形小，不受钢材限制，常用于汽车、机床上的小型轴类零件、齿轮以及模具、量具和刃具等。

【想一想】
钢铁材料的表面淬火和表面化学热处理有何区别？为什么？

【考一考】
汽车上轴和齿轮为什么要进行表面淬火和表面化学热处理？通常分别选用什么钢种？为什么？

拓展知识

柯俊——钢铁大师的报国情怀

中国共产党优秀党员，我国著名科学家、教育家，中国科学院院士，我国金属物理、冶金史学科奠基人，北京科技大学教授柯俊于 2017 年 8 月 8 日 7 时 29 分因病在北京逝世，享年 101 岁。

他曾是北京科技大学校园中，一个清瘦低调却引人注目的身影；是三尺讲台上，一位温和谦厚却博学睿智的名师。在 70 多载的漫长岁月中，他都致力于对钢铁科学领域的研究。

资源 3-11
你听说过金属物理"四大名旦"的传奇吗？

柯俊生前手稿里的一段回忆

柯俊生于1917年，年少求学时的他笼罩在抗日战争的烽火中。1944年，他获得赴英国留学的机会，师从英国第一代金属物理学家汉森教授。5年后，中华人民共和国成立，柯俊婉拒了国外多家知名研究机构的邀请，义无反顾地回到祖国。

柯俊先后担任过英国伯明翰大学终身讲师，北京钢铁学院教授、物理化学系主任和副院长，北京科技大学校长顾问等职。20世纪50年代，他创立了中国第一个金属物理专业，参与创办了第一个冶金物理化学专业，并且培养了大批理工结合的优秀专业人才；20世纪70年代后，他又创办了科学技术史专业。这几个学科后来都被评为国家重点学科。

1951年，柯俊首次发现了钢中贝茵体切变位移运动，引起国际学术界的高度重视。借助这一成果，柯俊利用我国富裕的钒硼资源，发展了高强度、高韧性贝茵体结构用钢。他还带领团队首次观察到钢中马氏体形成时基体的形变和对原子簇马氏体长大的阻碍作用。20世纪80年代，柯俊等人系统研究了铁镍合金中原子簇团导致蝶状马氏体的形成，发展了马氏体相变动力学，在国际学术界产生了广泛影响。

由于他在阐释钢中无碳贝茵体形成切变机制方面的卓越贡献，《钢铁金相学》以他的姓氏将无碳贝茵体命名为"柯氏贝茵体"，柯俊本人则被国外同行称为Mr. Bain（"贝茵体先生"）。

除了在学术上的突出贡献及承担大量社会工作外，柯俊还是一位不断创新的教育家。他将科技前沿引入课堂，悉心培养并提携举荐过许多科技人才，其中不少已经成为院士、长江学者或优秀的科学家。

"我国金属物理专业奠基人""古代冶金现代实验方法开拓者""我国工程教育改革领航员"——已故"两院"资深院士师昌绪曾一连用这三个身份概括柯俊一生的科研成就与贡献。

中国工程院原院长徐匡迪说：柯俊先生是一位坚定的爱国者，是一位具有战略思想的科学家、教育家。柯俊先生学风严谨、淡泊名利、提携后学，为广大科技工作者做出了光辉榜样。

本章小结

1. 热处理是将固态金属或合金通过加热、保温、冷却以获得所需要的组织和性能的工艺，其目的是提高或改善金属材料的性能，充分挖掘金属材料的性能潜力。

2. 热处理工艺中加热和冷却的目的都是使钢的组织发生改变，从而获得所需要的性能。

3. 退火和正火经常作为预先热处理安排在铸造、锻造和焊接之后或粗加工之前，用以消除前一工序所造成的某些组织缺陷及内应力，为随后的切削加工及热处理做好组织准备，也可用于性能要求不高的机械零件的最终热处理。

4. 淬火和回火常作为最终热处理，淬火是强化钢材最重要的方法。淬火必须与回火工艺相配合，才能使钢具有不同的力学性能，以满足各类零件或工模具的使用要求。

5. 表面热处理是指为改变工件表面的组织和性能，仅对工件表层进行的热处理工艺，用于要求表面有较高强度、硬度和耐磨性，而芯部要求有足够塑性和韧性的零件。

技能训练题

一、名词解释

1. 热处理 2. 退火 3. 正火 4. 淬火 5. 回火 6. 调质 7. 马氏体 8. 淬透性 9. 淬硬性

二、填空题

1. 热处理工艺过程都是由_____、_____和_____三个阶段组成的。

2. 奥氏体形成过程可归纳为_____、_____、_____和_____四个阶段。

3. 普通热处理又称整体热处理，主要包括_____、_____、_____和_____。

4. 常用的淬火方法有_____淬火、_____淬火、_____淬火和_____淬火等。

5. 常用的淬火冷却介质有_____、_____和_____。

6. 按回火温度范围可将回火分为_____回火、_____回火和_____回火三类，淬火后进行高温回火，称为_____。

7. 化学热处理的基本过程一般分为_____、_____和_____三个阶段。

8. 目前最常用的化学热处理方法有_____、_____和_____。

三、选择题

1. 过冷奥氏体是在（　　）温度下暂存的、不稳定的、尚未转变的奥氏体。
A. M_s　　　　　　　　　B. M_f　　　　　　　　　C. A_{r1}

2. 亚共析钢的淬火加热温度应选择在（　　），过共析钢应选择在（　　）。
   A. $A_{c1}+30\sim50$ ℃　　　B. $A_{c3}+30\sim50$ ℃　　　C. A_{cm} 以上

3. 调质处理就是（　　）的热处理。
   A. 淬火 + 低温回火　　　B. 淬火 + 中温回火　　　C. 淬火 + 高温回火

4. 汽车变速齿轮渗碳后，一般需经（　　）处理，才能达到表面高硬度和高耐磨性的目的。
   A. 淬火 + 低温回火　　　B. 正火　　　C. 调质

5. 为了保证气门弹簧的性能要求，65 Mn 钢制的气门弹簧最终要进行（　　）处理。
   A. 淬火和低温回火　　　B. 淬火和中温回火　　　C. 淬火和高温回火

四、判断题

1. 过冷奥氏体的冷却速度越快，钢冷却后的硬度越高。（　　）
2. 淬火后的钢，随回火温度的增高，其强度和硬度也增高。（　　）
3. 调质处理是指淬火后再进行低温回火的热处理工艺。（　　）
4. 钢中合金元素含量越多，则淬火后硬度越高。（　　）
5. 共析钢经奥氏体化后，冷却所形成的组织主要取决于钢的加热温度。（　　）
6. 淬透性好的钢，其淬硬性不一定高。（　　）

五、简答题

1. 什么是热处理？其目的是什么？
2. 如何保证钢在热处理加热时获得均匀而细小的奥氏体晶粒？
3. 简述共析钢过冷奥氏体在 $A_1\sim M_s$ 之间不同温度下等温时，转变产物的名称和性能。
4. 退火和正火有什么区别？确定下列工件的预先热处理工艺：
   （1）经冷轧后的 15 钢板；（2）锻造过热的 60 钢坯；（3）具有网状渗碳体的 T12 钢坯；（4）20 钢齿轮。
5. 今有经退火后的 45 钢，室温组织为 F + P，在 700 ℃、760 ℃、840 ℃ 分别加热，保温一段时间后水冷至室温，所得到的组织各是什么？
6. 下列工件淬火后，分别选择哪种回火工艺才能满足其性能要求？
   （1）45 钢制的汽车曲轴正时齿轮（要求综合力学性能好）；（2）60 钢弹簧；（3）T12 钢锉刀。
7. 钢的淬透性与淬硬性有何区别？其影响因素分别是什么？
8. 用低碳钢（20 钢）和中碳钢（45 钢）制造齿轮，为了使表面具有高硬度和高耐磨性、芯部具有一定的强度和韧性，各需采取怎样的热处理工艺？

模块 4
汽车用钢铁材料

📖 知识点

1. 了解常存杂质对钢性能的影响。
2. 掌握常用碳素钢、合金钢、铸铁的牌号、性能及其在汽车上的应用。

✏️ 技能点

1. 能够识别汽车上使用的钢铁材料。
2. 能够根据汽车零件的工作条件和性能要求合理选择材料。

钢铁材料具有良好的使用性能和工艺性能,并且加工方便,因此是汽车制造工业中应用最广泛的材料。尽管近年来为节省能源,实现汽车轻量化,不少钢铁材料制造的零件被有色金属和其他材料所替代,但钢铁材料仍是汽车用材的主体,其使用量超过汽车用材总量的60%。

【想一想】

在日常生活中,哪些用品是由钢铁材料制造的?为什么?汽车上呢?

任务4.1 碳素钢

任务导入

【案例4-1】 在日常生活中,捆绑物体一般用低碳钢丝,而起吊重物则用中碳钢丝绳;钢铆钉、茶缸用低碳钢制造,而刀具、锯条却用高碳钢制造。为什么呢?金属材料种类很多,怎么样才能从中挑选出合适的材料制造汽车上的零件呢?

碳素钢简称碳钢,通常指碳的质量分数小于2.11%的铁碳合金。因其具有较好的力学性能和工艺性能,而且冶炼方便、价格低廉,因此是制造各种机器、工程结构、量具和刀具等最主要的材料,在汽车零件制造中也得到广泛的应用。图4-1所示为常见碳素钢制造的汽车零件。

图4-1 常见碳素钢制造的汽车零件
(a) 低碳钢制造的油底壳;(b) 低碳钢制造的气缸盖罩;
(c) 中碳钢制造的连杆;(d) 中碳钢制造的曲轴

4.1.1 常存杂质对钢性能的影响

实际生产中使用的碳钢，不单纯是铁碳合金，还包含有锰、硅、硫、磷等常规杂质元素，它们对钢的性能有一定影响。

4.1.1.1 锰（Mn）

锰是钢中的有益元素。锰是炼钢时作为脱氧去硫的元素加入钢中的。锰溶于铁素体，形成置换固溶体，具有固溶强化的作用，可提高钢的强度和硬度；锰还能和钢中的硫形成高熔点（1 620 ℃）的 MnS，减轻硫的有害作用，改善钢的热加工性能；同时，锰还能增加钢中珠光体的相对质量分数，使珠光体细化，从而提高钢的强度。碳钢中，锰的质量分数一般为 0.25% ~ 0.80%。

4.1.1.2 硅（Si）

硅也是钢中的有益元素。硅是炼钢时用硅铁脱氧而残留在钢中的，硅既能脱氧还能促进钢液的流动。硅能溶于铁素体，提高钢的强度、硬度和弹性。但当硅的质量分数超过 0.8% 时，钢的塑性和韧性会显著下降。碳钢中，硅的质量分数一般为 0.17% ~ 0.37%。

4.1.1.3 硫（S）

硫是钢中的有害元素。硫是炼钢时由矿石和燃料带入的杂质，难以除尽。硫在钢中常以 FeS 的形式存在，而 FeS 和 Fe 能形成熔点较低（985 ℃）的共晶体分布在奥氏体晶界上，当钢加热到 1 000 ~ 1 200 ℃ 进行热加工时，共晶体将熔化，而使钢材变得极脆，这种现象称为热脆。硫对钢的焊接性能有不良影响，会导致焊缝的热裂现象；对于铸钢件，硫的质量分数高时，也会出现热裂现象。因此，必须严格控制钢中硫的质量分数，一般小于 0.05%。

4.1.1.4 磷（P）

磷也是钢中的有害元素，是炼钢时由矿石带入钢中的。磷能全部溶于铁素体，提高钢的强度、硬度，但极少量的磷就能显著降低钢的塑性与韧性，在低温时更为严重，这种在低温时使钢严重变脆的现象，称为冷脆。因此，必须严格控制钢中磷的质量分数，一般小于 0.045%。

在某些情况下，硫、磷对钢也有有利的一面，如易切钢就是含硫、磷较高的钢。由于硫、磷含量较高，钢的塑性、韧性差，切削加工时切屑易碎断，不易磨损刀具，因此，适宜高速切削。再如，在炮弹钢中加入较多的磷，可使炮弹爆炸时碎片增多，提高杀伤力。

4.1.2 碳钢的分类

资源 4-1
碳素钢的火花鉴别

4.1.2.1 按碳的质量分数分类

1) 低碳钢——碳的质量分数 $\omega(C) \leq 0.25\%$ 的钢；
2) 中碳钢——碳的质量分数 $0.25\% < \omega(C) \leq 0.60\%$ 的钢；
3) 高碳钢——碳的质量分数 $\omega(C) > 0.60\%$ 的钢。

4.1.2.2 按钢的质量分类

根据钢中有害元素硫、磷的质量分数可分为：
1) 普通碳素钢——$\omega(S) < 0.055\%$，$\omega(P) < 0.045\%$；
2) 优质碳素钢——$\omega(S) < 0.040\%$，$\omega(P) < 0.040\%$；
3) 高级优质碳素钢——$\omega(S) < 0.030\%$，$\omega(P) < 0.035\%$；
4) 特级优质碳素钢——$\omega(S) < 0.025\%$，$\omega(P) < 0.030\%$。

4.1.2.3 按钢的用途分类

1) 碳素结构钢——用于制造汽车零件和工程构件，多为低碳钢和中碳钢；
2) 碳素工具钢——用于制造刀具、量具和模具，多为高碳钢。

此外，按炼钢的脱氧程度分类，可分为镇静钢（脱氧程度完全）、沸腾钢（脱氧程度不完全）和半镇静钢（脱氧程度不十分完全）等。

4.1.3 碳钢的牌号、性能和用途

4.1.3.1 普通碳素结构钢

(1) 牌号

我国碳素结构钢标准（GB/T 700—2006）规定，普通碳素结构钢的牌号由钢材屈服强度"屈"字汉语拼音首位字母"Q"+屈服强度值+质量等级符号+脱氧方法四部分组成。其中质量等级分 A、B、C、D 四级，质量依次提高。脱氧方法符号 F、b、Z、TZ 表示钢材的不同脱氧方法，F 表示沸腾钢，b 表示半镇静钢，Z 表示镇静钢，TZ 表示特殊镇静钢。例如 Q235-A·F 表示屈服强度为 235MPa 的 A 级沸腾钢。常用普通碳素结构钢的牌号、化学成分及力学性能见表 4-1。

(2) 性能及用途

由于普通碳素结构钢碳的质量分数较低，而硫、磷等有害元素含量较多，故强度不够高。但这类钢塑性、韧性好，焊接性能优良，通常轧制成板材（图 4-2）、线材（图 4-3）、各种型钢（图 4-4），广泛应用于建筑、桥梁、船舶、车辆等工程构件，也可用于制造不

重要的机器零件。如汽车传动轴间支架，发动机前后支架，后视镜支架（图4-5），三、四、五挡同步器锥盘，差速器螺栓锁片，车轮轮毂（图4-6），轮辋（图4-7），驻车制动操纵杆棘爪和齿板等要求不高的汽车零件，都是由普通碳素结构钢制造的。表4-2所示为常用普通碳素结构钢在汽车上的应用。

表4-1 常用普通碳素结构钢的牌号、化学成分及力学性能（摘自GB/T 700—2006）

牌号	等级	化学成分/%（不大于）					力学性能									
							屈服强度 R_{eL}/MPa						抗拉强度 R_m/MPa	伸长率 A/%				
							钢材厚度（直径）/mm							钢材厚度（直径）/mm				
		C	Mn	Si	S	P	≤16	>16~40	>40~60	>60~100	>100~150	>150		≤40	>40~60	>60~100	>100~150	>150
Q195	—	0.12	0.50	0.30	0.050	0.045	195	185	—	—	—	—	315~430	33				
Q215	A	0.15	1.20	0.30	0.050	0.045	215	205	195	185	175	165	335~450	31	30	29	27	26
	B				0.045													
Q235	A	0.22	1.40	0.30	0.050	0.045	235	225	215	205	195	185	370~500	26	25	24	22	21
	B	0.20			0.045													
	C	0.18			0.040	0.040												
	D	0.17			0.035	0.035												
Q275	A	0.24	1.50	0.35	0.050	0.045	275	265	255	245	225	215	410~540	22	21	20	18	17
	B	0.21/0.22			0.045	0.045												
	C	0.20			0.040	0.040												
	D				0.035	0.035												

图4-2 板材

图4-3 线材

图 4-4 型钢

图 4-5 后视镜支架

图 4-6 轮毂

图 4-7 轮辋

表 4-2 常用普通碳素结构钢在汽车上的应用

牌号	应用举例
Q235-A	传动轴中间轴承支架、发动机支架、后视镜支架、油底壳加强板、车轮轮毂等
Q235-A·F	机油滤清器法兰、发动机连接板、前钢板弹簧夹箍、后视镜支架等
Q235-B	同步器锥盘、差速器螺栓锁片、驻车制动操纵杆棘爪和齿板等
Q235-B·F	消声器后支架、放水龙头手柄夹持架、百叶窗叶片等

4.1.3.2 优质碳素结构钢

优质碳素结构钢是应用极为广泛的机械制造用钢。与普通碳素结构钢相比，其硫、磷等有害元素含量较少，因而强度较高，塑性和韧性较好，经过热处理后还可以进一步调整和改善其力学性能，因此，常用于制造较重要的机械零件。

(1) 牌号

优质碳素结构钢的牌号用两位数字表示，数字表示钢中平均碳的质量分数的万分之几。如牌号 45 表示其平均碳的质量分数为万分之 45，即 0.45%。对于较高含锰量 ($\omega(Mn) = 0.70\% \sim 1.00\%$) 的优质碳素结构钢，则在对应牌号后加"Mn"表示，如 45Mn、65Mn 等；若为沸腾钢，则在对应牌号后加"F"表示，如 08F、10F 等。常用优质碳素结构钢的牌号、化学成分及力学性能见表 4-3。

(2) 性能及用途

由表 4-3 可知，优质碳素结构钢中的低碳钢，强度、硬度不高，但是塑性、韧性以及焊接性能良好，常用于制作各种冲压件、焊接件和强度要求不高的零件，如发动机油底壳、

表 4–3 常用优质碳素结构钢的牌号、化学成分及力学性能

牌号	化学成分/%					力学性能					钢材交货状态硬度 HBS (≤)	
	C	Si	Mn	S	P	R_{eL}/MPa	R_m/MPa	A/%	Z/%	A_K/J	热轧钢	退火钢
						不小于						
08F	0.05~0.11	≤0.03	0.25~0.50	≤0.040	≤0.040	175	295	35	60	—	131	—
10F	0.07~0.14	≤0.07	0.25~0.50	≤0.040	≤0.040	185	315	33	55	—	137	—
10	0.07~0.14	0.17~0.37	0.35~0.65	≤0.035	≤0.040	205	335	31	55	—	137	—
15	0.12~0.19	0.17~0.37	0.35~0.65	≤0.040	≤0.040	225	375	27	55	—	143	—
20	0.17~0.24	0.17~0.37	0.35~0.65	≤0.040	≤0.040	245	410	25	55	—	156	—
25	0.22~0.30	0.17~0.37	0.50~0.80	≤0.040	≤0.040	275	450	23	50	71	170	—
30	0.27~0.35	0.17~0.37	0.50~0.80	≤0.040	≤0.040	295	490	21	50	63	179	—
35	0.32~0.40	0.17~0.37	0.50~0.80	≤0.040	≤0.040	315	530	20	45	55	189	—
40	0.37~0.45	0.17~0.37	0.50~0.80	≤0.040	≤0.040	335	570	19	45	47	217	187
45	0.42~0.50	0.17~0.37	0.50~0.80	≤0.040	≤0.040	355	600	16	40	39	241	197
50	0.47~0.55	0.17~0.37	0.50~0.80	≤0.040	≤0.040	375	630	14	40	31	241	207
55	0.52~0.60	0.17~0.37	0.50~0.80	≤0.040	≤0.040	380	645	13	35	—	255	217
60	0.57~0.65	0.17~0.37	0.50~0.80	≤0.040	≤0.040	400	675	12	35	—	255	229
65	0.62~0.70	0.17~0.37	0.50~0.80	≤0.040	≤0.040	410	695	10	30	—	255	229
70	0.67~0.75	0.17~0.37	0.50~0.80	≤0.040	≤0.040	420	715	9	30	—	269	229
75	0.72~0.80	0.17~0.37	0.50~0.80	≤0.040	≤0.040	880	1 080	7	30	—	285	241
80	0.77~0.85	0.17~0.37	0.50~0.80	≤0.040	≤0.040	930	1 080	6	30	—	285	241
85	0.82~0.90	0.17~0.37	0.50~0.80	≤0.040	≤0.040	980	1 130	6	30	—	302	255
15Mn	0.12~0.19	0.17~0.37	0.70~1.00	≤0.040	≤0.040	245	410	26	55	—	163	—
20Mn	0.17~0.24	0.17~0.37	0.70~1.00	≤0.040	≤0.040	275	450	24	50	—	197	—
25Mn	0.22~0.30	0.17~0.37	0.70~1.00	≤0.040	≤0.040	295	490	22	50	71	207	—
30Mn	0.27~0.35	0.17~0.37	0.70~1.00	≤0.040	≤0.040	315	540	20	45	63	217	187
35Mn	0.32~0.40	0.17~0.37	0.70~1.00	≤0.040	≤0.040	335	560	19	45	55	229	197
40Mn	0.37~0.45	0.17~0.37	0.70~1.00	≤0.040	≤0.040	355	590	17	45	47	229	207
45Mn	0.42~0.50	0.17~0.37	0.70~1.00	≤0.040	≤0.040	375	620	15	40	39	241	217
50Mn	0.47~0.55	0.17~0.37	0.70~1.00	≤0.040	≤0.040	390	645	13	40	31	255	217
60Mn	0.57~0.65	0.17~0.37	0.70~1.00	≤0.040	≤0.040	410	695	11	35	—	269	229
65Mn	0.62~0.70	0.17~0.37	0.70~1.00	≤0.040	≤0.040	430	735	9	30	—	285	229
70Mn	0.67~0.75	0.17~0.37	0.70~1.00	≤0.040	≤0.040	450	785	8	30	—	285	229

油箱、车身外壳（图4-8）、离合器盖、变速叉、轮胎螺栓和螺母等；中碳钢具有较高的强度和硬度，切削加工性能良好，经过热处理后具有良好的综合力学性能，常用于制作受力较大的汽车零件，如机油泵齿轮（图4-9）、飞轮齿轮、万向节叉、离合器从动盘、连杆等；高碳钢具有高的强度、硬度和良好的弹性，常用于制作各种弹性件和耐磨件，如气门弹簧（图4-10）、离合器压盘弹簧、活塞销卡簧、空气压缩机阀片、弹簧垫圈等。

图4-8　车身外壳　　　图4-9　机油泵齿轮　　　图4-10　气门弹簧

表4-4所示为常用优质碳素结构钢在汽车上的应用。

表4-4　常用优质碳素结构钢在汽车上的应用

牌号	种类	主要性能	应用举例
08F、10F、15F	低碳沸腾钢	强度、硬度很低，焊接性能良好	驾驶室外壳、油底壳、油箱、离合器盖等冲压件
10、15、20、25	低碳钢	强度、硬度低，塑性、韧性和焊接性能良好	轮胎螺栓、螺母、发动机气门调整螺钉、离合器调整螺栓、曲轴箱调整螺栓、离合器分离杠杆、风扇叶片、驻车制动杆等
30、35、40、45、50、55	中碳钢	综合力学性能良好	曲轴正时齿轮、半轴螺栓锥形套、机油泵齿轮、连杆螺母、气缸盖定位销、气门推杆、同步器锁销、变速杆、凸轮轴、曲轴、离合器踏板轴及分离叉、离合器从动盘等
60、65、70	高碳钢	经热处理后有较高的强度、硬度和弹性	气门弹簧、转向纵拉杆弹簧、离合器压盘弹簧、活塞销卡簧、拖曳钩弹簧等

4.1.3.3　碳素工具钢

(1) 牌号

碳素工具钢的牌号是用"碳"字汉语拼音首位字母"T"加上数字表示。数字表示钢中平均碳的质量分数的千分之几。如牌号T8、T12分别表示其平均碳的质量分数为0.8%和1.2%。若是高级优质碳素工具钢，则在数字后面加符号"A"，如T10A。

(2) 性能及用途

碳素工具钢价廉易得，易于锻造成形，可加工性较好。但碳素工具钢的热硬性（即在高温时仍保持切削所需硬度的能力）较差，热处理变形开裂倾向大，因此，仅适用于制造小型手工刀具、木工工具以及精度要求不高、形状简单、尺寸小、载荷轻的小型冷作模具，如剪刀（图4-11）、锉刀（图4-12）、锯条、手用丝锥（图4-13）等。常用碳素工具钢的牌号、化学成分及用途见表4-5。

图4-11 剪刀　　　　　图4-12 锉刀　　　　　图4-13 手用丝锥

表4-5 常用碳素工具钢的牌号、化学成分及用途

牌号	化学成分/%			硬 度		用途举例
	C	Si	Mn	供应状态HB（不大于）	淬火后HRC（不小于）	
T7 T7A	0.65~0.74	≤0.35	≤0.40	187	62	承受冲击，韧性较好、硬度适当的工具，如扁铲、手钳、大锤、螺钉旋具、木工工具等
T8 T8A	0.75~0.84			187	62	承受冲击，要求较高硬度的工具，如冲头、压缩空气工具、木工工具等
T9 T9A	0.85~0.94			192	62	韧性中等，硬度要求较高的工具，如冲头、木工工具、凿岩工具等
T10 T10A	0.95~1.04			197	62	不受剧烈冲击，要求高硬度、高耐磨性的工具，如车刀、刨刀、丝锥、钻头、手锯条等
T12 T12A	1.15~1.24			207	62	不受冲击，要求高硬度、高耐磨性的工具，如锉刀、刮刀、精车刀、螺钉旋具、量具等
T13 T13A	1.25~1.35			217	62	不受冲击，要求高硬度、高耐磨的工具，如刮刀、剃刀等

4.1.3.4 铸造碳钢

(1) 牌号

铸造碳钢简称为铸钢。其牌号有两种表示方法：用力学性能表示时，用"铸钢"两字汉语拼音首位字母"ZG"后边加两组数字表示，第一组数字表示屈服强度的最低值，第二组数字表示抗拉强度的最低值。例如ZG200-400，表示$R_{eL} \geqslant 200$ MPa、$R_m \geqslant 400$ MPa

的铸钢；用化学成分表示时，在"ZG"后面的一组数字表示铸钢平均碳的质量分数的万分之几，其后面排列的是各主要合金元素符号及其质量分数。如 ZG37SiMn2MoV 钢，表示其碳的平均质量分数为 0.37%，锰的质量分数为 2%，硅、钼、钒的质量分数均小于 1.5%。

（2）性能及用途

铸钢是冶炼后直接铸造成形的钢种。生产中形状复杂的零件常用铸造方法成形，用铸铁铸造又难以满足力学性能要求，这时常采用铸造碳钢制造，例如汽车的变速箱壳、驱动桥壳（图 4–14），铁路车辆的车钩、车轮（图 4–15）、联轴器等。常用铸钢的牌号、力学性能及用途见表 4–6，常用铸钢在汽车上的应用见表 4–7。

图 4–14　驱动桥壳

图 4–15　车轮

表 4–6　常用铸钢的牌号、力学性能与用途

种类	牌号	对应旧牌号	力学性能（≥）					应用举例
			R_{eL} /MPa	R_m /MPa	A /%	Z /%	A_K /J	
一般工程用碳素铸钢	ZG200–400	ZG15	200	400	25	40	30	良好的塑性、韧性和焊接性能，用于受力不大、要求高韧性的零件
	ZG230–450	ZG25	230	450	22	32	25	一定的强度、较好的韧性和焊接性能，用于受力不大、要求高韧性的零件
	ZG270–500	ZG35	270	500	18	25	22	较高的强韧性，用于受力较大且有一定韧性要求的零件，如连杆、曲轴
	ZG310–570	ZG45	310	570	15	21	15	较高的强度和较低的韧性，用于载荷较高的零件，如大齿轮、制动轮
	ZG340–640	ZG55	340	640	10	18	10	高的强度、硬度和耐磨性，用于齿轮、棘轮、联轴器叉头等
焊接结构用碳素铸钢	ZG200–400H	ZG15	200	400	25	40	30	由于碳的质量分数偏下限，故焊接性能优良，其用途与 ZG200–400、ZG230–450、ZG270–500 基本相同
	ZG230–450H	ZG20	230	450	22	35	25	
	ZG275–485H	ZG25	275	485	20	35	22	

表 4-7 常用铸钢在汽车上的应用

牌号	应用举例
ZG270-500	机油管法兰、化油器活接头、车门限制器限制块等
ZG310-570	进、排气歧管压板及风扇过渡法兰、前减震器下支架、变速叉、起动爪等
ZG340-640	齿轮、棘轮等

任务 4.2　合金钢

 任务导入

【案例 4-2】　在日常生活中，我们市场上买的低价菜刀或工具容易生锈、磨损或折断，而价格高、质量好的却不易发生上述现象。

【想一想】

改善钢的性能通常有哪些途径？

汽车上一些受力复杂的重要零件，如变速器齿轮、半轴、活塞销、气门等，如果采用碳素钢制造，并不能满足其性能要求。因此，在汽车制造中还广泛应用了合金钢。所谓合金钢，是指在碳素钢的基础上，为了改善钢的某些性能，在冶炼时有目的地加入一些合金元素炼成的钢。常用的合金元素有：硅（Si）、锰（Mn）、铬（Cr）、镍（Ni）、钨（W）、钼（Mo）、钒（V）、硼（B）、铝（Al）、钛（Ti）和稀土元素（RE）等。

合金钢和碳素钢相比有许多优点：在相同的淬火条件下，能获得更深的淬硬层；具有良好的综合力学性能；具有良好的耐磨性、耐腐蚀性和耐高温性等特殊性能。但合金钢冶炼成本高，价格昂贵，焊接和热处理工艺性也较为复杂。虽然如此，为保证使用的可靠性，汽车上的重要零件大多采用合金钢制造。常见的用合金钢制造的汽车零件如图 4-16 所示。

图 4-16　常见合金钢制造的汽车零件

（a）变速器齿轮；（b）半轴；（c）连杆；（d）滚动轴承

(e) (f) (g) (h)

图4-16 常见合金钢制造的汽车零件（续）

(e) 活塞销；(f) 十字轴；(g) 气门；(h) 保险杠

4.2.1 合金钢的分类及牌号

4.2.1.1 合金钢的分类

（1）按合金钢的用途分类

1) 合金结构钢——用来制造各种重要机械零件和工程结构。
2) 合金工具钢——用来制造各种重要的加工工具，如刃具、量具和模具等。
3) 特殊性能钢——用来制造具有特殊性能要求的结构件和机械零件。

（2）按合金元素的含量分类

1) 低合金钢——合金元素总含量小于5%。
2) 中合金钢——合金元素总含量为5%~10%。
3) 高合金钢——合金元素总含量大于10%。

此外，还可以按合金元素的种类分类，有锰钢、铬钢、硅锰钢等。

4.2.1.2 合金钢的牌号

根据国家标准的规定，合金钢的牌号采用"数字＋合金元素符号＋数字"的方法表示。

（1）合金结构钢

合金结构钢牌号的前两位数字表示钢中碳的平均质量分数，以万分数计。合金元素符号后面的数字表示该元素的平均质量分数，若合金元素的质量分数小于1.5%，一般不标出。例如：60Si2Mn，表示碳的平均质量分数为0.60%、硅的平均质量分数为2%、锰的平均质量分数小于1.5%的合金结构钢。

低合金高强度钢的牌号是由屈服强度的"屈"字汉语拼音首位字母"Q"＋屈服强度值＋质量等级符号（A、B、C、D、E）三部分按顺序组成。例如：Q345A表示屈服强度为345 MPa、质量等级为A级的低合金高强度钢。如果是专用结构钢，一般在低合金高强度钢表示方法的基础上，附加钢产品的用途符号，如Q345HP表示焊接气瓶用钢；Q345R表示压力容器用钢；Q390G表示锅炉用钢；Q420Q表示桥梁用钢。

（2）合金工具钢

合金工具钢牌号的前一位数字表示钢中碳的平均质量分数，以千分数计。若碳的平均质量分数超过 1%，一般不标出。合金元素质量分数的表示方法同合金结构钢。例如：9SiCr，表示碳的平均质量分数为 0.9%、硅和铬的平均质量分数均小于 1.5% 的合金工具钢；Cr12MoV，表示碳的平均质量分数大于 1%、铬的平均质量分数为 12%、钼和钒的平均质量分数均小于 1.5% 的合金工具钢。

高速钢中碳的质量分数的表示方法有所不同，虽然其碳的质量分数小于 1%，但也不标出。例如：W18Cr4V。

(3) 滚动轴承钢

滚动轴承钢牌号的表示方法和合金工具钢基本相同，要注意的是铬元素后面的数字是表示含铬量的千分之几，并在牌号前冠上字母"G"。例如：GCr15SiMn，表示铬的平均质量分数为 1.5%、硅和锰的平均质量分数均小于 1.5% 的滚动轴承钢。

(4) 特殊性能钢

特殊性能钢牌号的表示方法与合金结构钢基本相同。例如：20Cr13，表示碳的平均质量分数为 0.20%、铬的平均质量分数为 13% 的特殊性能钢；06Cr18Ni9，表示碳的平均质量分数为 0.06%、铬的平均质量分数为 18%、镍的平均质量分数为 9% 的特殊性能钢。

4.2.2 合金结构钢

合金结构钢是在优质或高级优质碳素结构钢的基础上加入适量合金元素的钢。按其用途可分为工程用钢和机械制造用钢两大类。工程用钢主要用于制造汽车大梁等各种工程构件，工程用钢的合金元素含量较少，所以又称为低合金结构钢，常用的有低合金高强度结构钢。机械制造用钢主要用于制造各种机械零件，按其用途和热处理特点不同，又分为合金渗碳钢、合金调质钢、合金弹簧钢和滚动轴承钢等。

4.2.2.1 低合金高强度结构钢

低合金高强度结构钢是在低碳钢的基础上加入少量合金元素（一般小于 3%）得到的，具有较高的强度。低合金高强度结构钢中碳的质量分数为 0.12% ~ 0.25%，合金元素的含量一般小于 3%，其成分特点为低碳、低合金元素含量，所加入的合金元素主要有锰、钒、钛等。由于合金元素的存在，低合金高强度结构钢比相同含碳量的碳素钢的强度高 30% ~ 50%，并且具有良好的塑性、韧性、耐腐蚀性和焊接性，还具有比碳素结构钢更低的韧脆转变温度（一般为 -30 ℃ 左右），这对北方高寒地区使用的构件及运输工具，具有十分重要的意义。

低合金高强度结构钢一般是经热轧处理，在空气中冷却后而成，加工成构件后不需要进行热处理就可以直接使用。用低合金高强度结构钢替代碳素钢可以提高构件强度，减轻构件重量，延长其使用寿命。低合金高强度结构钢广泛用于制造桥梁（图 4 – 17）、船舶（图 4 – 18）、车辆和高压容器（图 4 – 19）等。

图 4 – 17 桥梁

图4-18 船舶

图4-19 高压容器

常用低合金高强度结构钢的牌号、力学性能及用途见表4-8，低合金高强度结构钢在汽车上主要用于汽车大梁（图4-20）、保险杠（图4-21）等，见表4-9。

表4-8 常用低合金高强度结构钢的牌号、力学性能及用途

牌号	质量等级	力学性能				相当于旧牌号	用途举例
		R_{eL}/MPa	R_m/MPa	A/%	A_K/J		
Q295	A B	295	390~570	23 23	— 34(20℃)	09MnV 09MnVNb 09Mn2 12Mn	车辆冲压件，建筑金属构件，输油管，储油罐，低压锅炉汽包，低、中压容器，有低温要求的金属构件
Q345	A B C D E	345	470~630	21 21 22 22 22	— 34(20℃) 34(0℃) 34(-20℃) 27(-40℃)	12MnV 14MnNb 16Mn 18Nb 16MnRE	各种大型船舶，铁路车辆，桥梁，管道，锅炉，压力容器，石油储罐，起重及矿山机械，建筑结构
Q390	A B C D E	390	490~650	19 19 20 20 20	— 34(20℃) 34(0℃) 34(-20℃) 27(-40℃)	15MnV 15MnTi 16MnNb	中、高压汽包，中、高压石油化工设备，大型船舶、桥梁、车辆及其他承受较高载荷的大型焊接结构
Q420	A B C D E	420	520~680	18 18 19 19 19	— 34(20℃) 34(0℃) 34(-20℃) 27(-40℃)	15MnVN 14MnVTiRE	中、高压锅炉及压力容器，大型船舶，车辆，电站设备
Q460	C D E	460	550~720	17 17 17	34(0℃) 34(-20℃) 27(-40℃)	14MnMoV 18MnMoNb	中温高压容器（<120℃），锅炉，化工、石油高压厚壁容器（<100℃），鸟巢

注：各牌号试样尺寸为厚度（直径），小于16 mm。

图 4-20 汽车大梁

图 4-21 汽车保险杠

表 4-9 常用低合金高强度结构钢在汽车上的应用

牌号	应用举例
Q295A	散热器固定架底板、风扇叶片、车架横梁等
Q345B	车架纵梁、车架横梁、油箱托架、车架角撑、蓄电池固定厚板等
Q390B	车架前横梁、车架中横梁、前保险杠、车架角撑等

4.2.2.2 合金渗碳钢

合金渗碳钢是指经渗碳、淬火 + 低温回火后使用的钢,这类钢碳的质量分数为 0.10%~0.25%。通过渗碳处理使表面达到高含碳量（$\omega(C) = 0.85\% \sim 1.05\%$），而芯部仍是较低的含碳量,使这类钢经热处理后可以达到"表硬芯韧"的性能,即能保证钢的表面具有高的强度和硬度,而芯部具有足够的塑性和韧性。钢中常加入铬、镍、锰、硼等合金元素,以提高钢的强度和淬透性;加入钒、钛等元素用以细化晶粒,提高渗碳层的耐磨性。

汽车上有许多零件是在高速、重载荷、强烈冲击和剧烈摩擦的状态下工作的,如变速齿轮（图 4-22）、万向节十字轴（图 4-23）、活塞销（图 4-24）、气门挺杆等。它们的表面要求具有高硬度、高耐磨性,而芯部则要求具有高的强度和韧性,因而这些零件大多采用合金渗碳钢制造。

图 4-22 变速齿轮

图 4-23 万向节十字轴

图 4-24 活塞销

合金渗碳钢种类很多,在汽车上用量也很大,以 15Cr、20Cr、18CrMnTi、20CrMnTi 及 20MnTiB 的使用最为广泛。近几年来,含硼的渗碳钢（20Mn2B、20MnVB）在汽车中也已被广泛采用,并用来代替 20CrMnTi,以节约贵重合金元素铬。常用合金渗碳钢的牌号、力学性能及用途见表 4-10,表 4-11 所示为常用合金渗碳钢在汽车上的应用。

表 4-10 常用合金渗碳钢的牌号、力学性能及用途

牌号	热处理工艺				力学性能（不小于）					用途举例
	渗碳温度/℃	第一次淬火温度/℃	第二次淬火温度/℃	回火温度/℃	R_{eL}/MPa	R_m/MPa	A/%	Z/%	A_K/J	
20Mn2	900~950	850（水、油）	—	200（水、空气）	590	785	10	40	47	代替20Cr等
15Cr		880（水、油）	780（水）~820（油）		490	735	11	45	55	船舶主机螺钉、活塞销、凸轮、机车小零件及芯部韧性高的渗碳零件
20Cr		880（水、油）	780（水）~820（油）		540	835	10	40	47	机床齿轮、齿轮轴、蜗杆、活塞销及气门顶杆等
20MnV		880（水、油）	—		590	735	10	40	55	代替20Cr等
20CrMnTi		880（油）	870（油）		853	1 080	10	45	55	汽车、拖拉机的齿轮、凸轮，是Cr-Ni钢的代用品
20Mn2B		880（油）	—		885	1 080	10	50	55	代替20Cr、20CrMnTi等
12CrNi3		860（油）	780（油）		685	930	11	50	71	大齿轮、轴
20CrMnMo		850（油）	—		885	1 175	10	45	55	代替含镍较高的渗碳钢作大型拖拉机齿轮、活塞销等大截面渗碳件
20MnVB		860（油）	—		885	1 080	10	45	55	代替20CrMnTi、20CrNi等
12Cr2Ni4		860（油）	780（油）		835	1 080	10	50	71	大齿轮、轴
20Cr2Ni4		880（油）	780（油）		1 080	1 175	10	45	63	大型渗碳齿轮、轴及飞机发动机齿轮
18Cr2Ni4WA		950（空气）	850（空气）		835	1 175	10	45	78	坦克齿轮，高速柴油机、飞机发动机曲轴、齿轮

注：各牌号力学性能试验用试样尺寸为厚度（直径），15 mm。

表 4-11 常用合金渗碳钢在汽车上的应用

牌号	应用举例
15Cr	活塞销、气门挺杆及调整螺栓、气门弹簧座等
20CrMnTi	变速齿轮、齿套、半轴齿轮、万向节和差速器十字轴等
15MnVB	变速轴、变速齿轮、齿套、钢板弹簧中心螺栓等
20MnVB	减速器齿轮、万向节十字轴、差速器十字轴、传动轴十字轴等

4.2.2.3 合金调质钢

合金调质钢是指经调质处理后使用的钢。在汽车结构中的某些重要零件，如发动机的连杆（图4-25）、重载汽车曲轴（图4-26）、汽车底盘的万向节、半轴（图4-27）等，它们都在多种载荷下工作，承受载荷情况较为复杂，因此，既要求零件具有良好的综合力学性能（良好的强韧性配合），又要求有较高的韧性。这类零件通常由合金调质钢制造。

图4-25 连杆

图4-26 重载汽车曲轴

图4-27 汽车半轴

合金调质钢中碳的质量分数一般为0.25%～0.50%，属于中碳钢。钢中常加入铬、锰、镍、硼等合金元素以增加钢的淬透性，提高钢的强度，其中镍还可以提高钢的韧性；加入钨、钼、钒、钛等合金元素可细化晶粒，提高钢的回火稳定性。

40Cr钢是最常用的合金调质钢，其强度比40钢提高20%，并具有良好的塑性，常用于制造转向节、气缸盖螺栓等。为节约铬元素，也可用40MnB或40MnVB代替。合金调质钢的热处理是调质（淬火+高温回火），如果要求零件表面有较高的硬度和耐磨性，可以在调质后再进行表面热处理。

常用合金调质钢的牌号、力学性能及用途见表4-12，表4-13所示为常用合金调质钢在汽车上的应用。

表4-12 常用合金调质钢的牌号、力学性能及用途

牌号	热处理工艺				力学性能（不小于）					用途举例
	淬火		回火		R_{eL}/MPa	R_m/MPa	A/%	Z/%	A_K/J	
	温度/℃	介质	温度/℃	介质						
40Mn	840	水	600	水、油	335	590	15	45	47	轴、曲轴、连杆、螺栓、螺母、万向接头轴
40Cr	850	油	520	水、油	785	980	9	45	47	汽车后半轴、机床齿轮、花键轴、顶尖套、曲轴、连杆、转向节臂、
45Mn2	840	油	550	水、油	735	885	10	45	47	轴、蜗杆、连杆等

续表

牌号	热处理工艺				力学性能（不小于）					用途举例
	淬火		回火		R_{eL} /MPa	R_m /MPa	A /%	Z /%	A_K /J	
	温度 /℃	介质	温度 /℃	介质						
40MnB	850	油	500	水、油	785	980	10	45	47	汽车转向轴、半轴、蜗杆
40MnVB	850	油	520	水、油	785	980	10	45	47	半轴、转向节臂、转向节主销
35SiMn	900	水	570	水、油	735	885	15	45	47	除要求低温（-20 ℃）、韧性很高的情况外，可全面代替40Cr作调质件
40CrNi	820	油	520	水、油	785	980	10	45	55	重型机械齿轮、轴，燃气轮机叶片、转子和轴
40CrMn	840	油	550	水、油	835	980	9	45	47	在高速、高载荷下工作的轴、齿轮、离合器
35CrMo	850	油	550	水、油	835	980	12	45	63	主轴、大电机轴、曲轴、锤杆
30CrMnSi	880	油	520	水、油	885	1 080	10	45	39	高压鼓风机叶片、联轴器、砂轮轴、齿轮、螺栓、螺母、轴套
38CrMoAlA	940	水、油	640	水、油	835	980	14	50	71	氮化件，如镗杆、蜗杆、高压阀门、精密齿轮、精密丝杠等
37CrNi3	820	油	500	水、油	980	1 130	10	50	47	活塞销、凸轮轴、齿轮、重要螺栓、拉杆
25Cr2Ni4WA	850	油	550	水	930	1 080	11	45	71	截面200 mm以下要求淬透的大截面重要零件
40CrNiMoA	850	油	600	水、油	835	980	12	55	78	重型机械中高载荷的轴类，如汽轮机轴、锻压机的偏心轴、压力机曲轴、航空发动机轴
40CrMnMo	850	油	600	水、油	785	980	10	45	63	8 t卡车的后桥半轴、齿轮轴、偏心轴、齿轮、连杆等

表4-13 常用合金调质钢在汽车上的应用

牌号	应用举例
40Cr	发动机支架固定螺栓、差速器壳螺栓、气缸盖螺栓、减震器销、水泵轴、连杆盖、曲轴、连杆等
40MnB	半轴、水泵轴、变速器轴、转向节、转向臂、传动轴花键、万向节叉、气缸盖螺栓、连杆螺栓等
45Mn2	进气门、半轴套管、钢板弹簧U型螺栓等
50Mn2	离合器从动盘、减震盘等

4.2.2.4 合金弹簧钢

合金弹簧钢是用于制造弹簧和弹性元件的专用钢。弹簧是汽车、机械和仪表中的重要零件,它是利用弹性变形时所储存的能量,缓和机械设备的振动和冲击作用。例如,汽车上的钢板弹簧(图4-28)、离合器压紧弹簧(图4-29)、火车上的缓冲弹簧(图4-30)、钟表发条、阀门弹簧等。

图4-28 钢板弹簧　　图4-29 离合器压紧弹簧　　图4-30 火车上的缓冲弹簧

合金弹簧钢碳的质量分数比调质钢高,一般为0.46%~0.70%。钢中常加入锰、硅、铬等合金元素,用以提高钢的强度和弹性极限,有重要用途的弹簧钢还加入少量的钼、钨、钒等合金元素,以提高韧性和回火稳定性。

弹簧是汽车的重要构件,具有能量储存、自动控制、缓冲平衡、固定复位、安全减震等作用。通常一辆汽车上装有50~60种、100多件弹簧,用于悬架、发动机、离合器、制动器等重要部位。

常用合金弹簧钢的牌号、力学性能及用途见表4-14,表4-15所示为常用合金弹簧钢在汽车上的应用。

表4-14 常用合金弹簧钢的牌号、力学性能及用途

牌号	热处理工艺		力学性能(不小于)				用途举例
	淬火温度/℃	回火温度/℃	R_{eL}/MPa	R_m/MPa	A/%	Z/%	
65Mn	830(油)	540	430	750		30	气阀弹簧、离合器弹簧、摇臂轴定位弹簧

续表

牌号	热处理工艺		力学性能（不小于）				用途举例
	淬火温度/℃	回火温度/℃	R_{eL}/MPa	R_m/MPa	A/%	Z/%	
55Si2Mn	870（油）	480	1 200	1 300	6	30	汽车、拖拉机、机车上的减震板簧和螺旋弹簧
60Si2Mn	870（油）	480	1 200	1 300	5	25	汽车、拖拉机、机车上的减震板簧和螺旋弹簧
55SiMnVB	860（油）	460	1 226	1 373	5	30	代替60Si2Mn钢制作汽车板簧及其他中等截面的板簧和螺旋弹簧
50CrVA	850（油）	500	1 150	1 300	10	40	用作高载荷重要弹簧及工作温度<300 ℃的阀门弹簧、活塞弹簧、安全阀弹簧等

表 4-15　常用合金弹簧钢在汽车上的应用

牌号	应用举例
65Mn	气门弹簧、制动室复位弹簧、摇臂轴定位弹簧、离合器压紧弹簧
55Si2Mn	钢板弹簧
60Si2Mn	钢板弹簧、牵引钩弹簧
55SiMnVB	钢板弹簧

4.2.2.5　滚动轴承钢

滚动轴承钢用来制造各种滚动轴承（图 4-31）元件，如轴承内、外套圈和滚动体（滚珠、滚柱、滚针）（图 4-32），属于专用结构钢。滚动轴承工作时承受很大的局部交变载荷，滚动体与套圈间接触应力较大，易使轴承工作表面产生接触疲劳破坏和磨损。因此，要求轴承钢具有高的硬度、耐磨性、弹性极限和接触疲劳强度，足够的韧性和耐蚀性。

图 4-31　滚动轴承

图 4-32　滚动轴承元件

滚动轴承钢碳的质量分数较高,一般为 0.95%~1.15%,以保证钢具有高的硬度和耐磨性。钢中常加入 0.45%~1.65% 的铬,用以提高钢的淬透性和耐磨性,对于大型轴承用钢还加入硅、锰等合金元素,使钢具有足够的韧性和疲劳强度。滚动轴承钢对硫、磷含量要求严格($\omega(S) < 0.025\%$,$\omega(P) < 0.030\%$),因此它是一种高级优质钢,但其牌号后面没有符号"A"。

图 4-33 油泵柱塞

滚动轴承钢除用于轴承外,还用于制造其他耐磨零件,如汽车的油泵柱塞(图 4-33)、喷油嘴、针阀等,也可制造形状复杂的工具、冲压模具和精密量具。常用滚动轴承钢的牌号、热处理及用途见表 4-16。

表 4-16 常用滚动轴承钢的牌号、热处理及用途

牌号	热处理			用途举例
	淬火温度/℃	回火温度/℃	回火后硬度/HRC	
GCr9	810~830	150~170	62~66	直径<20 mm 的滚珠、滚柱及滚针
GCr15	825~845	150~170	62~66	中、小型轴承
GCr15SiMn	820~840	150~170	≥62	大型轴承或特大轴承的滚动体和内外套
GSiMnV	780~810	150~170	≥62	可代替 GCr15S 钢
GSiMnVRE	780~810	150~170	≥62	可代替 GCr15 及 GCr15SiMn 钢
GSiMnMoV	770~810	165~175	≥62	可代替 GCr15SiMn 钢

4.2.2.6 超高强度钢

超高强度钢是指屈服强度大于 1 400 MPa、抗拉强度大于 1 500 MPa、兼有适当韧性的合金钢。它是在合金调质钢的基础上加入多种合金元素而形成和发展起来的。我国常用的超高强度钢有 30CrMnTiNi2A、4Cr5MoVSi 等,主要用作航空、航天工业的结构材料,如飞机主梁、起落架、发动机结构零件等。

⚙ 4.2.3 合金工具钢

碳素工具钢经热处理后能达到很高的硬度和耐磨性。但因其淬透性低,淬火变形倾向大,热硬性差,因此,仅适用于制造尺寸较小、形状简单、精度低的模具、量具和低速手用刀具。合金工具钢是在碳素工具钢的基础上加入适量合金元素制成的。由于合金元素的加入提高了钢的强度、淬透性和热硬性,减小了变形开裂倾向,因此,尺寸较大、形状复杂、精度要求高的模具、量具以及切削速度较高的刀具,都采用合金工具钢来制造。合金工具钢按其用途不同,可分为合金刃具钢、合金模具钢和合金量具钢。

4.2.3.1 合金刃具钢

合金刃具钢主要用于制造各种切削工具，如车刀、铣刀等。刀具在切削过程中承受着高温、高压和强烈的摩擦，因此，要求刃具钢必须具有高的硬度、耐磨性、热硬性以及足够的强度和韧性。

合金刃具钢分为低合金刃具钢和高速钢两种。

（1）低合金刃具钢

低合金刃具钢中碳的质量分数为 0.80% ~ 1.50%，合金元素质量分数为 3% ~ 5%。钢中常加入铬、锰、硅、钨、钒等合金元素，以提高钢的淬透性、回火稳定性和耐磨性。但由于钢中合金元素加入量较少，故这类钢的工作温度一般不超过 300 ℃，主要用于制造切削速度较低、尺寸较大或形状复杂的切削刀具。

图 4-34　丝锥

常用的低合金刃具钢有 9SiCr、CrWMn 和 9Mn2V 等。其中 9SiCr 钢有较高的硬度和耐磨性，常用于制造丝锥（图 4-34）、板牙（图 4-35）、铰刀（图 4-36）等。CrWMn 钢的硬度高于 9SiCr 钢，可达到 64 ~ 66HRC，且热处理变形小，所以常用于制造较精密的刀具，如长丝锥、长铰刀等。

低合金刃具钢的热处理为球化退火，淬火后低温回火。

图 4-35　板牙

图 4-36　铰刀

（2）高速钢

高速钢是一种高碳、高合金元素含量的刃具钢，它以高速切削而得名，这类钢热处理后具有高的热硬性，在其切削温度高达 600 ℃ 时，仍能保持高硬度（60HRC 以上）和高耐磨性。高速钢还具有很高的淬透性，在空气中冷却也能淬硬，并且刃口锋利，故又称为"锋钢"，主要用于制造重要的、形状复杂的高速切削刀具。

高速钢碳的质量分数为 0.70% ~ 1.65%，较高的含碳量主要是保证其具有高硬度和高耐磨性。钢中常加入钨、钼、铬、钒等合金元素，其总量超过 10%，从而大大提高了钢的淬透性和回火稳定性，使高速钢在高速、高温下进行切削时仍具有很高的热硬性和耐磨性。

常用的高速钢有 W18Cr4V、W6Mo5Cr4V2 等。其中 W18Cr4V 钢是发展最早、应用最广泛的高速工具钢，其热硬性高，过热和脱碳倾向小，但韧性较差，主要用于制造中速切削刀具或结构复杂低速切削的刀具，如拉刀（图 4-37）、齿轮刀具（图 4-38）等。W6Mo5Cr4V2 钢可作为 W18Cr4V 钢的代用品，与 W18Cr4V 钢相比，其热硬性稍差，但韧性和耐磨性较高，主要用于制造耐磨性和韧性配合较好的刀具，尤其适宜制作麻花钻头（图4-39）等薄刃刀具。

高速钢的热处理为高温（1 270～1 280 ℃）淬火后，再进行三次高温（560 ℃）回火。

图4-37　拉刀　　　　　　图4-38　齿轮刀具　　　　　　图4-39　麻花钻头

4.2.3.2　合金模具钢

合金模具钢按使用条件不同，分为冷作模具钢、热作模具钢和塑料模具钢。

（1）冷作模具钢

冷作模具钢用于制造在冷态下变形或分离的模具，如冷冲模（图4-40）、冷镦模、冷挤压模等。图4-41所示为汽车外板冷冲模，图4-42所示为汽车保险杠模具，其都是由冷作模具钢制作的。冷作模具工作时承受很大的压力、弯曲力、冲击载荷和摩擦，因此，要求模具工作部分有高的硬度（50HRC～60HRC）、耐磨性、强度和韧性。

图4-40　冷冲模

冷作模具钢碳的质量分数为1.0%～2.0%，较高的含碳量是为了保证其具有高硬度和高耐磨性。钢中常加入铬、钨、钼、钒等合金元素，以提高钢的耐磨性、淬透性和回火稳定性。

图4-41　汽车外板冷冲模　　　　　图4-42　汽车保险杠模具

目前广泛应用的是Cr12型钢，如Cr12、Cr12MoV、Cr12Mo1V1等。Cr12型钢具有很高的硬度（约1 820HV）和耐磨性、较高的强度和韧性及热处理变形小等特点，主要用于制作大截面、形状复杂、变形要求严格的冷作模具。截面较大、形状较复杂、淬透性要求较高的冷作模具可以选用低合金工具钢9SiCr、9Mn2V或GCr15制造。

（2）热作模具钢

热作模具钢用来制造使加热的金属或液体金属成形的模具，如热锻模、热挤压模、压

铸模等。热作模具工作时受到强烈的摩擦、较高的温度和大的冲击载荷以及强烈的冷热循环，导致模具易出现崩裂、磨损、塌陷、龟裂等失效现象。因此，要求热作模具钢在高温下应具有高的热硬性、耐磨性、抗氧化能力、热强性和足够的韧性。此外，对尺寸较大的热作模具还要求有高的淬透性，以保证模具整体性能均匀，且热处理变形要小。

热作模具钢碳的质量分数为0.3%~0.6%，以保证有良好的强度、硬度和韧性配合。加入镍、铬、钼、锰、硅等合金元素，可提高其强度、韧性、淬透性、抗热疲劳性及回火稳定性。

5CrMnMo和5CrNiMo是最常用的热作模具钢，它们有较高的强度、耐磨性和韧性，优良的淬透性和良好的抗热疲劳性能，主要用于制作大中型热锻模。根据我国资源情况，应尽可能采用5CrMnMo钢。对于在静压下使金属变形的热挤压模、压铸模，常选用高温性能较好的3Cr2W8V钢或4Cr5W2VSi钢制作。

（3）塑料模具钢

塑料模具包括塑料模和胶木模等，它们都是用来在不超过200 ℃的低温加热状态下，将细粉或颗粒状塑料压制成形。塑料模具在工作时，持续受热、受压，并受到一定程度的摩擦和有害气体的腐蚀。因此，塑料模具钢主要要求在200 ℃时具有足够的强度和韧性，并具有较高的耐磨性和耐腐蚀性。

目前常用的塑料模具钢主要为3Cr2Mo，用于中型塑料模具，其$\omega(C)=0.3\%$可保证热处理后获得良好的强韧性配合及较高的硬度和耐磨性，加入铬、钼等合金元素，可提高淬透性，减小变形。

4.2.3.3 合金量具钢

合金量具钢用来制作各种测量工具，如游标卡尺（图4-43）、千分尺（图4-44）、块规、塞规（图4-45）等。量具工作时主要受摩擦、磨损，承受外力很小，因此，要求量具用钢要有高的硬度（62~65HRC）、高的耐磨性和良好的尺寸稳定性。

图4-43 游标卡尺

图4-44 千分尺

图4-45 塞规

量具用钢中碳的质量分数较高，一般为0.9%~1.5%，以保证其具有高的硬度和耐磨性，加入铬、钨、锰等合金元素，可提高淬透性，减小变形。

最常用的量具钢为碳素工具钢和低合金刃具钢。碳素工具钢T10A、T12A常用于尺寸小、形状简单、精度要求不高的量具，如样板、塞规等。低合金刃具钢9SiCr、CrWMn和9Mn2V等因含有少量合金元素，故热处理变形小，适合制作形状复杂、精度要求高的量具。

4.2.4 特殊性能钢

特殊性能钢是指具有特殊的物理、化学性能的钢。特殊性能钢种类很多,常用的有不锈钢、耐热钢和耐磨钢。

4.2.4.1 不锈钢

不锈钢是指在腐蚀介质中具有高抗腐蚀能力的钢。按正火组织不同,不锈钢分为马氏体不锈钢、铁素体不锈钢和奥氏体不锈钢。常用不锈钢的牌号、化学成分、热处理、力学性能及用途见表4–17。

表4–17 常用不锈钢的牌号、化学成分、热处理、力学性能及用途

种类	牌号	化学成分/%				热处理/℃	力学性能					用途举例
		C	Cr	Ni	其他		R_m/MPa	R_{eL}/MPa	A/%	Z/%	HBS	
马氏体型	12Cr13	0.08~0.15	12~14			1 000~1 050(油淬),700~790(回火)	≥540	≥345	≥20	≥60	≤159	制造承受冲击载荷的耐腐蚀零件,如汽轮机叶片、水压机阀结构件、螺栓、螺帽等
	20Cr13	0.19~0.24	12~14			1 000~1 050(油淬),700~790(回火)	≥660	≥450	≥16	≥55	≤217	制造承受冲击载荷的耐腐蚀零件,如汽轮机叶片、水压机阀结构件、螺栓、螺帽等
马氏体型	30Cr13	0.25~0.34	12~14			1 000~1 050(油淬),200~300(回火)	≥735	≥540	≥12	≥40	48HRC	制造轴承、量具、刃具、医疗器械等耐磨零件
	40Cr13	0.35~0.45	12~14			1 000~1 050(油淬),200~300(回火)					50HRC	
	95Cr18	0.90~1.00	17~19			950~1 050(油淬),200~300(回火)					55HRC	制造剪切刃具、手术刀等耐磨、耐蚀件

续表

种类	牌号	化学成分/%				热处理/℃	力学性能					用途举例
		C	Cr	Ni	其他		R_m/MPa	R_{eL}/MPa	A/%	Z/%	HBS	
铁素体型	10Cr17	≤0.12	16~18			750~780（空冷）	≥400	≥250	≥20	≥50	≤183	耐蚀性良好的通用不锈钢，用于建筑装饰、家用电器部件、食品厂设备等
铁素体型	06Cr13Al	≤0.08	11.5~14.5		Al：≤0.10~0.30	80~830（空冷）	≥410	≥177	≥20	≥60	≤183	制作汽轮机、淬火部件等
奥氏体型	06Cr18Ni9	≤0.08	17~19	8~12		固溶处理 1 050~1 100（水淬）	≥500	≥205	≥40	≥60	≤187	具有良好的耐蚀及耐晶间腐蚀性能，是化学工业中良好的耐蚀材料
奥氏体型	12Cr18Ni9	≤0.15	17~19	8~12		固溶处理 1 100~1 150（水淬）	≥560	≥200	≥45	≥60	≤187	耐硝酸、磷酸、有机酸及盐、碱溶液腐蚀的设备零件
奥氏体型	0Cr18Ni9Ti 1Cr18Ni9Ti	≤0.08 ≤0.12	17~19	8~11	Ti：≤0.40~0.80	固溶处理 1 100~1 150（水淬）	≥560	≥200	≥40	≥55		耐酸容器及衬里、输送管道等设备和零件、抗磁仪表、医疗器械
奥氏体铁素体型	1Cr21Ni5Ti	0.09~0.14	20~22	4.8~5.8	0.4~0.8	950~1 100（水或空淬）	≥600	≥350	≥20	≥40		硝酸及硝酸工业设备及管道、尿素液蒸发部分设备及管道
奥氏体铁素体型	1Cr18Mn10Ni5Mo3N	≤0.10	17~19	4.0~6.0	Mo2.8~3.5	1 100~1 150（水淬）	≥700	≥350	≥45	≥65		尿素、尼龙生产的设备及零件，其他化工、化肥等部门的设备及零件

(1) 马氏体不锈钢

马氏体不锈钢是指在室温下保持马氏体组织的一种铬不锈钢。常用的马氏体不锈钢是指 Cr13 型不锈钢，典型牌号有 12Cr13、20Cr13、30Cr13、40Cr13 等。这类不锈钢碳的质量分数一般为 0.1%～0.4%，铬含量一般为 12%～14%。马氏体不锈钢随着钢中碳质量分数的增加，其强度、硬度和耐磨性增加，但耐腐蚀性下降。其主要用于力学性能要求较高、耐腐蚀性要求不太高的零件，如汽轮机叶片（图 4-46）、水压机阀、医疗器械（图 4-47）、轴承、量具、刃具等耐磨零件。

图 4-46　汽轮机叶片

图 4-47　医疗器械

(2) 铁素体不锈钢

铁素体不锈钢是指在使用状态下组织为铁素体的不锈钢。铁素体不锈钢中碳的质量分数小于 0.15%，铬的质量分数为 12%～30%，其也属于铬不锈钢。其耐腐蚀性、塑性、焊接性均优于马氏体不锈钢，但强度较低，可通过形变强化提高强度，典型牌号有 10Cr17、10Cr17Mo 等。

铁素体不锈钢主要用于对力学性能要求不高，而耐腐蚀性要求较高的零件，广泛用于硝酸和氮肥工业，汽车装饰、汽车排气处理装置，也可用于厨房装备（图 4-48）、建筑装饰等。

图 4-48　厨房装备

(3) 奥氏体不锈钢

奥氏体不锈钢是指在常温下具有奥氏体组织的不锈钢。典型的奥氏体不锈钢为 18-8 型铬镍不锈钢。奥氏体不锈钢中碳的质量分数很低，一般小于 0.15%，钢中的合金元素以铬和镍为主，其铬的质量分数为 17%～19%，镍的质量分数为 8%～11%。奥氏体不锈钢无磁性，具有很好的耐腐蚀性和耐热性、优良的抗氧化性及较高的力学性能，塑性、韧性及耐腐蚀性优于马氏体不锈钢，适宜于冷态成形，焊接性好，但切削加工性能较差，是目前应用最广泛的不锈钢。

常用的奥氏体不锈钢有 12Cr18Ni9、06Cr18Ni10Ti 等，主要用于制造在硝酸、磷酸、有机酸及碱水溶液等强腐蚀介质中工作的零件、容器、管道及医疗器械、抗磁仪表等。

不锈钢在汽车上可用于制作空气压缩机阀片（图 4-49）、化油器针阀、外装饰件、汽车排气处理装置（图 4-50）、催化器法兰、催化器支架、增压器垫片（图 4-51）和隔热罩等。

图4-49 空气压缩机阀片

图4-50 汽车排气管

4.2.4.2 耐热钢

耐热钢是指在高温下不易发生氧化并具有较高强度的钢，包括抗氧化钢和热强钢两类。

（1）抗氧化钢

抗氧化钢是指在高温下有良好的抗氧化能力，并具有一定强度的钢，主要用于在高温下工作，而强度要求不高的零件。这类钢常加入足够的铬、硅、铝等合金元素，使

图4-51 增压器垫片

钢在高温下与氧接触时表面形成致密的高熔点氧化膜，严密地覆盖在钢的表面，以隔绝高温氧化性气体对钢的继续腐蚀。

常用的抗氧化钢有3Cr18Mn12Si2N、3Cr11Ni25Si2、2Cr20Mn9Ni2Si2N、1Cr13SiAl等，其最高工作温度可达1 000 ℃，用于制造各种加热炉内的结构件，如加热炉底板、马弗罐、加热炉传送带料盘等。

（2）热强钢

热强钢是指在高温下有良好的抗氧化能力，并具有较高强度的钢。这类钢常加入铬、镍、钨、钼、硅等合金元素，以提高钢的高温强度和高温抗氧化能力。

常用的热强钢有15CrMo、4Cr9Si2、4Cr10Si2Mo钢等。15CrMo钢是典型的锅炉用钢，适于制造500 ℃以下长期工作的零件。4Cr9Si2、4Cr10Si2Mo钢常用于制造汽车发动机排气阀，如图4-52所示。

汽车上用耐热钢制造的零件有发动机的进排气门、涡流室镶块、涡轮增压器转子（图4-53）、排气净化装置等。国产汽车的气门用钢主要有4Cr10Si2Mo、45Cr9Si3、8Cr20Si2Ni等。

图4-52 汽车发动机排气阀

图4-53 涡轮增压器转子

4.2.4.3 耐磨钢

耐磨钢是指在强烈的冲击和巨大的压力下才能产生硬化的钢。其碳的质量分数为 1.0% ~ 1.3%，锰的质量分数为 11% ~ 14%，因锰的质量分数高，故又称高锰耐磨钢。

耐磨钢经热处理后塑性和韧性好，硬度并不高。当它受到强烈的冲击和挤压时，表面因塑性变形而迅速产生硬化，硬度大大提高，从而具有高的耐磨性。当表面磨损后，新露出的表面又因受到冲击和挤压而具有耐磨性。耐磨钢不宜切削加工，但有良好的铸造性能，所以一般都采用铸造成形。

常用耐磨钢的牌号为 ZGMn13，广泛应用于制造在强烈冲击和严重磨损条件下工作的零件，如坦克履带板（图 4 – 54）、挖掘机铲齿（图 4 – 55）、铁路道岔等。

图 4 – 54　坦克履带板

图 4 – 55　挖掘机铲齿

任务 4.3　铸铁

铸铁是含碳量大于 2.11%（一般为 2.5% ~ 4.0%）的铁碳合金。它是以铁、碳、硅为主要组成元素，并比碳钢含有较多的锰、硫、磷等杂质的多元合金。

铸铁在汽车制造业应用很广，据统计，汽车的铸铁用量占整车金属重量的 50% 以上。汽车发动机的气缸体、气缸盖、活塞环，以及变速箱的外壳、后桥壳等零件大部分由铸铁制造。铸铁之所以能得到广泛应用，是因为其生产工艺简单、成本低，同时具有良好的铸造性能、切削加工性能、耐磨性和减震性。特别是由于采用了球化和变质处理，使铸铁的力学性能有了很大提高，很多原来用碳素钢、合金钢制造的零件，目前已被铸铁所代替，从而使铸铁的应用更为广泛。常见铸铁制造的汽车零件如图 4 – 56 所示。

图4-56 常见铸铁制造的汽车零件

(a) 合金铸铁制造的气缸体；(b) 灰铸铁制造的变速器壳；(c) 球墨铸铁制造的驱动桥壳；
(d) 合金铸铁制造的凸轮轴

4.3.1 铸铁的石墨化

铸铁中石墨的形成过程称为石墨化。铸铁中的碳以两种形式存在，即化合态的渗碳体（Fe_3C）和游离态的石墨（G）。碳究竟以哪种形式存在，主要取决于化学成分和冷却速度。

4.3.1.1 影响石墨化的因素

（1）化学成分

铸铁中影响石墨化的元素主要是碳、硅、锰、硫、磷。其中，碳和硅是强烈促进石墨化的元素，铸铁中碳和硅的质量分数越高，石墨化程度就越充分。锰是阻碍石墨化的元素，但锰能和硫化合形成硫化锰，减弱了硫对石墨化的不利影响。从某种意义上来说，锰是间接促进石墨化的元素，所以铸铁中允许有适量的锰。硫是强烈阻碍石墨化的元素，还会降低铁水的流动性，引起铸铁产生热裂，所以铸铁中硫含量越低越好。磷也是促进石墨化的元素，但作用不强烈，且磷的存在对铸铁的性能有不利影响，故应严格控制磷的含量。

（2）冷却速度

铸铁在结晶过程中，冷却速度对石墨化影响很大。冷却速度越慢，越有利于石墨化。影响冷却速度的因素主要有造型材料的性能、浇注温度的高低、铸件壁厚的大小等。

由于石墨化程度的不同，铸铁的组织常见有以下几种：

石墨化非常充分时，铸铁的最终组织为铁素体基体上分布着石墨；石墨化比较充分时，铸铁的最终组织为珠光体基体上分布着石墨或铁素体与珠光体基体上分布着石墨；石墨化不太充分时，铸铁的最终组织为莱氏体与珠光体基体上分布着石墨；当石墨化未进行时，铸铁的最终组织为莱氏体、珠光体和渗碳体。图4-57所示为化学成分（碳、硅含量）和冷却速度（壁厚）对石墨化的影响。可见，铸件壁越薄，碳、硅含量越低，越易形成白口组织（即碳以化合态的渗碳体的形式存在）。

4.3.1.2 铸铁的分类

根据石墨化程度及试样断口色泽的不同，铸铁可分为白口铸铁、灰口铸铁和麻口铸铁。

图4-57 化学成分和冷却速度对石墨化的影响

(1) 白口铸铁

白口铸铁中的碳全部或大部分以化合态渗碳体的形式存在,因其断口呈白亮色,故称白口铸铁。白口铸铁硬度高、脆性大,很难切削加工,故很少直接用来制造机械零件,主要用作炼钢原料及可锻铸铁的毛坯。有时也利用它硬而耐磨的特性铸造出表面为有一定深度的白口层、中心为灰口铸铁的铸件,称为冷硬铸铁件。冷硬铸铁应用于一些耐磨的零件,如犁铧及球磨机的磨球等。EQ1092发动机中的气门挺杆,为了得到表层的高硬度和耐磨性,常用激冷的方法使表层获得白口铸铁的组织,而芯部由于冷却速度较慢仍为灰口铸铁组织。

(2) 灰口铸铁

灰口铸铁中碳主要以石墨的形式存在,因其断口呈暗灰色而得名。灰口铸铁由于有一定的力学性能和良好的切削加工性能,因此是工业生产中应用最广泛的一种铸铁。

根据石墨形态不同,灰口铸铁又分为灰铸铁、球墨铸铁、可锻铸铁和蠕墨铸铁,对应石墨形状分别为片状、球状、团絮状及蠕虫状,如图4-58所示。

图4-58 灰铸铁中石墨的形状

(a) 灰铸铁(片状石墨);(b) 球墨铸铁(球状石墨);
(c) 蠕墨铸铁(蠕虫状石墨);(d) 可锻铸铁(团絮状石墨)

(3) 麻口铸铁

碳一部分以石墨的形式存在,另一部分以渗碳体的形式存在,断口呈灰白相间的麻点。这类铸铁脆性大、硬度高,难以加工,工业上很少采用。

此外,为了进一步提高铸铁的性能或得到某种特殊性能,常向铸铁中加入一种或多种合金元素(Cr、Cu、W、Al、B等),而得到合金铸铁(特殊性能铸铁),如耐磨铸铁、耐热铸铁、耐蚀铸铁等。

4.3.2 灰铸铁

4.3.2.1 灰铸铁的组织和性能

(1) 组织

灰铸铁的组织是由碳钢的基体加片状石墨组成的。按基体组织不同,灰铸铁分为铁素体灰铸铁、铁素体—珠光体灰铸铁和珠光体灰铸铁三类。

(2) 性能

灰铸铁的性能取决于基体的组织和石墨的形态。由于石墨的强度极低,因此可以把铸铁看成是布满裂纹和孔洞的钢。石墨的存在不仅破坏了金属基体的连续性,而且减少了金属基体承受载荷的有效截面,使实际应力大大增加;另一方面在石墨尖角处易造成应力集中,使尖角处的应力远大于平均应力。所以,灰铸铁的抗拉强度、塑性和韧性远低于钢。石墨片的数量越多、尺寸越大、分布越不均匀,对力学性能的影响就越大。但石墨的存在对灰铸铁的抗压强度影响不大,因为抗压强度主要取决于灰铸铁的基体组织,灰铸铁的抗压强度与钢相近。因此,灰铸铁"抗压不抗拉"。

片状石墨虽然降低了灰铸铁的抗拉强度、塑性和韧性,但它却使灰铸铁具有一系列的其他性能,如良好的铸造性能,优良的切削加工性能,良好的耐磨性、减震性和低的缺口敏感性。

三种不同基体的灰铸铁中,铁素体灰铸铁的强度、硬度和耐磨性最低,但塑性较好;珠光体灰铸铁的强度、硬度、耐磨性较高,但塑性较差;铁素体—珠光体灰铸铁的性能介于以上两者之间。

4.3.2.2 灰铸铁的变质处理(孕育处理)

灰铸铁组织中因有片状石墨的存在,因而力学性能较低。为了改善灰铸铁的组织,提高其力学性能,可对灰铸铁进行变质处理。

灰铸铁的变质处理就是在浇注前向铁水中加入少量变质剂(硅铁或硅钙合金),改变铁水的结晶条件,以获得细小的珠光体基体及细小的、均匀分布的片状石墨组织。经变质处理后的灰铸铁称为变质铸铁或孕育铸铁。灰铸铁经变质处理后强度有较大的提高,塑性和韧性也得到改善,常用于要求力学性能较高、截面尺寸较大的铸件。

4.3.2.3 灰铸铁的牌号及用途

(1) 牌号

灰铸铁的牌号由"HT+数字"表示,其中"HT"代表"灰铁"二字,后面的数字表示其最小抗拉强度值。如 HT250 表示最小抗拉强度为 250 MPa 的灰铸铁。常用灰铸铁的牌号、类别、铸件壁厚、铸件最小抗拉强度及用途如表 4-18 所示。

表 4-18 常用灰铸铁的牌号、类别、铸件壁厚、铸件最小抗拉强度及用途

牌号	铸铁类别	铸件壁厚/mm	铸件最小抗拉强度/MPa	适用范围及用途举例
HT100	铁素体灰铸铁	2.5~10	130	适用于载荷小及对摩擦、磨损无特殊要求的零件，如盖、外罩、油盘、手轮、支架、底板、重锤等
		10~20	100	
		20~30	90	
		30~50	80	
HT150	铁素体—珠光体灰铸铁	2.5~10	175	适用于承受中等应力的零件，如普通机床上的支柱、底座、齿轮箱、刀架、床身、轴承座、工作台、皮带轮等
		10~20	145	
		20~30	130	
		30~50	120	
HT200	珠光体灰铸铁	2.5~10	220	适用于承受大载荷的重要零件，如汽车、拖拉机的气缸体、气缸盖、制动轮等
		10~20	195	
		20~30	170	
		30~50	160	
HT250		4.0~10	270	适用于承受大应力的、重要的零件，如联轴器盘、油缸、阀体、泵体、泵壳、化工容器及活塞等
		10~20	240	
		20~30	220	
		30~50	200	
HT300	孕育铸铁	10~20	290	适用于承受高载荷、高气密性和要求耐磨的重要零件，如剪床、压力机等重型机床的床身、机座、机架，受力较大的齿轮、凸轮、衬套，大型发动机的气缸体、气缸套、气缸盖、油缸、泵体、阀体等
		20~30	250	
		30~50	230	
HT350		10~20	340	
		20~30	290	
		30~50	260	

（2）用途

由于灰铸铁具有以上一系列性能特点，而且生产成本比钢低得多，因此被广泛地用来制作各种受力不大或以承受压应力为主和要求减震性好的机床床身与机架、结构复杂的壳体与箱体、承受摩擦的缸体与导轨等。灰铸铁是汽车制造工业中应用最多的一种铸铁，在汽车上多用于不镶缸套的整体缸体、气缸盖（图 4-59）等零件的制造，还可用以制造飞轮（图 4-60）、飞轮壳、变速箱壳及盖、离合器壳（图 4-61）及压板、进排气歧管、制动鼓以及液压制动总泵和分泵的缸体。灰铸铁在汽车上的应用见表 4-19。

图 4-59 气缸盖

图4-60 飞轮

图4-61 离合器壳

表4-19 灰铸铁在汽车上的应用

牌号	应用举例
HT150	进排气歧管、变速器壳体、水泵叶轮
HT200	凸轮轴正时齿轮、飞轮壳、气缸体、气缸盖、气门导管、制动蹄等
HT250	气缸体、飞轮、曲轴带轮等

4.3.2.4 灰铸铁的热处理

灰铸铁的热处理只能改变基体的组织,而不能改变石墨的形状、大小、数量和分布情况。所以,灰铸铁的热处理一般只用于消除铸件内应力和白口组织,稳定尺寸,提高工件表面硬度和耐磨性。

(1) 去应力退火

去应力退火是指在热处理炉中,将铸件加热到500~600 ℃,保温一段时间后随炉缓冷至150~200 ℃以下出炉空冷,用以消除铸件在凝固过程中因冷却不均匀而产生的铸造应力,防止铸件在加工与使用过程中产生变形和裂纹。有时把铸件在露天场地放置数月甚至一年以上,使铸造应力得到松弛,这种方法称为自然时效。大型灰铸铁件常常用此法来消除铸造应力。

(2) 消除铸件白口的高温退火

铸件在冷却过程中由于表层及薄壁处冷却速度较快,出现白口组织,使铸件硬度和脆性增加,造成切削加工困难并影响正常使用。消除白口的高温退火工艺是:在热处理炉中,将铸件加热到800~950 ℃,保温1~3 h,然后随炉冷却到400~500 ℃出炉后空冷,使Fe_3C分解为铁素体和石墨。

(3) 表面淬火

对于用灰铸铁制造的机床导轨表面和内燃机气缸套内壁等摩擦工作表面,需要有较高的硬度和耐磨性。可以采用表面淬火的方法来提高表面硬度,延长使用寿命。常用的方法有火焰加热表面淬火、高(中)频感应加热表面淬火和接触电阻加热表面淬火。

4.3.3 可锻铸铁

可锻铸铁俗称马铁,它是由白口铸铁经长时间的高温石墨化退火而获得的具有团絮状石墨组织的铸铁。其因塑性优于灰铸铁而得名,实际上可锻铸铁并不能进行锻造加工。

4.3.3.1 可锻铸铁的组织及性能

（1）组织

可锻铸铁的组织一般为铁素体基体加团絮状石墨或珠光体基体加团絮状石墨。铁素体基体的可锻铸铁因其断口呈黑色，故称黑心可锻铸铁。

（2）性能

可锻铸铁因基体组织不同，其性能也不相同。黑心可锻铸铁具有较高的塑性和韧性，而珠光体可锻铸铁则具有较高的强度、硬度和耐磨性，但塑性和韧性低于黑心可锻铸铁。

由于可锻铸铁中的石墨呈团絮状，因此，极大程度地减轻了对金属基体的割裂作用和应力集中现象，其强度比灰铸铁高很多，塑性和韧性也有较大的提高。

4.3.3.2 可锻铸铁的牌号及用途

（1）牌号

可锻铸铁的牌号由"KTH"或"KTZ"和两组数字组成。其中"KT"是可锻铸铁的代号，"H"表示黑心可锻铸铁，"Z"表示珠光体可锻铸铁；代号后面的两组数字分别表示最低抗拉强度值（MPa）和最低断后伸长率的百分数。例如牌号 KTH300-06 表示最低抗拉强度为 300 MPa、最低断后伸长率为 6% 的黑心可锻铸铁。

（2）用途

由于可锻铸铁既有较好的铸造性能，又有较高的强度和一定的塑性和韧性，因此主要用于制造形状复杂、强度和韧性要求较高的薄壁零件，如汽车的后桥壳、差速器壳（图 4-62）、轮毂、制动踏板、制动蹄片（图 4-63），以及供排水系统与煤气管道的管件接头（图 4-64）和阀门壳体等。因为当铸件壁较厚、尺寸较大时，其芯部的冷却速度不够快，铁水浇注时难以获得整个截面的白口组织，所以仅适用于薄壁和小型零件。

图 4-62　差速器壳

图 4-63　制动蹄片

图 4-64　管件接头

虽然可锻铸铁的力学性能比灰铸铁好，但它所用的原料是白口铸铁，成本较高，而且仅适用于薄壁和小型零件，所以随着球墨铸铁的发展，原来使用可锻铸铁制造的零件逐渐被球墨铸铁替代。

常用可锻铸铁的牌号、力学性能及用途举例见表 4-20，可锻铸铁在汽车上的应用见表 4-21。

表 4-20　常用可锻铸铁的牌号、力学性能及用途举例

种类	牌号	力学性能（不小于）			适用范围及用途举例
		R_m/MPa	A/%	硬度/HBS	
黑心可锻铸铁	KTH300-06	300	6	不大于150	适用于在冲击载荷和静载荷作用下，要求气密性好的零件，如管道配件、中低压阀门等
	KTH330-08	330	8		适用承受中等冲击载荷和静载荷的零件，如机床扳手、车轮壳、钢丝绳轧头等
	KTH350-10	350	10		适用于在较高的冲击、振动及扭转负荷下工作的零件，如汽车的后桥壳、差速器壳、前后轮毂、转向节壳、管道接头等
	KTH370-12	370	12		
珠光体可锻铸铁	KTZ450-06	450	6	150~250	适用于承受较高载荷、耐磨损，并要求有一定韧性的重要零件，如曲轴、凸轮轴、连杆、车轮、摇臂、活塞环、万向节叉、棘轮、扳手等
	KTZ550-04	550	4	180~230	
	KTZ650-02	650	2	210~260	
	KTZ700-02	700	2	240~290	

表 4-21　可锻铸铁在汽车上的应用

牌号	应用举例
KTH350-10	后桥壳、差速器壳、减速器壳、轮毂、钢板弹簧吊架、制动蹄片等
KTZ450-06	曲轴、凸轮轴、连杆、车轮活塞环、发动机摇臂等

4.3.4　球墨铸铁

球墨铸铁是在灰铸铁的铁水中加入球化剂（稀土镁合金）和孕育剂（硅铁），进行球化—孕育处理后得到的具有球状石墨的铸铁。

4.3.4.1　球墨铸铁的组织及性能

（1）组织

球墨铸铁的组织可看成是碳钢的基体加球状石墨。按基体组织不同，常用的球墨铸铁有铁素体球墨铸铁、铁素体—珠光体球墨铸铁、珠光体球墨铸铁、马氏体球墨铸铁和贝氏体球墨铸铁等。

（2）性能

由于球墨铸铁中石墨呈球状，对基体的割裂作用及引起应力集中现象减至最小，因此基体的强度利用率高。在所有铸铁中，球墨铸铁的力学性能最高，与相应组织的铸钢相似；冲击疲劳抗力高于中碳钢；屈强比是钢的2倍。但球墨铸铁的塑性和韧性均低于铸钢。

球墨铸铁的力学性能与基体组织和石墨的状态有关。石墨球越细小、越圆整、分布越均匀，则球墨铸铁的强度、塑性、韧性越好。铁素体基体具有较高的塑性和韧性；珠光体基体强度、硬度和耐磨性较高；马氏体基体硬度最高，但韧性最低；贝氏体基体具有良好的综合力学性能。

球墨铸铁具有近似于灰铸铁的某些优良的铸造性能、减摩性和切削加工性等。但球墨铸铁也有一些缺点，如化学成分要求严格、白口倾向大、凝固时收缩率大等，因而对熔炼、铸造工艺要求高，生产成本高。由于球状石墨对基体割裂作用不大，因此球墨铸铁可通过热处理进行强化。常用的热处理方法有退火、正火、调质和等温淬火等，也可以进行表面淬火、渗氮等。其工艺过程可参考有关热处理资料。

4.3.4.2 球墨铸铁的牌号及用途

（1）牌号

球墨铸铁的牌号由"QT"和两组数字组成。其中"QT"是球墨铸铁的代号，代号后面的两组数字分别表示最低抗拉强度值（MPa）和最低断后伸长率的百分数。例如牌号QT600-3表示最低抗拉强度为600 MPa、最低断后伸长率为3%的球墨铸铁。常用球墨铸铁的牌号、力学性能及用途见表4-22。

表4-22 常用球墨铸铁的牌号、力学性能及用途

牌号	基体组织类型	力学性能（不小于）				适用范围及用途举例
		R_m/MPa	$R_{r0.2}$/MPa	A/%	硬度/HBS	
QT400-18	铁素体	400	250	18	130~180	承受冲击、振动的零件，如汽车、拖拉机的轮毂、驱动桥壳、差速器壳、拨叉、农机具零件，中低压阀门，上、下水及输气管道，电动机机壳，齿轮箱，飞轮壳等
QT400-15	铁素体	400	250	15	130~180	
QT450-10	铁素体	450	310	10	160~210	
QT500-7	铁素体+珠光体	500	320	7	170~230	机器座架、传动轴、飞轮、电动机架、内燃机的机油泵齿轮、铁路机车车辆轴瓦等
QT600-3	铁素体+珠光体	600	370	3	190~270	载荷大、受力复杂的零件，如汽车、拖拉机的曲轴、连杆、凸轮轴、气缸套、部分磨床、铣床、车床的主轴，机床蜗杆、蜗轮，轧钢机轧辊，大齿轮，小型水轮机主轴，气缸体，桥式起重机大小滚轮等
QT700-2	珠光体	700	420	2	225~305	
QT800-2	珠光体或回火组织	800	480	2	245~335	
QT900-2	贝氏体或回火马氏体	900	600	2	280~360	高强度齿轮，如汽车后桥螺旋锥齿轮，大型减速器齿轮，内燃机曲轴、凸轮轴等

（2）用途

曲轴是球墨铸铁在汽车上应用最成功的典型零件。东风5 t载货汽车的6100型汽油机采用球墨铸铁曲轴（图4-65）已有20多年。此外，汽车上的驱动桥壳体、发动机齿轮、

摇臂（图4-66）、轮毂（图4-67）等重要零件也常采用球墨铸铁制造。汽车工业是球墨铸铁的主要用户，在发达的工业化国家中，球墨铸铁件产量中有20%~40%用于汽车。球墨铸铁在汽车上的应用见表4-23。

图4-65　曲轴　　　　　　　图4-66　摇臂　　　　　　　图4-67　轮毂

表4-23　球墨铸铁在汽车上的应用

牌号	应用举例
QT450-10	轮毂、转向器壳、制动蹄、牵引钩前支撑座、辅助钢板弹簧支架等
QT600-03	曲轴、发动机摇臂、牵引钩支撑座、钢板弹簧侧垫板及滑块等

4.3.5　蠕墨铸铁

蠕墨铸铁是近几年来发展起来一种新型铸铁。它是在灰铸铁的铁水中加入适量的蠕化剂和孕育剂，经蠕化-孕育处理后获得的具有蠕虫状石墨的铸铁。目前常用的蠕化剂有稀土镁钛合金、稀土硅铁合金和稀土硅钙合金等。

4.3.5.1　蠕墨铸铁的组织及性能

（1）组织

蠕墨铸铁的组织是由钢的基体和蠕虫状石墨组成的。其基体也有铁素体基体、铁素体—珠光体基体和珠光体基体三种。

（2）性能

由于蠕墨铸铁中的石墨呈蠕虫状（类似于片状，但片短而厚，头部较圆、较钝，形似蠕虫），对基体的割裂作用介于灰铸铁与球墨铸铁之间，因此其力学性能也介于灰铸铁与球墨铸铁之间。其既具有灰铸铁良好的导热性、减震性、切削加工性和铸造性能，又有与球墨铸铁相近的抗拉强度、塑性和韧性。

4.3.5.2　蠕墨铸铁的牌号及用途

（1）牌号

蠕墨铸铁的牌号由"RuT"和一组数字组成。其中"RuT"是蠕墨铸铁的代号，代号后面的数字表示最低抗拉强度值（MPa）。例如牌号RuT300表示最低抗拉强度为300MPa的蠕墨铸铁。蠕墨铸铁的牌号、力学性能及用途见表4-24。

表 4-24 蠕墨铸铁的牌号、力学性能及用途

牌号	基体类型	力学性能（不小于）				应用举例
		R_m/MPa	$R_{r0.2}$/MPa	A/%	硬度/HBS	
RuT260	铁素体	260	195	3.0	121~197	制造活塞环、缸套、制动盘、制动鼓、玻璃模具、钢珠研磨盘、吸淤泵体等
RuT300	铁素体+珠光体	300	240	1.5	140~217	带导轨面的重型机床件、大型齿轮箱体、大型龙门铣横梁、盖、座、制动鼓、飞轮、玻璃模具、起重机卷筒、烧结机滑板等
RuT340	铁素体+珠光体	340	270	1.0	170~249	排气管、变速器壳、缸盖、纺织机械零件、液压件、小型烧结机齿轮等
RuT380	珠光体	380	300	1.0	193~274	增压器废气进气壳体，以及汽车、拖拉机的某些底盘零件
RuT420	珠光体	420	335	1.0	200~280	

（2）用途

蠕墨铸铁主要应用于经受热循环载荷，要求组织致密、强度较高、形状复杂的零件，如大型柴油机的气缸体、制动鼓，大型电动机外壳（图4-68）、阀体、机座等。在汽车上主要用于制造柴油机气缸盖、进排气歧管（图4-69）、制动盘和制动鼓等。

图 4-68 大型电动机外壳

图 4-69 进排气歧管

4.3.6 特殊性能铸铁

为满足工业上对铸铁的特殊性能要求，向铸铁中加入某些合金元素，从而可获得具有特殊性能的铸铁，包括耐热铸铁、耐磨铸铁和耐蚀铸铁。汽车中常用的有耐热铸铁和耐磨铸铁。

4.3.6.1 耐热铸铁

普通铸铁加热到450℃以上的高温时，会发生表面氧化和"热生长"现象。热生长是指铸铁在高温下氧化性气氛沿石墨片边界和裂纹渗入铸铁内部，形成内氧化以及因渗碳体分解成石墨产生的体积不可逆膨胀现象，严重时胀大10%左右，使铸铁体积变化，力学性能降低，出现显微变形和裂纹。

耐热铸铁是在铸铁中加入硅、铝、铬等元素，使铸件表面在高温下形成一层致密的氧化膜，将内层金属与氧化介质隔绝，使内层金属在高温时不被氧化，从而提高了铸铁的耐热性。

常用耐热铸铁有高硅和铝硅耐热球墨铸铁。例如 RQTSi5 是硅耐热球墨铸铁，使用温度可达 850 ℃，应用于炉条、烟道挡板、换热器等。RQTAl5Si5 是硅铝耐热球墨铸铁，使用温度可达 1 050 ℃，应用于加热炉底板、钩链、焙烧机构件等。耐热铸铁在汽车上主要用于制造高温下工作的发动机进、排气门座和排气管密封环等。

4.3.6.2 耐磨铸铁

耐磨铸铁是在灰铸铁中加入铬、钼、铜、钛、磷等合金元素而形成的。磷在铸铁中能形成硬而脆的磷化物，从而提高铸铁的耐磨性；铬、钼、铜在铸铁中可使组织细化，既能提高硬度和耐磨性，又能提高强度和韧性。

常用的耐磨铸铁有高磷耐磨铸铁和铬钼铜耐磨铸铁等，主要用于制造在高温下强烈摩擦的零件，如汽车的气缸套、活塞环、排气门座圈等。

4.3.6.3 耐蚀铸铁

耐蚀铸铁是指在腐蚀性介质中工作时，具有耐腐蚀能力的铸铁。提高铸铁耐腐蚀性的途径基本上与不锈钢相同，一般加入一定量的硅、铝、铬、镍、铜等合金元素，使其在铸铁表面形成一层连续致密的保护膜，阻止腐蚀继续进行，并提高铸铁基体的电极电位，从而提高铸铁的耐腐蚀性。

耐蚀铸铁主要用于化工机械，如制造容器、管道、泵、阀门等。

【想一想】
钢和铸铁有何区别？为什么？

任务 4.4　典型汽车零件的选材

在汽车制造过程中，从设计新产品、改造老产品，到维修、更换零件，都会涉及零件的选材、热处理工艺的确定和热处理工序安排等问题。这对提高产品质量和生产率、降低成本有着重要的意义。下面以汽车上几个典型零件为例，介绍汽车零件选材的方法及步骤。

4.4.1　汽车齿轮的选材

齿轮是机械工业中应用最广泛的重要零件之一，主要用于传递动力，改变运动速度和运动方向。齿轮的选材要从齿轮的工作条件、失效形式及其对材料的性能要求等方面综合考虑。汽车变速齿轮如图 4-70 所示。

资源 4-2
汽车齿轮类零件的选材

图 4-70 汽车变速齿轮

（1）汽车齿轮的工作条件

汽车齿轮主要分装在变速器和差速器中，在变速器中，通过齿轮改变发动机、曲轴和主轴齿轮的速比；在差速器中，通过齿轮增加扭矩，调节左右轮的转速。全部发动机的动力均通过齿轮传给主轴，推动汽车运行。所以，汽车齿轮受力较大，受冲击频繁，对其耐磨性、疲劳强度、芯部强度以及冲击韧性等的要求比一般机床齿轮高。齿轮工作时的受力情况为：由于传递扭矩，齿根承受很大的交变弯曲应力；换挡、起动或咬合不均匀时，轮齿承受一定的冲击载荷；因加工、安装不当或齿、轴变形等引起的齿面接触不良，以及外来灰尘、金属屑等硬质微粒的侵入都会产生附加载荷而使工作条件恶化。因此，齿轮的工作条件和受力情况是较复杂的。

（2）汽车齿轮的主要失效形式

根据齿轮的工作条件，其主要失效形式是轮齿断裂、齿面剥落、齿面磨损以及过量塑性变形。汽车齿轮的失效形式主要有以下几种，如表 4-25 所示。

表 4-25 汽车齿轮的主要失效形式

失效形式	失效表现
疲劳断裂	主要从根部发生，这是齿轮最严重的失效形式，常常一齿断裂会引起数齿甚至所有齿断裂
齿面磨损	由于齿面接触区摩擦，使齿厚变小
齿面接触疲劳破坏	在交变接触应力作用下，齿面产生微裂纹，微裂纹的发展引起点状剥落（或称麻点）
过载断裂	主要是冲击载荷过大造成的断齿

（3）对汽车齿轮的性能要求

根据对工作条件及失效形式的分析，可以对齿轮材料提出以下性能要求：
1）高的弯曲疲劳强度，特别是齿根处要有足够的强度；
2）高的齿面硬度和耐磨性；
3）较高的芯部强度和足够的冲击韧性；

4）热处理变形小。

(4) 典型汽车齿轮的选材

在我国应用最多的汽车齿轮用材是合金渗碳钢 20Cr 或 20CrMnTi，且在使用时需经渗碳、淬火和低温回火等热处理强化。渗碳后表面碳含量大大提高，保证淬火后得到高硬度、高耐磨性和高接触疲劳强度。由于合金元素提高了淬透性，故淬火、低温回火后可使芯部获得较高的强度和足够的冲击韧性。为了进一步提高齿轮的使用寿命，渗碳、淬火、低温回火后，还可以采用喷丸处理，增大表面压应力，有利于提高齿面和齿根的疲劳强度，并清除氧化皮。

合金渗碳钢齿轮的工艺路线一般为：下料→锻造→正火→切削加工→渗碳、淬火及低温回火→喷丸→磨削加工。汽车、拖拉机齿轮常用钢种及热处理方法见表 4-26。

表 4-26 汽车、拖拉机齿轮常用钢种及热处理方法

序号	齿轮类型	常用钢种	热处理 主要工序	技术要求
1	汽车变速器和分动器齿轮	20CrMnTi 20CrMnMo 等	渗碳	层　深：$m_n<3$ 时，0.6~1.0 mm；$3<m_s<5$ 时，0.9~1.3 mm；$m_n>5$ 时，1.1~1.5 mm。齿面硬度：58~64 HRC。芯部硬度：$m_n≤5$ 时，32~45 HRC；$m_n>5$ 时，29~45 HRC
		40Cr	碳氮共渗（浅层）	层　深：>0.2 mm；齿面硬度：51~61 HRC
2	汽车驱动桥主动及从动圆柱齿轮	20CrMnTi 20CrMo	渗碳	渗层深度按图纸要求。齿面硬度：58~64 HRC。芯部硬度：$m_n≤5$ 时，32~45 HRC；$m_n>5$ 时，29~45 HRC
	汽车驱动桥主动及从动圆锥齿轮	20CrMnTi 20CrMnMo	渗碳	层　深：$m_s<5$ 时，0.9~1.3 mm；$5<m_n<8$ 时，1.0~1.4 mm；$m_s>8$ 时，1.2~1.6 mm。齿面硬度：58~64HRC。芯部硬度：$m_n≤8$ 时，32~45 HRC；$m_s>8$ 时，29~45 HRC
3	汽车驱动桥差速器行星及半轴齿轮	20CrMnTi 20CrMo 20CrMnMo	渗碳	层　深：$m_n<3$ 时，0.6~1.0 mm；$3<m_s<5$ 时，0.9~1.3 mm；$m_n>5$ 时，1.1~1.5 mm。

续表

序号	齿轮类型	常用钢种	热处理 主要工序	热处理 技术要求
4	汽车发动机凸轮轴齿轮	HT150 HT200		170~229HBS
5	汽车曲轴正时齿轮	35、40、45、40Cr	正火	149~179 HBS
			调质	207~241 HBS
6	汽车起动机齿轮	15Cr 20Cr 20CrMo 15CrMnMo 20CrMnTi	渗碳	层　深：0.7~1.1 mm; 表面硬度：58~634 HRC; 芯部硬度：33~43 HRC
7	汽车里程表齿轮	20 Q215	碳氮共渗（浅层）	层深：0.2~0.35 mm
8	拖拉机传动齿轮，动力传动装置中的圆柱齿轮、圆锥齿轮	20Cr 20CrMo 20CrMnMo 20CrMnTi 30CrMnTi	渗碳	层深：不小于模数的0.18倍，但不大于2.1 mm。各种齿轮渗碳层深度的上下限不大于0.5 mm。齿面硬度：58~64 HRC。芯部硬度：m_n<5时，32~45 HRC; m_n>5时，29~45 HRC
		40Cr 45Cr	碳氮共渗（浅层）	层　深：>0.2 mm 表面硬度：51~61 HRC
9	拖拉机曲轴正时齿轮、凸轮轴齿轮、喷油泵驱动齿轮	45	正火	156~217 HBS
			调质	217~255 HBS
		HT150		170~229 HBS
10	汽车、拖拉机油泵齿轮	40、45	调质	28~35HRC

注：①m_n——法向模数；②m_s——端面模数。

4.4.2　汽车轴类零件的选材

轴是汽车上的最重要零件之一，主要用于支承传动零件（如齿轮、凸轮等）、传递运动和动力。根据轴类零件的工作条件和失效形式，对其材料有以下性能要求：

1）良好的综合力学性能，足够的强度、硬度、塑性和一定的韧性，以防止过载断裂和冲击断裂。

2）高的疲劳强度，对应力集中敏感性低，以防疲劳断裂。

3）足够的淬透性，热处理后表面要有高硬度、高耐磨性，以防磨损失效。

4）良好的切削加工性能，价格便宜。

资源 4-3
汽车轴类零件的选材

轴类零件的选材既要考虑材料的强度,也要考虑冲击韧性和表面耐磨性。因此,轴一般用锻造或轧制的低、中碳钢或合金钢制造。

由于碳钢比合金钢便宜,并且有一定的综合力学性能,对应力集中敏感性小,所以一般轴类零件使用较多。常用的优质碳素结构钢有 35、40、45、50 钢等,其中 45 钢最常用。为改善其性能,这类钢一般要经过正火、调质或表面淬火热处理。

合金钢比碳钢具有更好的力学性能和热处理工艺性,但对应力集中敏感性较高,价格也较高,所以当载荷较大并要求限制轴的外形、尺寸和重量,或轴颈的耐磨性要求较高时,可采用合金钢。常用的合金钢有 20Cr、40Cr、40CrNi、20CrMnTi、40MnB 等。常用合金钢也必须采用相应的热处理才能充分发挥其作用。

除了上述碳钢和合金钢外,还可以采用球墨铸铁和高强度灰铸铁作为轴的材料,特别是曲轴的材料选用。

4.4.2.1 汽车发动机曲轴的选材

曲轴是汽车发动机中形状复杂的重要零件之一,如图 4-71 所示。汽车发动机曲轴的作用是输出动力,并带动其他部件运动。曲轴在工作中受到弯曲、

图 4-71 汽车发动机曲轴

扭转、剪切、拉压、冲击及交变应力作用。曲轴的形状极不规则,其上的应力分布极不均匀,曲轴颈与轴承还发生滑动摩擦。曲轴的主要失效形式有疲劳断裂和轴颈严重磨损两种。根据曲轴的工作条件和失效形式,要求曲轴应具备以下性能:

1) 高的强度和一定的冲击韧性。
2) 足够的抗弯、扭转和疲劳强度。
3) 足够的刚度。
4) 轴颈表面有高的硬度和耐磨性。

实际生产中,按照制造工艺,将汽车发动机曲轴分为锻造曲轴和铸造曲轴。锻造曲轴一般采用优质中碳钢和中碳合金钢制造,如 30、35、35Mn2、40Cr、35CrMo 等,经模锻、调质、切削加工后对轴颈部进行表面淬火。铸造曲轴主要由铸钢、球墨铸铁、珠光体可锻铸铁及合金铸铁等制造,如 ZG230-450、QT600-3、KTZ450-5、KTZ500-4 等。铸钢曲轴经铸造、高温正火、高温回火、切削加工后对轴颈进行气体渗碳、淬火和回火处理。

4.4.2.2 汽车半轴的选材

汽车半轴是驱动车轮转动的直接驱动零件,也是汽车后桥中的重要受力部件,如图 4-72 所示。汽车运行时,发动机输出的扭矩经过变速器、差速器和减速器传给半轴,再由半轴传给车轮,带动汽车行驶。半轴在工作时主要承受扭转力矩、交变弯曲及一定的冲击载荷。在通常情况下,半轴的寿命主要取决于花键齿的抗压陷和耐磨损的性能,但断裂现象也不时发生。载重汽车半轴最容易损坏的部位在轴的杆部和凸缘的连接处、花键端以及花键与杆部相连的部位。这些部位发生损坏时,一般为疲劳断裂。

图 4-72 汽车半轴

根据半轴的工作条件，要求半轴材料具有高的抗弯强度、疲劳强度和较好的韧性。汽车半轴是要求综合力学性能较高的零件，通常选用调质钢制造。中、小型汽车的半轴一般用 45 钢、40Cr 制造；而重型汽车则用 40MnB、40CrNi 或 40CrMnMo 等淬透性较高的合金钢制造。半轴加工中常采用喷丸处理及滚压凸缘根部圆角等强化方法。为提高半轴的疲劳强度，使其获得良好的综合力学性能，采用调质处理，其高温回火工序采用快冷，防止出现回火脆性。花键部位为提高硬度和耐磨性，需要进行表面淬火和低温回火。

汽车半轴常用材料、技术要求及热处理工艺见表 4 – 27。

表 4 – 27　汽车半轴常用材料、技术要求及热处理工艺

类别	材料	技术要求	热处理工艺
轿车和吉普车	40Cr	(1) 淬火、中温回火：杆部硬度 28~32 HRC；法兰硬度 28~32 HRC。 (2) 感应淬火：硬化层深度 4~6 mm；硬度 50~55 HRC	淬火温度 840~860 ℃，水冷后空冷；回火温度 400~460 ℃，水冷
			中频淬火，180~250 ℃回火
	20CrMnTi	渗碳淬火：硬化层深度 1.5~1.8 mm；硬度 59~68 HRC	渗碳温度（930±10）℃，随炉冷却；淬火温度 830~850 ℃，油冷；回火温度 180~200 ℃，空冷
载重车	40Cr	预备热处理：正火	加热温度 860~900 ℃，流动空气中冷却至 600 ℃空冷
		最终热处理： 感应淬火：硬化层深度 3~6 mm；硬度：49~62 HRC	中频淬火，180~200 ℃回火
	40MnB	预备热处理：调质处理硬度 229~269 HBS	淬火加热温度（840±10）℃，油冷
		最终热处理： 感应淬火：硬化层深度 1~7 mm；硬度：52~63 HRC	中频淬火，180~200 ℃回火
重型车	40CrMnMo	预备热处理：退火，硬度≤225 HBS	加热温度 860~880 ℃，流动空气冷却
		淬火后中温回火：硬度 37~44 HRC	淬火温度（840±10）℃，流动空气冷却 回火温度（480±10）℃，水冷

⚙ 4.4.3　汽车弹簧的选材

弹簧是一种重要的机械零件，它的基本作用是利用材料的弹性和弹簧本身的结构特点，在载荷作用下产生变形时，把机械功或动能转变为形变能；在恢复变形时，把形变能转变为动能或机械功。弹簧的种类很多，按形状分主要有螺旋弹簧、板弹簧、蜗卷弹簧几种，如图 4 – 73 所示。不同的弹簧用途不同：如汽车、拖拉机、火车中使用的悬挂弹簧，主要起缓冲或减震作用；汽车发动机中的气门弹簧，在外力去除后能自动恢复到原来位

置，起到复位作用；钟表、玩具中的发条起储存和释放能量的作用。

图 4-73 弹簧的种类

对弹簧材料的主要性能要求是：高的弹性极限和高的屈强比，高的疲劳强度以及一定的塑性和韧性。一些特殊弹簧还要求有良好的耐热性和耐腐蚀性。

中碳钢和高碳钢都可制作弹簧，但因其淬透性和强度较低，故只能用来制造截面较小、受力较小的弹簧。合金弹簧钢则可制造截面较大、屈服极限较高的重要弹簧。

4.4.3.1 汽车板簧的选材

汽车板簧用于缓冲和吸振，承受很大的交变应力和冲击载荷。其主要失效形式为刚度不足引起的过度变形或疲劳断裂。因此，对汽车板簧材料的要求是要有较高的屈服强度和疲劳强度。

汽车板簧一般选用弹性高的合金弹簧钢制造，如 65Mn、60Si2Mn 钢等。对于中型或重型汽车，板簧还采用 50CrMn、55SiMnVB 钢；对于中型载货汽车用的大截面板簧，则采用 55SiMnV、55SiMnVNb 钢制造。

板簧一般的加工工艺路线为：热轧钢板冲裁下料→压力成形→淬火、中温回火→喷丸处理。喷丸强化处理也是对板簧进行表面强化的重要手段，目的是提高板簧的疲劳强度。

4.4.3.2 气门弹簧的选材

气门弹簧是一种压缩螺旋弹簧,其用途是在凸轮、摇臂或挺杆的联合作用下,使气门打开和关闭。气门弹簧受力不是很大,可采用淬透性比较好、晶粒细小、有一定耐热性的50CrVA钢制造。其工艺路线为:冷卷成形→淬火、中温回火→喷丸处理→两端磨平。

4.4.4 箱体类零件的选材

一般箱体类零件结构复杂,具有不规则的外形和内腔,且壁厚不均匀。这类零件包括各种机械设备的横梁、支架、底座、齿轮箱、轴承座、阀体、泵体等,在汽车上的应用主要有气缸体、气缸盖、变速箱壳体、驱动桥壳等,重量相差很大,从几千克到数十吨。其工作条件相差也很大,其中有的基础件以承受压力为主,如内燃机气缸体(图4-74)、气缸盖,并要求有较好的刚度和减摩性;有的要承受弯曲、扭转、拉压和冲击载荷,如汽车的驱动桥。总之,箱体类零件受力不大,但要求有良好的刚度和密封性。

图4-74 内燃机气缸体

根据箱体类零件的结构特点和使用要求,通常以铸件作为毛坯,且以铸造性能良好、价格低廉,并以具有良好的耐压、耐磨、减摩性的灰铸铁为主。对于质量要求不严格的一般内燃机的气缸盖、气缸体可采用灰铸铁;对于受力复杂或受冲击载荷的零件采用铸钢、可锻铸铁或球墨铸铁,如汽车的驱动桥壳。风冷发动机、小轿车发动机的气缸体、气缸盖可选用重量轻、导热良好的铝合金制造。

对铸铁件应进行去应力退火或时效处理,铸钢件常采用完全退火或正火处理。

4.4.5 其他零件的选材

4.4.5.1 发动机缸套的选材

发动机的工作循环是在气缸内完成的。气缸内与活塞接触的内壁面,由于直接承受燃气的冲刷,并与活塞存在一定压力的高速相对运动,使气缸内壁受到强烈的摩擦。气缸内壁的过量磨损是造成发动机大修的主要原因之一。因此,气缸的缸体一般采用普通铸铁或铝合金制造,而气缸工作面则用耐磨材料制成缸套(图4-75)镶入气缸。

常用缸套材料为耐磨合金铸铁,主要有高磷铸铁、硼铸铁、合金铸铁等。为了提高缸套的耐磨性,可以用镀铬、表面淬火、喷镀金属钼或其他耐磨合金等方法对缸套进行表面处理。

图4-75 气缸套

4.4.5.2 活塞组的选材

活塞、活塞销和活塞环等零件组成活塞组（图4-76），与气缸体、气缸盖配合形成一个容积变化的密闭空间，以完成内燃机的工作过程，在工作中承受燃气作用力并通过连杆将力传给曲轴输出。活塞组工作条件十分苛刻，通常在高温、高压燃气条件下工作，工作温度最高可达1 000 ℃，并在气缸内做高速往复运动，产生很大的惯性载荷。活塞在传力给连杆时，还承受着交变的侧压力。对活塞材料的性能要求是热强度高，导热性好，吸热性差，膨胀系数小，减摩性、耐磨性、耐蚀性和工艺性好。

常用的活塞材料是铝合金。铝合金的特点是导热性好、密度小；硅的作用是使膨胀系数减小，耐磨性、耐蚀性、硬度、刚度和强度提高。铝硅合金活塞需进行固溶处理及人工时效处理，以提高表面硬度。

活塞销传递的力矩比较大，且承受交变载荷。这就要求活塞销材料应有足够的刚度、强度及耐磨性，还要求其外硬内韧，同时具有较高的疲劳强度和冲击韧性。活塞销材料一般采用20、20Cr、18CrMnTi等低合金钢。活塞销外表面应进行渗碳或液体碳氮共渗处理，以满足活塞销外表面硬而耐磨、内部韧性好而耐冲击的要求。

图4-76 汽车活塞组

1—活塞；2—活塞环；
3—活塞销；4—连杆；
5—连杆螺栓；6—连杆底

活塞环材料应具有一定的耐磨性、韧性以及良好的耐热性、导热性和易加工性等性能特点。目前一般多用以珠光体为基体的灰铸铁或在灰铸铁的基础上添加一定量的铜、铬、钼及钨的合金元素的合金铸铁，也有的采用球墨铸铁或可锻铸铁。为了改善活塞环的工作性能，活塞环宜进行表面处理。目前应用最广泛的是镀铬，可使活塞环的使用寿命提高2~3倍。其他表面处理方法还有喷镀、磷化、氧化和涂敷合成树脂等。

4.4.5.3 连杆的选材

连杆（图4-77）是汽车发动机中的重要零件，其作用是连接活塞和曲轴，并将活塞的往复运动转变为曲轴的旋转运动，把作用在活塞上的力传给曲轴以输出功率。

图4-77 连杆示意图

资源4-4 汽车活塞连杆组的选材

连杆工作时会受到复杂的拉、压应力的作用，还要承受气体做功时的冲击载荷。其主要失效形式是疲劳断裂和过量变形。因此，要求连杆材料必须具有良好的综合力学性能及高的疲劳强度。

通常连杆材料选用综合力学性能好的中碳钢和中碳合金钢，如 45、40Cr、40MnB 等。合金钢虽具有很高的强度，但对应力集中很敏感，所以在连杆外形、过渡圆角等方面需严格要求，且需注意表面加工质量，以提高疲劳强度，否则高强度合金钢的应用将不能达到预期效果。

4.4.5.4 气门的选材

气门的主要作用是打开和关闭进、排气道。气门工作时，需要承受较高的机械负荷和热负荷，尤其是排气门工作温度高达 650 ~ 850 ℃。另外，气门头部还承受气体压力及落座时因惯性力而产生的相当大的冲击。气门经常出现的故障有：气门座扭曲、气门头部变形、气门座表面积炭时引起燃烧废气对气门座表面强烈的烧蚀。

资源 4 – 5
汽车发动机
气门的选材

对气门的主要要求是保证燃烧室的气密性。气门材料应选用耐热、耐蚀、耐磨的材料。因为进、排气门的工作条件不同，故其材料的选择也不同。进气门一般可用 40Cr、35CrSi、38CrSi、35CrMo、42Mn2V 等合金钢制造，而排气门则要求用高铬耐热钢制造。采用 4Cr10Si2Mo 作为气门材料时，可承受的工作温度为 550 ~ 650 ℃；采用 4Cr14Ni14W2Mo 作为气门材料时，可承受的工作温度为 650 ~ 900 ℃。

4.4.5.5 汽车冷冲压零件的选材

在汽车零件中，冷冲压零件种类繁多，占总零件数的 50% ~ 60%，如车身（图 4 – 78）、纵梁（图 4 – 79）、翼子板（图 4 – 80）等都是冷冲压零件。汽车冷冲压零件采用的材料有钢板和钢带，钢板包括热轧钢板和冷轧钢板。

图 4 – 78　车身

图 4 – 79　纵梁

图 4 – 80　翼子板

热轧钢板主要用来制造一些承受一定载荷的结构件，如保险杠、制动盘、纵梁等。这些零件不仅要求钢板具有一定的刚度、强度，而且还要求具有良好的冲压成形性能。冷轧钢板主要用来制造形状复杂、受力较小的机械外壳、驾驶室车身等覆盖零件。这些零件对钢板的强度要求不高，但却要求具有优良的表面质量和良好的冲压性能，以保证高的成品合格率。

近年开发的加工性能良好、屈服强度和抗拉强度高的薄钢板（高强度钢板），由于其可降低汽车自重，提高燃油经济性，故在汽车上获得广泛应用。高强度钢板已用于制造横梁、边梁、保险杠、车顶、车门、后围、行李箱和发动机罩等。

4.4.6 钢铁材料在汽车上的应用

目前，钢铁材料在汽车上的应用占主导地位。表4-28和表4-29所示分别为汽车发动机和底盘主要零件的用材情况。

表4-28 钢铁材料在汽车发动机零件上的应用

代表零件	材料种类及牌号	使用性能要求	主要失效形式	热处理及其他
气缸体、气缸盖、飞轮、正时齿轮	灰铸铁：HT200	刚度、强度、尺寸稳定性	产生裂纹、孔壁磨损、翘曲变形	不处理或进行去应力退火。也可用ZL104铝合金制作气缸体、气缸盖，固溶处理后进行时效处理
气缸套、排气门座等	合金铸铁	耐磨性、耐热性	过量磨损	铸造状态
曲轴等	球墨铸铁：QT600-2	刚度、强度、耐磨性	过量磨损、断裂	表面淬火、圆角滚压、渗氮，也可以用锻钢件
活塞销等	渗碳钢：20、20Cr、18CrMnTi、12Cr2Ni4	强度、冲击韧性、耐磨性	磨损、变形、断裂	渗碳、淬火、回火
连杆、连杆螺栓、曲轴等	调质钢：45、40Cr、40MnB	强度、疲劳强度、冲击韧性	过量变形、断裂	调质、探伤
各种轴承、轴瓦	轴承钢、轴承合金	耐磨性、疲劳强度	磨损、剥落、烧蚀破裂	不进行热处理（外购）
排气门	高铬耐热钢：4Cr10-Si2Mo、4Cr14Ni14W2Mo	耐热性、耐磨性	起槽、变宽、氧化烧蚀	淬火、回火
气门弹簧	弹簧钢：65Mn、50CrVA	疲劳强度	变形断裂	淬火、中温回火
活塞	高硅铝合金：ZL108、ZL110	耐热强度	烧蚀、变形、断裂	固溶处理及时效处理
支架、盖、罩、挡板、油底壳等	钢板：Q235、08、20、16Mn	刚度、强度	变形	不进行热处理

表 4-29 钢铁材料在汽车底盘及车身零件上的应用

代表零件	材料种类及牌号	使用性能要求	主要失效形式	热处理及其他
纵梁、横梁、传动轴、保险杠、钢圈等	钢板：25、16Mn	强度、刚度、韧性	弯曲、扭斜，铆钉松动、断裂	要求用冲压工艺好的优质钢板
前桥（前轴）转向节臂（羊角）、半轴等	调质钢：45、40Cr、40MnB	强度、韧性、疲劳强度	弯曲变形、扭转变形、断裂	模锻成形、调质处理、圆角滚压、无损探伤
变速箱齿轮、后桥齿轮等	渗碳钢：20CrMnTi、40 MnB	强度、耐磨性、接触疲劳强度及断裂强度	麻点、剥落、齿面过量磨损、变形、断齿	渗碳（渗碳层深度 0.88 mm 以上）、淬火、回火，表面硬度 58~62 HRC
变速器壳、离合器壳	灰铸铁：HT200	刚度、尺寸稳定性、一定的强度	产生裂纹、轴承孔磨损	去应力退火
后桥壳等	可锻铸铁：KTH-350-10；球墨铸铁：QT-400-10	刚度、尺寸稳定性、一定的强度	弯曲、断裂	后桥还可以用优质钢板冲压后焊接而成
钢板弹簧	弹簧钢：65Mn、60Si2Mn 50CrMn、55SiMnVB	耐疲劳、冲击和腐蚀	折断、弹性减退、弯度减小	淬火、中温回火、喷丸强化
驾驶室、车厢罩等	08 钢板、20 钢板	刚度、尺寸稳定性	变形、开裂	冲压成形
分泵活塞、油管	有色金属：铝合金、纯铜	耐磨性、强度	磨损、开裂	

拓展知识

国家体育场（鸟巢）用钢

国家体育场（鸟巢）位于北京奥林匹克公园中心区南部，为 2008 年北京奥运会的主体育场，工程总占地面积 21 公顷①，场内观众座席约为 91 000 个，举行了奥运会、残奥会开闭幕式、田径比赛及足球比赛决赛，如图 4-81 所示。奥运会后成为北京市民参与体育活动及享受体育娱乐的大型专业场所，并成为地标性的体育建筑和奥运遗产。

资源 4-6
水立方的神奇外衣

---

① 1 公顷 = 10 000 平方米。

图 4-81 国家体育场"鸟巢"及"鸟巢"一角

"鸟巢"设计用钢量 4.2 万 t,是目前国内外体育场馆中用钢量最多、规模最大、施工难度特别大的工程之一。尤其是"鸟巢"结构受力最大的柱脚部位,材料的好坏、焊接质量的高低直接影响到整个工程的安全性。"鸟巢"外形结构主要由巨大的门式钢架组成,共有 24 根桁架柱,现已完成 20 根桁架柱整柱及 2 根下柱吊装。国家体育场建筑顶面呈鞍形,长轴为 332.3 m,短轴为 296.4 m,最高点高度为 68.5 m,最低点高度为 42.8 m。

"鸟巢"结构设计奇特新颖,而这次搭建它的钢结构的 Q460 钢也有很多独到之处:Q460 钢是一种低合金高强度钢,它在受力强度达到 460 MPa 时才会发生塑性变形,这个强度要比一般钢材大,因此生产难度很大。这是中国国内在建筑结构上首次使用 Q460 规格的钢材;而这次使用的钢板厚度达到 110 mm,是以前绝无仅有的,在中国的国家标准中,Q460 钢的最大厚度也只有 100 mm。

本章小结

资源 4-7
铁基金属材料简介

1. 钢铁材料是汽车制造工业中应用最广泛的材料,包括碳素钢、合金钢和铸铁。常存杂质对钢的性能有一定影响,其中锰、硅是有益元素,硫、磷是有害元素。

2. 碳素钢是指碳的质量分数小于 2.11%,并含有少量锰、硅、硫、磷等杂质元素的铁碳合金。在汽车上主要用于形状简单、受力较小的零件,如驾驶室外壳、油底壳、气缸盖、连杆、变速杆、活塞销卡簧等。

3. 合金钢是在碳素钢的基础上,为了改善钢的性能,在冶炼时有目的地加入了一种或多种合金元素炼制而成的钢。在汽车上主要用于受力复杂、承受载荷较大的重要件,如车架纵横梁、汽车变速齿轮、汽车后半轴、汽车板簧、发动机排气阀等。

4. 铸铁是含碳量大于 2.11% 的铁碳合金。因其生产工艺简单、成本低,具有良好的铸造性能、减震性能、减磨性能、切削加工性能和对缺口不敏感等特点,故在汽车制造业应用很广。如汽车发动机气缸体、气缸盖、活塞环,变速器外壳、后桥壳等都可以用铸铁制造。

5. 汽车上重要齿轮通常选择合金渗碳钢、合金调质钢制造,不重要齿轮可以采用普通碳素钢、灰铸铁制造；汽车轴类零件大多选用合金调质钢制造；汽车弹簧通常用合金弹簧钢制造；汽车箱体类零件可以选用铸铁、铸铝和铸钢制造。

技能训练题

一、填空题

1. 碳素钢简称碳钢，通常指碳的质量分数小于_____，并含有少量锰、硅、硫、磷等杂质元素的_____合金。
2. 碳素钢根据碳的质量分数的多少可分为_____、_____和_____。
3. Q235－A·F 表示屈服强度为_____MPa 的_____级沸腾钢。
4. 45 钢按用途分类属于_____钢，按钢中有害元素硫、磷含量多少分类属于_____钢。
5. 所谓合金钢，是指在碳素钢的基础上，为了改善钢的某些性能，在冶炼时有目的地加入一些_____炼制而成的钢。
6. 灰铸铁、可锻铸铁、球墨铸铁及蠕墨铸铁中石墨的形态分别为_____状、_____状、_____状和_____状。

二、选择题

1. 常用冷冲压方法制造的汽车油底壳应选用（   ）。
   A. 08 钢　　　　　　　　B. 45 钢　　　　　　　　C. T10A 钢
2. 20 钢属于低碳钢，其平均碳的质量分数为 0.20%，用于制造汽车的（   ）。
   A. 驾驶室　　　　　　　B. 风扇叶片　　　　　　C. 凸轮轴
3. 45 钢其平均碳的质量分数为（   ）。
   A. 0.45%　　　　　　　 B. 4.5%　　　　　　　　C. 45%
4. 汽车上的变速齿轮、万向节十字轴、活塞销和气门挺杆等，它们的表面要求具有高硬度、高耐磨性，而芯部则要求具有高的强度和韧性，因而这些零件大多采用（   ）制造。
   A. 合金渗碳　　　　　　B. 合金调质钢　　　　　C. 合金弹簧钢
5. 为了保证气门弹簧的性能要求，65Mn 钢制造的气门弹簧最终要进行（   ）处理。
   A. 淬火和低温回火　　　B. 淬火和中温回火　　　C. 淬火和高温回火
6. 铬不锈钢的合金元素以铬为主，其含量一般大于（   ）%。
   A. 0.13%　　　　　　　 B. 1.3%　　　　　　　　C. 13%
7. HT150 可用于制造（   ）。
   A. 汽车变速齿轮　　　　B. 汽车变速器壳　　　　C. 汽车板簧

三、判断题

1. 硫、磷是钢中的有害元素，随着其含量的增加，会使钢的韧性降低，硫使钢产生冷脆，磷使钢产生热脆。（   ）
2. 40Cr 钢是最常用的合金调质钢，常用于制造转向节、气缸盖螺栓等。（   ）

3. Q345 钢与 Q235 钢的含碳量基本相同，但前者的强度明显高于后者。（   ）

4. GCr15 钢是滚动轴承钢，其铬的质量分数为 15%。（   ）

5. 铸钢用于制造形状复杂、难以锻压成形、要求有较高的强度和塑性，并承受冲击载荷的零件。（   ）

6. 可锻铸铁比灰铸铁的塑性好，因此可以进行锻压加工。（   ）

四、简答题

1. 合金钢与碳素钢相比有哪些优点？

2. 举例说出合金渗碳钢、合金调质钢、合金弹簧钢、滚动轴承钢及耐热钢在汽车上的应用。

3. 制造汽车后桥壳等薄壁铸件应采用可锻铸铁还是球墨铸铁？为什么？

4. 为什么球墨铸铁的强度和韧性比灰铸铁、可锻铸铁高？

5. 试为下列汽车零件选择合适材料：

（1）后视镜支架　（2）气门推杆　（3）气门弹簧　（4）车架纵、横梁　（5）变速齿轮　（6）钢板弹簧　（7）发动机的进、排气门　（8）化油器针阀　（9）气缸体　（10）曲轴

模块 5

汽车用有色金属及其合金

🚗 知识点

1. 了解铝及铝合金、铜及铜合金以及滑动轴承合金的分类。
2. 掌握铝及铝合金、铜及铜合金以及滑动轴承合金的牌号（代号）、性能及其在汽车上的应用。

✏️ 技能点

能够识别汽车上使用的有色金属。

工业生产中，通常把铁及其合金称为黑色金属，把黑色金属以外的其他金属称为有色金属。有色金属具有特殊的电、磁、热性能和耐腐蚀性，高的比强度（强度/密度），它是实现汽车轻量化的理想材料，因而在现代汽车工业中得到了广泛的应用。汽车上常用的有色金属主要有铝、铜及其合金和滑动轴承合金。近年来，钛、镁、锌及其合金和粉末冶金材料的应用也日趋广泛。

【想一想】

在日常生活中，有哪些物品是用有色金属制造的？为什么？汽车上呢？

任务5.1　铝及铝合金

任务导入

【案例5-1】　现代汽车对节能、环保、安全和轻量化等方面不断提出新的要求，使得有色金属的应用逐步扩大，产品的种类逐步增多。目前，铝合金轮毂、发动机，镁合金转向盘等正在各类车辆中普及，我国一汽新开发的大红旗轿车也已采用全铝车身框架结构（ASF），可降低车身重量30%以上。那么根据怎样的原则来选取有色金属材料及其合金制造汽车零部件呢？

5.1.1　纯铝

1. 纯铝的特性及应用

（1）特性

纯铝呈银白色，熔点为660℃，密度为2.72g/cm^3，是除镁和铍外最轻的工程金属，经常用作各种轻质结构材料。工业纯铝导电性好，仅次于银、铜和金，居第四位，其导热性是铁的3倍。由于铝的表面能生成一层致密的氧化铝薄膜，可以阻止铝进一步氧化，因此其抗大气腐蚀性能好，但对酸、碱、盐的耐蚀性较差。纯铝具有极好的塑性（A = 30%～50%，Z = 80%），容易加工成各种丝、线、棒、箔、片等型材。但纯铝强度、硬度很低（R_m = 70～100 MPa，20 HBW），焊接性能较差，一般不适宜制作各种结构件。

（2）应用

纯铝主要用途是代替贵重的铜制作导线、电缆、电器元件等，还可制作质轻、导热、耐大气腐蚀的器具及包覆材料。在汽车上常用于制作垫片、内外装饰件和铭牌等。

2. 纯铝的牌号

铝的含量不低于99.00%时为纯铝，其牌号用1×××表示。牌号的最后两位数字表示最低铝百分含量,牌号的第二位字母表示原始纯铝的改型,如字母为 A,则表示原始纯铝;如果是 B～Y 的其他字母,则表示为原始纯铝的改型。如牌号 1A60 的铝板,表示其最低铝的百分含量应为 99.60% 的原始纯铝。

5.1.2 铝合金

纯铝因其强度、硬度很低,切削加工性能和焊接性能较差,故在汽车工业中使用较少。若向纯铝中加入适量的硅、铜、镁、锰等合金元素制成铝合金,则不仅保持了纯铝密度小、导热性和导电性好的优点,其强度和硬度也得到了大大改善。铝合金常用于制造质轻、强度要求较高的零件。

资源 5-1
手机后盖材质,
金属比塑料的好,
玻璃比金属的好,
是这样吗?

铝合金在汽车上的应用日趋广泛,不仅可用于制造活塞、气缸体、气缸盖、连杆和进气歧管等发动机零件,还可用于制造轮毂、离合器壳、转向器壳和变速器拨叉等底盘零件,甚至车身、车架等也开始采用铝合金制造。常见铝合金制造的汽车零件如图 5-1 所示。

图 5-1 常见铝合金制造的汽车零件
(a)进气歧管;(b)活塞;(c)气缸盖;(d)散热器;(e)离合器壳;(f)轮毂

根据铝合金的成分和工艺特点,可将其分为变形铝合金和铸造铝合金两大类。

5.1.2.1 变形铝合金

(1)特点与分类

变形铝合金的塑性好,变形抗力小,适合通过压力加工成形,通常在冶金厂加工成各种规格的型材,用于各种汽车零件的制造。按其化学成分与主要性能特点,变形铝合金分为防锈铝、硬铝、超硬铝和锻铝四种,其中防锈铝是不能进行热处理强化的铝合金。

(2)牌号

按 GB/T 16474—1996 规定,变形铝合金牌号用"×A××"表示,牌号的第一、三、四位为数字,其中第一位数字是依主要合金元素 Cu、Mn、Si、Mg、Mg_2Si、Zn 的顺序来表示变形铝合金的组别的。按主要合金元素的排列顺序分别标示为 2、3、4、5、6、7,后两位数字表示同一组别中不同铝合金的序号。例如"2A11"表示以 Cu 为主要合金元素的 11 号变形铝合金;"5A50"表示以 Mg 为主要合金元素的变形铝合金。

常用变形铝合金的牌号、性能及用途见表 5-1。

表 5-1　常用变形铝合金的牌号、性能和用途

类别	原代号	新牌号	力学性能			性能特点	用途举例
			R_m（MPa）	A（%）	HBS		
防锈铝	LF5	5A05	280	20	70	具有优良的塑性,良好的耐腐蚀性和焊接性,但切削加工性差,不能用热处理强化	用于制作有耐蚀性要求的容器,如焊接油箱、油管、铆钉及受力小的零件
	LF21	3A21	130	20	30		
硬铝	LY1	2A01	300	24	70	通过淬火、时效处理,抗拉强度可达 400 MPa,比强度高,但不耐海水和大气的腐蚀	用于工作温度不超过 100 ℃的中等强度铆钉
	LY11	2A11	420	18	100		用于中等强度的结构件,如骨架、螺旋桨叶片、铆钉等
	LY12	2A12	470	17	105		用于高强度结构件及 150 ℃以下工作的零件,如飞机的骨架零件、蒙皮、翼梁等
超硬铝	LC4	7A04	600	12	150	塑性中等,强度高,切削加工性能良好,耐腐蚀性中等,点焊性能良好,但气焊性能不良	用于受力大的重要结构件,如飞机大梁、起落架、加强框等
锻铝	LD5	2A50	420	13	105	力学性能与硬铝相近,有良好的热塑性,适合于锻造	用于形状复杂和中等强度的锻件及冲压件如压气机叶片等
	LD7	2A70	415	13	120		高温下工作的复杂锻件,如内燃机活塞等

5.1.2.2　铸造铝合金

(1) 特点与分类

用于制造铸件的铝合金为铸造铝合金,简称铸铝。它的力学性能不如变形铝合金,但其铸造性能好,可通过铸造生产形状复杂的铸件。根据添加元素的不同,常用的铸造铝合金有铝硅合金、铝铜合金、铝镁合金及铝锌合金等,其中以铝硅合金应用最多。

(2) 牌号与代号

根据 GB/T 1173—2013 规定,铸造铝合金牌号由 Z("铸"字汉语拼音字首)+ Al +

主要合金元素的元素符号及其平均质量分数组成，如 ZAlSi12 表示为 $\omega(Si)=12\%$，其余为 Al 的铝硅铸造合金。如果合金元素质量分数小于 1%，一般不标数字，必要时可用一位小数表示。

铸造铝合金代号用"铸铝"两字的汉语拼音字首"ZL"及三位数字表示。ZL 后的第一位数字表示合金系列，其中"1"表示铝硅合金，"2"表示铝铜合金，"3"表示铝镁合金，"4"表示铝锌合金。后两位数字表示合金顺序号。如 ZL102 表示 02 号铝硅系铸造铝合金。

1) Al-Si 系铸造铝合金。这类合金又称硅铝明，它具有铸造性能好、密度小、线膨胀系数小、导热性和耐蚀性好等特点，是铸造性能与力学性能配合最佳的一种铸造合金。在该合金的基础上，加入适量的 Cu、Mn、Mg、Ni 等元素，发展成为可时效强化的铝硅合金，称特殊硅铝明。铝硅合金是目前应用最广的铸造铝合金，常用的有 ZL102、ZL104 和 ZL108 等，在汽车上常用于制造发动机活塞、气缸体和风扇叶片等。

2) Al-Cu 系铸造铝合金。这类铝合金具有较高的强度和耐热性。但铸造性能、耐蚀性和比强度不如 Al-Si 合金。常用的有 ZL201、ZL202、ZL203 等，主要用于制造在 300℃ 以下工作的要求高强度的零件，如增压器的导风叶轮、静叶片等。

3) Al-Mg 系铸造铝合金。这类铝合金具有良好的耐蚀性和较高的强度，密度小（$2.55 g/cm^3$）。但铸造性能差，易氧化和产生裂纹。常用的有 ZL301、ZL303，主要用于制造在海水中承受较大冲击力和外形不太复杂的铸件，如舰船和动力机械零件。

4) Al-Zn 系铸造铝合金。这类铝合金具有较高的强度和良好的铸造性能、切削加工性能和焊接性能，但耐蚀性差，密度大，热裂倾向较大。常用的有 ZL401、ZL402，主要用于制造汽车、拖拉机发动机零件及形状复杂的仪器零件、医疗器械等。

常用铸造铝合金的牌号、代号及用途见表 5-2。

表 5-2 常用铸造铝合金的牌号、代号及用途

类别	牌号	代号	用 途
铝硅合金	ZAlSi7Mg	ZL101	形状复杂的零件，如飞机、仪器零件，抽水机壳体等
	ZAlSi12	ZL102	工作温度在 200℃ 以下的高气密性、低载荷零件，如仪表、抽水机壳体等
	ZAlSi9Mg	ZL104	工作温度在 250℃ 以下、形状复杂的零件，如电动机壳体、气缸体等
	ZAlSi5Cu1Mg	ZL105	工作温度在 250℃ 以下、形状复杂的零件，如风冷发动机气缸头、机匣、油泵壳体等
	ZAlSi12Cu2Mg1	ZL108	要求高温强度及低膨胀系数的零件，如高速内燃机活塞等
铝铜合金	ZAlCu5Mn	ZL201	砂型铸造工作温度为 175~300℃ 的零件，如内燃机气缸头、活塞等
	ZAlCu10	ZL202	高温下工作不受冲击的零件和要求硬度较高的零件
	ZAlCu3	ZL203	中等载荷、形状比较简单的零件
铝镁合金	ZAlMg10	ZL301	承受冲击载荷、外形不太复杂、在大气或海水中工作的零件，如舰船配件、氨用泵体、内燃机车配件等
	ZAlMg5Si1	ZL303	
铝锌合金	ZAlZn11Si7	ZL401	结构形状复杂的汽车、飞机、仪器仪表零件，也可制造日用品
	ZAlZn6Mg	ZL402	

5.1.3 铝及铝合金在汽车上的应用

铝具有比强度高、耐腐蚀性优良、适合多种成形方法、较易再生利用等优点，是汽车工业应用较多的金属材料，特别是能源、环境、安全等方面的原因，对汽车轻量化的要求越来越迫切，使用轻量化材料是实现汽车轻量化的重要途径，而铝是应用得比较成熟的轻量化材料。近 20 年来，铝在汽车上的用量和在汽车材料构成中所占的份额都有明显的增加。由铝合金制造的零件已经遍及汽车的发动机、底盘、车身等各个部分。

汽车上应用的铝合金以铸造铝合金为主，主要用于活塞（图 5-1（b））、气缸盖（图 5-1（c））、气缸体等零件。与铸铁比，铝的导热性能约高 3 倍，因而适于制造需要散热的热交换器（图 5-1（d））零件。此外铸造铝合金还用于制造离合器壳体（图 5-1（e））、变速箱壳体、后桥壳、转向器壳体、摇臂盖、正时齿轮壳体等壳体类零件，发动机部件，以及保险杠、轮毂（图 5-1（f））、发动机框架、转向节液压泵体、制动钳、油缸及制动盘等非发动机结构件，且今后有进一步扩大应用的趋势。发动机部件用铝合金制造轻量化效果最为明显，一般可减重 30% 以上。

任务 5.2　铜及铜合金

任务导入

【想一想】

在日常生活中，有哪些物品是用纯铜或铜合金制造的？为什么？汽车上呢？

铜是人类历史上应用最早的金属，也是至今应用最广的有色金属金属之一，铜及铜合金具有优良的导电性、导热性，较强的抗大气腐蚀性和一定的力学性能，优良的减摩性和耐磨性，并具有良好的加工性能，被广泛地应用在电气、仪表、汽车、造船及机械制造工业中。据统计，一辆载货汽车需用 20 kg 左右的铜。汽车上使用的铜主要是纯铜、黄铜和青铜。

5.2.1　纯铜

5.2.1.1　纯铜的特性及应用

（1）特性

工业用纯铜的含铜量高于 99.95%，呈玫瑰红色。当表面生成氧化铜后，呈紫色，故又称紫铜。纯铜密度为 8.96 g/cm³,熔点为 1 083 ℃,具有优良的导电性和导热性,很高的化学稳定性,在大气、淡水和冷凝水中有良好的耐蚀性。但强度不高(R_m = 230 ~ 250 MPa),硬度很低(40 ~ 50 HBS),塑性很好(A = 45% ~ 55%)。经冷塑性变形后,抗拉强度 R_m 可提高到 400 ~ 500 MPa,但伸长率 A 急剧下降到 2% 左右。

(2) 应用

由于工业纯铜强度、硬度低,故不宜作受力的结构材料。在汽车上的应用主要是利用其导电性制作电线、电缆和电气接头等电气元件,利用其导热性制作散热器等导热元件。此外,纯铜还可用于制作气缸垫、进排气管垫、轴承衬垫和油管等。

5.2.1.2 纯铜的牌号

工业纯铜按杂质含量分为 T1、T2、T3、T4 四个牌号,其中"T"是"铜"字汉语拼音字首,数字表示顺序号,数字越大则纯度越低。

【考一考】

在应用中,纯铜为什么一般不用作结构件?

5.2.2 铜合金

纯铜因其成本较高,强度低,不适宜作为结构件。若向纯铜中加入合金元素制成铜合金,则不仅提高了强度,而且仍保持纯铜优良的物理和化学性能。因此,在机械工业中广泛使用的是铜合金。

铜合金按加入主要合金元素分为黄铜、青铜、白铜三大类。

5.2.2.1 黄铜

以锌为主要加入元素的铜合金称黄铜。黄铜又分为普通黄铜和特殊黄铜两类。按生产方式可分为压力加工黄铜及铸造黄铜。

(1) 普通黄铜

普通黄铜是铜锌二元合金。普通黄铜具有良好的耐腐蚀性和压力加工性能,并具有一定的塑性和强度。普通加工黄铜牌号用"H + 数字"表示。H 为"黄"字汉语拼音字首,数字表示铜的质量分数。例如 H68 表示平均 ω(Cu) = 68%,其余为锌的普通黄铜。

H70、H68 等塑性好,适于制造形状复杂、耐腐蚀的冲压件,如弹壳(图 5 – 2)、散热器外壳、导管、雷管等。

H62、H59 等热加工性能好,适合进行热变形加工,有较高的强度,可制造一般机器零件,如阀门(图 5 – 3)、铆钉、垫圈、螺钉、螺帽等。

H80 等含铜量高的黄铜,色泽金黄,并且具有良好的耐蚀性,可用作装饰品、电镀、散热器管等。

(2) 特殊黄铜

在 Cu 与 Zn 的基础上再加入其他元素的铜合金,称为特殊黄铜。合金元素的加入,改善了黄铜的力学性能、耐腐蚀性和某些工艺性能。如加入铝能提高黄铜的强度、硬度和耐磨性；加入硅能提高黄铜的强度、硬度和铸造性能；加入锰能提高黄铜的力学性能和耐腐蚀性；加入锡能提高黄铜的耐腐蚀性，尤其能提高黄铜在海水中的耐腐蚀性；加入铅能改善黄铜的切削加工性能等。

图 5-2 子弹壳

图 5-3 阀门

压力加工特殊黄铜牌号用"H + 主加合金元素符号 + 铜的平均质量分数 + 合金元素平均质量分数"表示。例如 HPb59-1 表示平均 $\omega(Cu)=59\%$、$\omega(Pb)=1\%$，其余为锌的铅黄铜。

(3) 铸造黄铜

铸造黄铜牌号用"Z + 铜和合金元素符号 + 合金元素平均质量百分数"表示。例如，ZCuZn38 表示平均 $\omega(Zn)=38\%$，其余为铜的铸造普通黄铜；ZCuZn16Si4 表示平均 $\omega(Zn)=16\%$、$\omega(Si)=4\%$，其余为铜的铸造硅黄铜。

常用黄铜的牌号、化学成分、力学性能及用途见表 5-3。

表 5-3 常用黄铜的牌号、化学成分、力学性能及主要用途

组别	牌号	化学成分/%		力学性能		主要用途
		Cu	其他	R_m/MPa	A/%	
普通黄铜	H90	88.0~91.0	Zn	245/395	35/3	双金属片、供水和排水管、证章、艺术品
	H68	67.0~70.0	Zn	294/392	40/13	冷凝管、散热器及导电零件、轴套等
	H62	60.5~63.5	Zn	294/412	40/10	机械、电气零件，铆钉、螺帽、垫圈、散热器及焊接件、冲压件
特殊黄铜	HSn62-1	61.0~63.0	0.7~1.1Sn，余量为Zn	249/392	35/5	与海水和汽油接触的船舶零件
	HMn58-2	57.0~60.0	1.0~2.0Mn，余量为Zn	382/588	30/3	船舶零件及轴承等耐磨零件
	HPb59-1	57.0~60.0	0.8~1.9Pb，余量为Zn	343/441	25/5	热冲压及切削加工零件，如销、螺钉、轴套等

续表

组别	牌号	化学成分/%		力学性能		主要用途
		Cu	其他	R_m/MPa	A/%	
铸造黄铜	ZCuZn38	60.0~63.0	余量为Zn	295/295	30/30	一般结构件,如螺杆、螺母、法兰、阀座、日用五金等
	ZCuZn31Al2	60.0~68.0	2.0~3.0Al,余量为Zn	295/390	12/15	压力铸造件,如电机、仪表等,以及造船和机械制造中的耐蚀零件
	ZCuZn40Mn2	57.0~60.0	1.0~2.0Mn,余量为Zn	345/390	20/25	在空气、淡水、海水、蒸汽(<300 ℃)和各种液体、燃料中工作的零件

注:力学性能中分母的数值,对加工黄铜是指加工硬化状态的数值,对铸造黄铜是指金属型铸造时的数值;分子数值,对加工黄铜为退火状态的数值,对铸造黄铜为砂型铸造时的数值。

5.2.2.2 青铜

除黄铜和白铜(铜镍合金)以外的所有铜合金统称为青铜。根据主要加入元素分别称为锡青铜、铝青铜、硅青铜、铍青铜等。

加工青铜的代号用 Q + 主加元素符号及平均含量(质量分数×100) + 其他元素的平均含量(质量分数×100)表示,例如:QSn4 – 3 表示 $\omega(Sn)$ = 4%、$\omega(Zn)$ = 3% 的锡青铜。

铸造青铜的牌号表示方法与铸造黄铜相同,如 ZCuSn5Zn5Pb5 表示 $\omega(Sn)$ = 5%、$\omega(Zn)$ = 5%、$\omega(Pb)$ = 5% 的铸造锡青铜。

(1) 锡青铜

以 Sn 为主加元素的铜合金称锡青铜。锡青铜具有耐蚀、耐磨、强度高、弹性好、铸造性能好等特点,特别适合于铸造形状复杂的铸件,如青铜鼎(图 5 – 4)、青铜剑(图 5 – 5)等。

图 5 – 4 青铜鼎

工业上常用锡青铜有 QSn4 – 3、QSn6.5 – 0.1、ZCuSn10P1 等,主要用于制造弹性元件、轴承等耐磨零件、抗磁及耐蚀零件。在汽车上常用锡青铜制造发动机摇臂衬套(图 5 – 6)、活塞销衬套等。

图 5 – 5 青铜剑

图 5 – 6 摇臂衬套

(2) 铝青铜

以 Al 为主加元素的铜合金称铝青铜。铝青铜的强度、硬度、耐磨性、耐热性、耐蚀性都高于黄铜和锡青铜，但其铸造性能、焊接性能较差，此外还有冲击时不发生火花等特性。常用铝青铜有 QAl7、QAl9-2 等，主要用于机械、化工、造船及汽车工业中的轴套、齿轮、蜗轮、管路配件等零件。

(3) 铅青铜

以 Pb 为主加元素的铜合金称为铅青铜。铅青铜减磨性好，疲劳强度高并有良好的热传导性，是一种重要的高速重载滑动轴承合金。常用的铅青铜有 ZCuPb30、ZCuPb10Sn10、ZCuPb15Sn8 等，主要用作在高压、高速条件下工作的耐磨零件。

(4) 铍青铜

以 Be 为主加合金元素的铜合金称铍青铜，一般铍的含量为 1.7%～2.5%。铍青铜具有很高的强度、硬度、疲劳强度和弹性极限，而且耐蚀、耐磨、无磁性，导电和导热性好，铸造性能好，受冲击无火花等。常用的铍青铜有 QBe2、QBe1.5 等，主要用于制作高级精密的弹性元件，如弹簧、膜片、膜盘等；特殊要求的耐磨零件，如钟表的齿轮和发条、压力表游丝；高速、高温、高压下工作的轴承、衬套及矿山、炼油厂用的冲击不带火花的工具。铍青铜价格较贵，所以应用受到限制。

常用青铜的牌号、化学成分、力学性能及用途见表 5-4。

表 5-4 常用青铜的牌号、化学成分、力学性能及用途

类别	牌号	化学成分		状态	力学性能			用途
		主加元素	其他		R_m /MPa	A/%	HBS	
锡青铜	QSn4-3	3.5～4.5Sn	2.7～3.7Zn, 余量 Cu	T L	350 550	40 4	60 160	制作弹性元件、化工设备的耐蚀零件、抗磁零件
	QSn7-0.2	6.0～8.0Sn	0.1～0.25P, 余量 Cu	T L	360 500	64 15	75 180	制作中等负荷、中等滑动速度下承受摩擦的零件，如轴套、涡轮等
	ZCuSn10P1	9.0～11.0Sn	0.5～1.0P, 余量 Cu	S J	220 250	3 5	79 89	用于高负荷和高滑动速度下工作的耐磨件，如轴瓦等
铝青铜	ZCuAl9Mn2	8.5～10.0Al, 1.5～2.5Mn	余量 Cu	S J	390 440	20 20	83 93	耐磨、耐蚀零件，形状简单的大型铸件和要求气密性高的铸件
	QAl7	6.0～8.0Al	余量 Cu	L	637	5	157	重要用途弹簧和弹性元件
铅青铜	ZCuPb30	27.0～33.0Pb	余量 Cu	J			25	要求高滑动速度双金属轴瓦减磨零件

续表

类别	牌号	化学成分 主加元素	化学成分 其他	状态	力学性能 R_m/MPa	力学性能 A/%	力学性能 HBS	用途
铍青铜	QBe2	1.9~2.2Be	0.2~0.5Ni, 余量Cu	T L	500 850	40 4	90 250	重要的弹簧及弹性元件, 耐磨零件及在高速、高压下工作的轴承

注：T—退火状态，L—冷变形状态，S—砂型铸造，J—金属型铸造。

5.2.2.3 白铜

白铜是以 Ni 为主要加入元素的铜合金。白铜分普通白铜和特殊白铜。

(1) 普通白铜

普通白铜是 Cu-Ni 二元合金，具有较高的耐腐蚀性和抗腐蚀疲劳性能及优良的冷热加工性能。普通白铜牌号用"B + 镍的平均百分含量"表示。如 B5，表示含 Ni 量为 5% 的普通白铜。

常用牌号有 B5、B19 等，用于在蒸汽和海水环境下工作的精密机械、仪表零件及冷凝器、蒸馏器、热交换器等。

(2) 特殊白铜

特殊白铜是在普通白铜基础上添加 Zn、Mn、Al 等元素形成的，分别称锌白铜、锰白铜、铝白铜等。其耐蚀性、强度和塑性高，成本低。特殊白铜的代号表示形式是"B + 第二合金元素符号 + 镍的含量 + 第二合金元素含量"，数字之间以"-"隔开，如 BMn3-12 表示含 3% Ni、12% Mn、85% Cu 的锰白铜。

常用牌号如 BMn40-1.5（康铜）、BMn43-0.5（考铜），用于制造精密机械、仪表零件及医疗器械等。

5.2.3 铜和铜合金在汽车上的应用

铜和铜合金在汽车上主要用于制作散热器（图 5-7）、制动系统管路、液压装置、齿轮、轴承、制动摩擦片、电器元件、垫圈以及各种接头、配件和饰件等。其中 H68 用于散热器夹片、散热器本体主片、暖风散热器主片等；HPb59-1 用于化油器配制针、制动阀阀座、曲轴箱通风阀座、储气筒放水阀本体及安全阀座等；ZCuPb30 用于曲轴轴瓦、曲轴止推垫圈等；QSn4-4-2.5 用于活塞销衬套（图 5-8）、发动机摇臂衬套等；ZCuSn5Pb5Zn5 用于离心式润滑油滤清器上、下轴承。

图 5-7 汽车散热器

图 5-8 活塞销衬套

任务 5.3　滑动轴承合金

任务导入

【案例 5-2】　滑动轴承中直接和轴颈接触的是轴瓦和轴套，做成瓦状的半圆柱形的称为轴瓦（图 5-9），做成完整的圆筒形的称为轴套。在汽车上，曲轴轴承和连杆轴承都是采用轴瓦，凸轮轴轴承则采用轴套。轴承合金作为内衬浇注在它们上面。

轴承是重要的机械零件，有滚动轴承和滑动轴承两类。滑动轴承合金是制造滑动轴承的轴瓦及内衬的材料。汽车发动机中曲轴轴承、连杆轴承、凸轮轴轴承等都采用滑动轴承。常见的轴瓦结构如图 5-10 所示。

图 5-9　轴瓦

图 5-10　常见的轴瓦结构
1—油槽；2—定位凸键；3—内衬（轴承合金）；
4—钢背（低碳钢）

5.3.1　滑动轴承合金的特点及分类

5.3.1.1　滑动轴承合金的特点与要求

（1）特点

当轴在轴承中旋转时，轴承表面不仅要承受一定的交变载荷，而且还与轴发生强烈的摩擦。为了减少轴的磨损，保证轴承正常工作，滑动轴承合金应具有以下性能：足够的强度、硬度和耐磨性；足够的塑性和韧性；较小的摩擦系数和高度磨合能力；良好的导热性、抗腐蚀性和低的膨胀系数等。

（2）要求

为了满足以上要求，滑动轴承合金理想的组织应该是软基体上分布硬质点，或者在硬基体上分布软质点。若组织是软基体上分布硬质点，当轴运转时软基体受磨损而凹陷，硬质点将凸出于基体上支承着轴颈，使轴和轴瓦的接触面积减小，而凹坑能储存润滑油，降低轴和轴瓦之间的摩擦系数，减少轴和轴承的磨损。另外，软基体能承受冲击和振动，使轴和轴瓦能很好地磨合，还能起到嵌藏外来硬质点的作用，以保证轴颈不被擦伤。图 5 – 11 所示为滑动轴承合金的组织示意图。

5.3.1.2　滑动轴承合金的分类及牌号

图 5 – 11　轴承合金的组织示意图

常用的滑动轴承合金有锡基轴承合金、铅基轴承合金、铝基轴承合金、铜基轴承合金等。滑动轴承合金一般在铸态下工作，其牌号以"铸"字汉语拼音字首"Z"开头，表示方法为"Z + 基本元素符号 + 主加元素符号 + 主加元素含量 + 辅加元素符号 + 辅加元素含量 + ……"。例如 ZSnSb12Pb10Cu4 即表示含 Sb 为 12%、含 Pb 为 10%、含 Cu 为 4% 的锡基轴承合金。

⚙ 5.3.2　常用滑动轴承合金

5.3.2.1　锡基轴承合金（锡基巴氏合金）

锡基轴承合金也称为锡基巴氏合金，它是以锡为基础合金，辅加适量的锑、铜、铅等元素而形成的一种软基体硬质点类型的滑动轴承合金，最常用的牌号是 ZSnSb11Cu6。

锡基轴承合金的摩擦系数和膨胀系数小，塑性和导热性好，适于制作最重要的轴承，如汽轮机、发动机和压气机等大型机器的高速轴瓦。但锡基轴承合金的疲劳强度较低，许用温度也较低（不高于 150 ℃）。常用锡基轴承合金的牌号及用途见表 5 – 5。

表 5 – 5　常用锡基轴承合金的牌号及用途

牌　号	用　途
ZSnSb12Pb10Cu4	一般机械的主轴轴承，但不适于高温工作
ZSnSb11Cu6	2 000 马力①以上的高速蒸汽机、500 马力的蜗轮压缩机用的轴承
ZSnSb8Cu4	一般大机器轴承及轴衬，重载、高速汽车发动机轴承，薄壁双金属轴承
ZSnSb4Cu4	蜗轮内燃机高速轴承及轴衬

5.3.2.2　铅基轴承合金

铅基轴承合金也称为铅基巴氏合金，是以 Pb 为基础合金，辅加锑、铜、锡等元素而形成的一种软基体硬质点类型的滑动轴承合金。常用牌号是 ZPbSb16Cu2。

这种合金的铸造性能和耐磨性较好（但比锡基轴承合金低），价格较便宜，可用于制造中、低载荷的轴瓦，例如汽车、拖拉机曲轴的轴承等。常用铅基轴承合金的牌号及用途见表 5 – 6。

---

① 1 马力（hp）= 745.699 872 瓦（W）。

表 5-6 常用铅基轴承合金的牌号及用途

牌 号	用 途
ZPbSb16Sn16Cu2	工作温度 <120 ℃，无显著冲击载荷，重载高速轴承
ZPbSb15Sn5Cu3Cd2	船舶机械，小于 250 kW 的电动机轴承
ZPbSb15Sn10	中等压力的高温轴承
ZPbSb15Sn5	低速、轻压力条件下工作的机械轴承
ZPbSb10Sn6	重载、耐蚀、耐磨用轴承

5.3.2.3 铜基轴承合金

铜基轴承合金包括铅青铜、锡青铜等，常用合金牌号为 ZCuPb30、ZCuSn10Pb1 等。

ZCuPb30 是硬基体 Cu 上分布软质点的轴承合金，润滑性能好，摩擦系数小，耐磨性好。铅青铜还具有良好的耐冲击能力和疲劳强度，并能长期工作在较高的温度（250~320 ℃）下，导热性优异。常用于高载荷、高速度的滑动轴承，如航空发动机、高速柴油机轴承等。铅青铜的强度较低，实际使用时也常和铅基巴氏合金一样在钢轴瓦上浇铸成内衬，进一步发挥其特性。

ZCuSn10Pb1 是在软基体上分布硬质点的轴承合金。这类合金具有强度高、耐磨性好等特点，适宜制造中速及受较大固定载荷的轴承，如电动机、泵、机床用轴瓦，也可用于高速柴油机轴承。

5.3.2.4 铝基轴承合金

铝基轴承合金是以铝为基本元素，加入适量的锑、铜、锡等元素组成的合金。铝基轴承合金分为高锡铝基轴承合金、低锡铝基轴承合金和铝镁锑轴承合金等，其中 20 高锡铝基轴承合金是目前汽车上广泛应用的轴承合金，它是以铝为基体，加入 20% 的锡和 1% 的铜组成的合金，是一种新型的减磨材料，具有较高的承载能力、良好的耐磨性和导热性，以及价格较低等优点，可以替代锡基轴承合金，用于制造曲轴轴瓦和连杆轴瓦。但它的线膨胀系数大，运行时容易与轴咬合，装配时应留较大的间隙，以防止轴颈被擦伤。

任务 5.4 其他有色金属简介

【案例 5-3】 在金属发展史上，人们称钢铁材料为第一金属，铝为第二金属，钛为第三金属。钛合金具有特殊的记忆功能和储氢功能。所谓记忆功能是指钛镍合金在一定温度下具有自动恢复原形的本领。人们利用钛镍合金的记忆功能，可以制成自动展开和关闭的人造卫星天线、汽车发动机气门弹簧、气门，还有生物材料如牙齿、脊椎矫正器等。

5.4.1 钛及钛合金

5.4.1.1 纯钛

纯钛是银白色金属，密度为 4.5 g/cm³，熔点高达 1 688 ℃，是一种高熔点的轻金属。钛有两种同素异构体，在 882.5 ℃ 以上为体心立方晶格的 β-Ti，882.5 ℃ 以下为密排六方晶格的 α-Ti。

纯钛塑性好、强度低，容易加工成形，可制成细丝和薄片；在大气和海水中有优良的耐蚀性，在硫酸、盐酸、硝酸、氢氧化钠等介质中都很稳定，钛的抗氧化能力优于大多数奥氏体不锈钢。

钛的性能受杂质的影响很大，少量的杂质就会使钛的强度激增，塑性显著下降。工业纯钛中常存杂质有 N、H、O、Fe、Mg 等。根据杂质含量，工业纯钛有三个等级牌号 TA1、TA2、TA3，"T" 为 "钛" 字汉语拼音字首，其后顺序数字越大，表示纯度越低。

工业纯钛因其密度小、耐腐蚀，因此是航空航天、船舶、化工等工业中常用的结构材料，常用于制作 350 ℃ 以下工作、强度要求不高的零件及冲压件，如飞机蒙皮、构架、隔热板，石油化工用热交换器，以及海水净化装置和船舰零部件。

5.4.1.2 钛合金

纯钛的强度很低，价格昂贵，为提高其强度，常在钛中加入合金元素制成钛合金。按组织类型的不同，钛合金分为 α 型钛合金、β 型钛合金和 α+β 型钛合金，其代号分别用 TA、TB、TC 加序号表示。

(1) α 型钛合金

钛中加入铝、硼等元素获得 α 型钛合金。α 型钛合金的室温强度低于 β 型钛合金和 α+β 型钛合金，但高温（500～600 ℃）强度比它们的高，并且组织稳定，抗氧化性和抗蠕变性好，焊接性能也很好。α 型钛合金不能淬火强化，主要依靠固溶强化，热处理只进行退火（变形后的消除应力退火或消除加工硬化的再结晶退火）。

α 型钛合金的典型的牌号是 TA7，使用温度不超过 500 ℃，主要用于制造航空发动机压气机叶片和管道，导弹的燃料缸，超声速飞机的涡轮机匣及火箭、飞船的高压低温容器等。

(2) β 型钛合金

钛中加入钼、铬、钒、锰等元素得到 β 型钛合金。β 型钛合金有较高的强度、优良的冲压性能，并可通过淬火和时效进行强化。

β 型钛合金的典型牌号为 TB1，一般在 350 ℃ 以下使用，适于制造压气机叶片、轴、轮盘等重载的回转件，以及飞机构件等。

(3) α+β 型钛合金

α+β 型钛合金塑性好，高温强度高，耐腐蚀，具有良好的低温工作性能，并可通过淬火和时效进行强化，热处理后强度可提高 50%～100%。TC4 是典型的 α+β 型钛合金，由于强度高，塑性好，在400 ℃时组织稳定，蠕变强度较高，低温时有良好的韧性，并有良好的抗海水腐蚀及抗热盐腐蚀的能力，所以适于制造在400 ℃以下长期工作的零件、要求一定高温强度的发动机零件，以及在低温下使用的火箭、导弹的液氢燃料箱部件等。

钛合金适于制造汽车发动机气门弹簧、气门和发动机连杆等，以及底盘部件中的弹簧、半轴和紧固件等。用钛合金制造板簧与用抗拉强度达2 100 MPa的高强度钢相比，可降低自重20%。

钛和钛合金由于其价格高，应用受到一定的限制，所以降低成本是未来钛合金的研制和生产工艺开发的重点。

5.4.2 镁及镁合金

【案例5-4】 近年来，全球汽车行业用镁合金替代钢铁材料，以便降低整车重量的工作正在推广，汽车铸造壳体、车身框架、骨架、转向盘等零部件的镁合金化正在实施中。福特汽车公司每辆车镁合金用量1990年只有2 kg，2000年增加为70 kg，到2009年平均每辆汽车镁合金用量达到120 kg，这将使汽车减重500 kg，从而大大降低汽车油耗和尾气排放量。

5.4.2.1 纯镁

纯镁是银白色金属，密度为1.74 g/cm³，相当于铝的2/3，是工业用金属中密度最小的。纯镁具有很高的化学活性，耐腐蚀性很差，强度和塑性均较低，一般不直接用作结构材料。

5.4.2.2 镁合金

纯镁的力学性能较低，实际应用时，一般在纯镁中加入一些合金元素，制成镁合金。镁合金中通过加入合金元素，产生固溶强化、时效强化及细晶强化作用，以提高镁合金的力学性能、抗腐蚀性能和耐热性能。镁合金中常加入的合金元素有铝、锌、锰、锆及稀土元素等。铝和锌可起固溶强化作用，锰可改善耐热性和耐蚀性。

镁合金经热处理后（固溶+时效），强度可达300~500 MPa，比强度高于铝合金。另外，减震性好，切削加工性优良。但镁合金耐蚀性差，常常需要采取保护措施。

镁合金根据其加工性能可分为变形镁合金和铸造镁合金，其牌号分别以"MB"和"ZM"加数字表示。常用的变形镁合金有MB1、MB2、MB8、MB15等，其中应用较多的是MB15，它具有较高的强度和良好的塑性，且热处理工艺简单，热加工后直接进行时效便可强化，能制造形状复杂的大型锻件。常用的铸造镁合金有ZM1、ZM2、ZM5，它们具有较高的强度和良好的铸造工艺性，适于生产各类铸件，但耐热性较差，长期使用温度不高于150 ℃。

目前镁合金一般用于汽车上的座椅骨架（图5-12）、仪表盘、转向盘（图5-13）和转向柱、轮毂（图5-14）、发动机气缸盖、变速器壳、离合器壳等零件，其中转向盘和转向柱、轮毂是应用镁合金较多的零件。

模块 5　汽车用有色金属及其合金

图 5-12　座椅骨架　　　　　图 5-13　转向盘骨架　　　　　图 5-14　轮毂

由于镁合金具有良好的阻尼系数，减震量大于铝合金和铸铁，用于壳体可以降低噪声；用于座椅、轮圈可以减少振动，提高汽车的安全性和舒适性。虽然镁合金有这些优点，但从成本上看它仍然偏高于铝合金。尽管如此，镁合金的应用前景仍然被看好，随着技术的发展将有更多的零件用镁合金来制造。

5.4.3　锌及锌合金

锌呈蓝白色，密度为 7.14 g/cm^3，室温下较脆。由于锌在常温下表面易生成一层保护膜，所以锌主要用作钢铁表面的防护性镀层。

锌能和铝、铜、镁等合金元素组成锌合金。锌合金的强度较高，铸造性能好，价格也不高，但其塑性较低，耐热性、焊接性较差。锌合金也可分为变形锌合金和铸造锌合金。铸造锌合金主要用于受力不大、形状复杂的小尺寸结构件或装饰件。目前应用最广的铸造锌合金是 ZZnAl4Cu1Mg。锌合金在汽车上可用于制造汽油泵壳、机油泵壳、车门手柄、刮水器、安全带扣和内饰件等。

拓展知识

形状记忆合金
——具有记忆功能的金属材料

1932 年，瑞典人奥兰德在金镉合金中首次观察到"记忆"效应，即合金的形状被改变之后，一旦加热到一定的转变温度时，它又可以魔术般地变回到原来的形状。人们把具有这种特殊功能的合金称为形状记忆合金。记忆合金的开发迄今不过 20 余年，但由于其在各领域的特效应用，正广为世人所瞩目，被誉为"神奇的功能材料"。

1963 年，美国海军军械研究所的比勒在研究工作中发现，在高于室温较多的某温度范围内，把一种镍—钛合金丝绕成弹簧，然后在冷水中把它拉直或铸成正方形、三角形等形状，再放在 40 ℃ 以上的热水中，该合金丝就恢复成原来的弹簧形状。后来陆续发现，某些其他合金也有类似的功能。这一类合金被称为形状记忆合金。每种以一定元素按一定重量比组成的形状记忆合金都有一个转变温度，在这一温度以上将该合金加工成一定的形状，然后将其冷却到转变温度以下，人为地改变其形状后再加热到转变温度以上，该合金便会自动地恢复到原先在转变温度以上加工成的形状。

1969年，镍—钛合金的"形状记忆效应"首次在工业上应用。人们采用了一种与众不同的管道接头装置，为了将两根需要对接的金属管连接，选用转变温度低于使用温度的某种形状记忆合金，在高于其转变温度的条件下，做成内径比待对接管子外径略微小一点的短管（作接头用），然后在低于其转变温度下将其内径稍加扩大，再把连接好的管道放到该接头的转变温度时，接头就自动收缩而扣紧被接管道，形成牢固紧密的连接。美国在某种喷气式战斗机的油压系统中便使用了一种镍—钛合金接头，从未发生过漏油、脱落或破损事故。

1969年7月20日，美国宇航员乘坐"阿波罗11号"登月舱在月球上首次留下了人类的脚印，并通过一个直径数米的半球形天线传输月球和地球之间的信息。这个庞然大物般的天线是怎么被带到月球上的呢？就是用一种形状记忆合金材料，先在其转变温度以上按预定要求做好，然后降低温度把它压成一团，装进登月舱带上天去，放置于月球后，在阳光照射下，达到该合金的转变温度，天线"记"起了自己的本来面貌，变成一个巨大的半球。

科学家在镍—钛合金中添加其他元素，进一步研究开发了钛镍铜、钛镍铁、钛镍铬等新的镍钛系形状记忆合金，除此以外还有其他种类的形状记忆合金，如铜镍系合金、铜铝系合金、铜锌系合金、铁系合金（Fe－Mn－Si、Fe－Pd）等。

形状记忆合金在生物工程、医药、能源和自动化等方面也都有广阔的应用前景。由于形状记忆合金具有许多优异的性能，因而广泛应用于航空航天、机械电子、生物医疗、桥梁建筑、汽车工业及日常生活等多个领域。

本章小结

资源 5－2
非铁基金属材料简介

1. 非铁金属是实现汽车轻量化的理想材料。汽车上常用的非铁金属主要是铝、铜及其合金，近年来钛、镁及其合金的应用也日趋广泛。

2. 铝合金是在纯铝中加入适量的硅、铜、镁、锰等合金元素制成的，不仅保持了纯铝密度小、导热性和导电性好的优点，其强度和硬度也得到了大大改善。铝合金常用于制造质轻、强度要求较高的零件，如进气歧管、活塞、气缸盖、散热器、离合器壳、轮毂等。

3. 铜合金是在纯铜中加入适量的锌、锡、铝、锰、镍等制成的。它除具有纯铜的优良性能外，还具有较高的强度和硬度，主要用于散热器、制动系统管路、液压装置、制动摩擦片、电器元件以及各种接头、配件和饰件等。

4. 滑动轴承合金具有承载能力高、抗震性能好、工作平稳可靠、噪声小、检修方便等优点，是机床、汽车和拖拉机的重要零部件。常用于发动机中曲轴轴承、连杆轴承和凸轮轴轴承等。

5. 钛是一种高熔点的轻金属。在钛中加入合金元素制成的钛合金，既降低了成本，又提高了强度。钛合金适于制造汽车发动机气门弹簧、气门和发动机连杆等，以及底盘部件中的弹簧、半轴和紧固件等。

镁合金一般用于汽车上的座椅骨架、仪表盘、转向盘和转向柱、轮圈、发动机气缸盖、变速器壳、离合器壳等零件，其中转向盘和转向柱、轮圈是应用镁合金较多的零件。

锌合金在汽车上可用于制造汽油泵壳、机油泵壳、车门手柄、刮水器、安全带扣和内饰件等。

技能训练题

一、名词解释

1. 纯铝　2. 铝合金　3. 变形铝合金　4. 铸造铝合金　5. 普通黄铜　6. 特殊黄铜　7. 滑动轴承合金

二、填空题

1. 汽车上应用的铝合金以_____为主，主要用于活塞、气缸盖、气缸体等零件。
2. 纯铜牌号用_____加数字表示，数字越大则纯度越_____。
3. H68 表示的材料为_____，68 表示_____的平均含量为68%。HPb59-1 表示特殊黄铜，其中59 表示_____的含量为59%，1 表示_____的含量为1%。
4. TA、TB、TC 分别代表_____型钛合金、_____型钛合金和_____型钛合金。
5. 镁合金根据其加工性能可分为_____镁合金和_____镁合金，其牌号分别以"MB"和"ZM"加数字表示。

三、简答题

1. 纯铝的性能有何特点？铝合金一般分为哪几类？
2. 变形铝合金分为哪几类？说明其牌号的表示方法。
3. 铸造铝合金主要有哪几种？说明其代号的表示方法。
4. 铜合金分为哪几类？各有何特点？
5. 对滑动轴承合金有哪些性能要求？常用的滑动轴承合金有哪些？
6. 钛的两种同素异构体分别是什么？说明其转变温度。
7. 根据组织形态将钛合金分为哪几种？说明其性能特点。

模块 6

汽车用非金属材料

🚗 知识点

掌握非金属材料的基本性能、组成及其在汽车上的应用。

🚗 技能点

能够识别汽车常用非金属材料。

金属材料因其具有力学性能高，热稳定性好，导电、导热性好等优点，因此在汽车制造中应用较广。但金属材料也存在密度大、耐腐蚀性差、电绝缘性差等缺点，而无法满足生产的需求。近年来随着非金属材料的迅猛发展和汽车轻量化的要求，越来越多的非金属材料在汽车上得到了应用，非金属材料已成为汽车制造不可或缺的材料。

非金属材料是指除金属材料以外的其他材料，包括塑料、橡胶、玻璃、陶瓷和复合材料等。

任务导入

【案例6-1】 金属材料、高分子材料和陶瓷材料并称为三大工程材料。它们各有优缺点，而通过复合工艺将几种不同材料组合而成的复合材料，既保留了原组成材料的优点，同时又克服了各自的缺点。因此，复合材料是一种新兴的具有广阔发展前景的工程材料。

任务 6.1　塑料

塑料是目前机械工业中应用最广泛的高分子材料，它是以合成树脂为基本原料，再加入一些用来改善使用性能和工艺性能的添加剂后，在一定温度和一定压力下制成的高分子材料。

【想一想】
汽车上哪些地方用到了塑料？在汽车修理过程中，维修人员怎样鉴别和选配呢？

6.1.1　塑料的组成和分类

6.1.1.1　塑料的组成

塑料是由合成树脂和添加剂两大部分组成的。

（1）合成树脂

合成树脂是从煤、石油和天然气中提炼的高分子化合物。合成树脂是塑料的主要成分，它决定了塑料的基本性能，并起着黏结剂的作用。大多数塑料是以所加合成树脂的名称来命名的，如聚氯乙烯塑料就是以聚氯乙烯树脂为主要成分的塑料。有些合成树脂可以直接用作塑料，如聚乙烯、聚苯乙烯等。在工程塑料中，合成树脂占40%～100%。

（2）添加剂

添加剂主要用于改善塑料的使用性能和工艺性能，常用的添加剂有填充剂、增塑剂、稳定剂、固化剂、润滑剂、阻燃剂等。

填充剂主要起强化作用，也能改善或提高塑料的某些性能。如加入氧化硅可提高塑料的硬度和耐磨性,加入云母、石棉粉可以改善塑料的电绝缘性和耐热性,加入铝粉可提高塑料对光的反射能力及防止塑料老化等,通常塑料中填充剂的用量可达 20%～50%,填充剂的加入可节约树脂用量,降低塑料制品的成本;增塑剂可以提高塑料的可塑性和柔软性,如在聚氯乙烯树脂中加入邻苯二甲酸二丁酯,可使塑料变得柔软而富有弹性;稳定剂可以提高塑料在光和热作用下的稳定性,以延缓塑料的老化;固化剂可以促使塑料在加工过程中硬化。此外,还可加入润滑剂、阻燃剂、着色剂、抗静电剂等,来优化塑料的各种特定性能。

6.1.1.2 塑料的分类

塑料的品种很多,分类方法也不同,常见的有以下两种分类方法。

(1) 按合成树脂的热性能可分为热塑性塑料和热固性塑料

1) 热塑性塑料。

热塑性塑料是指受热时软化,冷却后变硬,再加热又软化,冷却又变硬,可反复多次加热塑制的塑料。这类塑料加工成形方便,力学性能较好,生产周期短,可回收再利用。但耐热性较差,容易变形。热塑性塑料数量很大,约占全部塑料的 80%,常用的有聚乙烯、聚氯乙烯、聚苯乙烯、聚酰胺(尼龙)、ABS 等,热塑性塑料制品如图 6-1 所示。

图 6-1 热塑性塑料制品

(a) 聚乙烯药瓶;(b) 聚氯乙烯管;(c) 尼龙螺母;(d) ABS 座椅

2) 热固性塑料。热固性塑料是指经一次固化后,不再受热软化,只能塑制一次的塑料。这类塑料耐热性能好,受热不易变形,但生产周期短,力学性能不高,且废旧塑料不能回收利用。常用的热固性塑料有酚醛树脂、氨基树脂、环氧树脂、有机硅树脂等,热固性塑料制品如图 6-2 所示。

(2) 按使用范围可分为通用塑料和工程塑料

1) 通用塑料。通用塑料是指产量大、用途广、通用性强、价格低的塑料,主要有聚乙烯、聚丙烯、聚氯乙烯、聚苯乙烯、酚醛塑料和氨基塑料等。这类塑料的产量占塑料总产量的 75% 以上,可以用来制作日常生活用品、包装材料以及一般机械零件。

图 6-2 热固性塑料制品

(a) 旋钮;(b) 开关插座

2）工程塑料。工程塑料是指用于工程构件和机械零件的塑料。这类塑料力学性能较高，耐热性、耐腐蚀性较好，可用来替代金属材料制造某些结构件。工程塑料主要有聚酰胺（尼龙）、聚碳酸酯、聚甲醛和 ABS 塑料等。

【想一想】

热塑性塑料和热固性塑料的区别在哪里？

6.1.2 塑料的主要特性

（1）质量轻

一般塑料的密度为 $0.83 \sim 2.2 \text{ g/cm}^3$，仅是钢铁的 $1/8 \sim 1/4$。因此用塑料制造汽车零部件，可大幅度减轻汽车的整车装备质量，降低汽车自重，减少油耗。

（2）化学稳定性好

一般的塑料对酸、碱、盐和有机溶剂都有良好的耐蚀性能，特别是聚四氟乙烯，除了能与熔融的碱金属作用外，其他化学药品包括"王水"也难以将其腐蚀。因此，在腐蚀介质中工作的零件可采用塑料制作，或采用在表面喷塑的方法提高其耐腐蚀能力。

（3）比强度高

尽管塑料的强度要比金属低些，但由于塑料密度小、质量轻，因此以等质量相比，其比强度要高。如用碳素纤维强化的塑料，它的比强度要比钢材高 2 倍左右。

（4）电绝缘性能好

塑料几乎都有良好的电绝缘性，可与陶瓷、橡胶和其他绝缘材料相媲美。因此，汽车电器零件广泛采用塑料作为绝缘体。

（5）吸振性和消声性良好

塑料具有吸收和减少振动和噪声的性能。因此，用塑料制作汽车保险杠、仪表板和转向盘等，可以增强缓冲作用，提高车辆的安全性和舒适性。

（6）耐磨性和减摩性优良

大多数塑料的摩擦系数较小，耐磨性好，能在半干摩擦甚至完全无润滑条件下良好的工作，所以可以制作齿轮、密封圈、轴承、衬套等要求耐磨的零件。

（7）容易加工成型

塑料通常一次注塑成形，可制造复杂形状的异形曲面，如汽车仪表板等，适合批量生产，加工成本低。

塑料除了具有以上优点外，也存在一定缺点。如与钢相比其力学性能较低；耐热性较差，一般只能在 100 ℃ 以下长期工作；导热性差，其导热系数只有钢的 $1/200 \sim 1/600$。此外，塑料还有易老化、易燃烧、温度变化时尺寸稳定性差等缺点。

6.1.3 塑料在汽车上的应用

塑料在汽车上除了广泛应用于制造各种内装

资源 6-1
塑料的主要特性及其
在汽车上的应用

资源 6-2
现在的汽车油箱是
用树脂制作的

饰件外，目前已可用来替代部分金属材料，制造某些结构零件、功能零件和外装饰件。目前塑料在轿车上的用量占全车质量的8%～12%。塑料在汽车上的广泛应用，既满足了某些汽车零部件特殊性能要求，也是实现汽车轻量化的有效途径。图6-3所示为塑料在轿车上的应用实例。常用塑料的主要特性及其在汽车上的应用见表6-1。

图6-3 塑料在轿车上的应用实例

表6-1 常用塑料的主要特性及其在汽车上的应用

种类	化学名称	代号	主要特性	应用
热塑性塑料	丙烯腈-丁二烯-苯乙烯	ABS	综合力学性能优良，耐热性、尺寸稳定性好，易于加工成形	车体件、前围板、格栅、车头灯框等
	聚酰胺	PA	强度高，韧性好，耐磨性、耐疲劳性、耐油性等综合性能良好，但吸水性和收缩率大	车外装饰板件、风扇叶片、里程表齿轮、衬套等
	聚甲醛	POM	综合力学性能优良，尺寸稳定性好，耐磨性、耐油性、耐老化性好，吸水性差	半轴齿轮和行星齿轮垫片、汽油泵壳、转向节衬套等
	聚乙烯	PE	强度较高，耐高温、耐磨损，耐蚀性和绝缘性好	内装饰板、车窗框架、手柄、挡泥板等

续表

种类	化学名称	代号	主要特性	应用
热塑性塑料	聚四氟乙烯	PTFE	化学稳定性优良，耐蚀性极高，摩擦系数小，耐高温性、耐寒性和绝缘性好	各种密封圈、垫片
	聚苯醚	PPO	抗冲击性能优良，耐磨性、绝缘性、耐热性好，吸水率低，尺寸稳定性好，但耐老化性差	格栅、车头灯框、仪表板、装饰件、小齿轮、轴承、水泵零件等
	聚酰亚胺	PI	耐高温性能好，强度高，综合性能优良，耐磨性和润滑性好	正时齿轮、密封垫圈、泵盖等
	聚丙烯	PP	耐热性、耐蚀性较好，成形容易，但收缩率大，低温呈脆性，耐磨性不高	内饰镶条、内装饰板、散热器固定框、前围板、保险杠等
	聚氯乙烯	PVC	强度较高，化学稳定性、绝缘性较好，耐油性、抗老化性也较好，但耐热性差，成形加工性能较差	内装饰件、软垫板、电气绝缘体等
	聚碳酸酯	PC	力学性能优良，尺寸稳定性好，耐热性较好，但疲劳强度低，耐磨性不高	格栅、仪表板等
热固性塑料	酚醛塑料	PF	强度高，耐热性好，绝缘性、化学稳定性、尺寸稳定性等好，但质地较脆，抗冲击性差	电气绝缘件、摩擦片等
	环氧树脂	EP	强度较高，韧性较好，收缩率低，绝缘性、化学稳定性、耐蚀性好	汽车涂料、胶黏剂、玻璃钢构件等
	聚氨酯泡沫	PU	力学性能优良，吸振缓冲性、绝热性好，制作简单，易于成形	软质用于座椅垫、内饰材料；半硬质用于转向盘、仪表板、保险杠、扶手等

【想一想】
为什么塑料是一种汽车轻量化材料？

任务6.2 橡胶

橡胶是一种具有高弹性的高分子材料。由于它具有高弹性，优良的伸缩性、吸振性、耐磨性、隔声性，因此在汽车制造和维修中广泛用于制造轮胎、风扇皮带、各种皮管、油封、门窗密封胶条、制动皮碗等。

【想一想】

汽车上还有哪些地方用到了橡胶？在汽车修理过程中，维修人员怎样鉴别和选配？橡胶件的使用有哪些注意事项？

6.2.1 橡胶的组成和分类

6.2.1.1 橡胶的组成

橡胶是以生胶为主要原料，并添加适量的配合剂制成的高分子材料。

资源 6-3
橡胶的组成

（1）生胶

生胶是橡胶制品的主要组成物，其性能决定了橡胶制品的性能。生胶的耐热性、耐磨性差，强度低，一般不能直接制造橡胶制品，大多只作为橡胶的原料。

（2）配合剂

配合剂是为了改善和提高橡胶制品的性能而加入的物质，主要有硫化剂、硫化促进剂、填充剂、增塑剂和防老剂等。

硫化剂的作用是改善橡胶分子结构，提高橡胶制品的弹性、强度、耐磨性、耐蚀性和抗老化能力，常用的铝硫化剂是硫黄、氧化硫、硒等；硫化促进剂起加速硫化过程、缩短硫化时间的作用，常用的有氧化锌、氧化铝等；填充剂的作用是提高橡胶制品的强度、硬度、减少生胶用量、降低成本和改善加工工艺性能，常用的有炭黑、滑石粉、氧化硅、氧化锌、陶土、碳酸盐等；增塑剂的作用是提高橡胶制品的塑性，改善黏附力，并能降低橡胶制品的硬度，提高耐寒性，常用的增塑剂有硬脂酸、精致蜡、凡士林以及一些油类和脂类；防老化剂的作用主要是延缓和防止橡胶老化。

6.2.1.2 橡胶的分类

按照原料的来源，橡胶分为天然橡胶、合成橡胶和再生橡胶。

资源 6-4
橡胶的分类

（1）天然橡胶

天然橡胶是从橡胶树上采集的胶乳，经凝固、干燥、加压等工序制成的片状生胶。它具有优良的弹性，较高的强度、耐磨性、耐寒性、防水性、绝热性、电绝缘性以及良好的加工性能；缺点是耐老化性和耐候性差，耐油性和耐溶剂性较差，易溶于汽油和苯类溶剂，易受强酸浸蚀，且易自燃。

天然橡胶广泛应用于制造轮胎、胶带、胶管以及胶鞋、医疗卫生制品等。

（2）合成橡胶

合成橡胶是用石油、天然气、煤等为原料，通过化学合成的方法制成的与天然橡胶性能相似的高分子材料。合成橡胶的原料来源丰富、价格低廉，其产量已超过了天然橡胶。

根据性能和用途，合成橡胶可分为通用橡胶和特种橡胶两大类。凡是性能与天然橡胶接近，物理、力学和加工性能较好，可以做轮胎和一般橡胶配件的，均称为通用合成橡胶；而具有特殊性能，专供耐油、耐热、耐寒、耐化学腐蚀等制品使用的，称为特种合成橡胶。

合成橡胶的弹性和抗拉强度不如天然橡胶，但耐磨性、耐热性优良，用于各种轮胎、传动皮带、胶管和衬垫材料等。

(3) 再生橡胶

再生橡胶是利用废旧橡胶制品经再加工而成的橡胶材料。再生胶强度较低，但有良好的耐老化性，且加工方便、价格低廉，汽车上常用于制造橡胶地垫、各种封口胶条等，也可用于制作胶管、胶带、胶鞋的鞋底等。

6.2.2 橡胶的基本性能

6.2.2.1 极高的弹性

这是橡胶独特的性能，橡胶的伸长率可达 100%～1 000%。橡胶在开始受负荷时变形量很大，随着外力的增加，抵抗变形的力也迅速增加，起到一定的缓冲作用。因此，橡胶可以制作减轻碰撞、敲击和吸收振动的零件，如发动机支架软垫等。

资源 6-5
橡胶的主要特性

6.2.2.2 良好的热可塑性

橡胶在一定温度下失去弹性，称为热可塑性。橡胶处于热可塑状态时，容易加工成各种形状和尺寸的制品，而且当加工外力去除后，仍能保持该变形下的形状和尺寸。根据这一特性可把橡胶加工成不同形状的制品。

6.2.2.3 良好的黏着性

黏着性是指橡胶与其他材料粘成整体而不易分离的能力。橡胶特别容易与毛、棉、尼龙等牢固地粘接在一起，如汽车轮胎就是利用橡胶与棉、毛、尼龙、钢丝等牢固地粘接在一起而制成的。

6.2.2.4 良好的绝缘性

橡胶大多数是绝缘体，是制造电线、电缆等导体的绝缘材料。

此外，橡胶还具有良好的耐腐蚀性、密封性和耐寒性等。但橡胶的导热性差，抗拉强度低，尤其容易老化。

橡胶的老化是指橡胶随着时间的增加，出现变色、发黏、变硬、变脆和龟裂等现象。为减缓橡胶老化，延长橡胶制品使用寿命，在橡胶制品使用过程中应避免与酸、碱、油及有机溶剂接触，尽量减少受热、日晒和雨淋等。

6.2.3 橡胶在汽车上的应用

橡胶是汽车上常用的一种重要材料，其中用量最大的制品是轮胎，目前全世界生产的橡胶约有 80% 用于制造轮胎。此外，橡胶还广泛用于制造各种胶带、胶管、减震配件以及耐油配件等。常见汽车橡胶制品如图 6-4 所示。

资源 6-6
橡胶的特性及其在汽车上的应用

图 6-4 常见汽车橡胶制品
(a) 轮胎；(b) 胶管；(c) 密封圈；(d) 变速杆防尘套

6.2.3.1 轮胎

轮胎安装在轮毂上，支撑着全车的重量，行驶时使车轮和路面可靠附着而不会打滑，并能吸收振动和冲击。轮胎由外胎、内胎和垫带组成。内胎中充满空气，外胎用来保护内胎，起承受负荷与路面摩擦的作用。外胎由帘布层、缓冲层、胎面、胎侧和胎圈等部分组成。垫带用来防止轮辋磨损内胎。

随着汽车工业的发展，对汽车用轮胎提出了更高的要求，如需要改善汽车的行驶性能、增加车速、乘坐舒适等，普通结构的轮胎已不能满足目前使用的要求，因而出现了相对新型结构的轮胎，选择耐磨性好的天然橡胶和合成橡胶构成的胎面层，以及高强度纤维所构成不同形式的帘布层等可制造各种机能的轮胎，以适应各种汽车的应用。新型轮胎（如子午线轮胎）具有行驶性能好、行驶温度低、行驶里程高、耐磨性好、节省燃料、缓冲性能好、乘坐舒适等一系列的优点。

6.2.3.2 橡胶配件

汽车用橡胶配件主要有各种胶管、传动带、油封及高压密封、减震缓冲胶垫、窗玻璃密封条等。这些橡胶配件应用于汽车各种部位，数量虽不多，但对汽车的质量与性能具有重要作用。

汽车用胶管包括水、气、燃油、润滑油、液压油的输送管，其中液压制动胶管、气压制动胶管、其他制动胶管、水箱胶管、动力转向液压胶管、离合器液压胶管等是汽车上重要的机能件。

汽车用的胶带大多是无接头的环形带。汽车的偏心轴等传动带多采用齿形三角带，要求传动速度准确、耐高速、噪声低、使用时间长。

橡胶密封件以油封为主，包括密封圈、衬垫等，用于前后轴、曲轴、离合器、变速器、差速器制动系统和排气系统等部位。油封制品虽然体积小，但对整车性能却有十分重要的影响。

另外，汽车门玻璃密封条用于防止风雨侵袭，所采用的橡胶原料多为乙丙橡胶，也有的将氯丁橡胶或丁苯橡胶并用，以达到经久耐用的目的。

6.2.3.3 风扇皮带

风扇皮带是汽车上常用的一种橡胶制品，主要作用是传递曲轴皮带轮和水泵、发电机、压缩机等皮带轮之间的动力。风扇皮带是一种三角形皮带，特点是没有接头，传动平稳均匀；嵌在皮带轮槽里，靠轮槽两侧面传递动力，不容易滑动，短距离及高速传动时的效率高；缓冲弹性好，不会影响或损坏传动机件的精度。

表6-2所示为汽车常用橡胶的种类、特性及应用。

表6-2 汽车常用橡胶的种类、特性及应用

种类	代号	主要特性	应用
天然橡胶	NR	良好的耐磨性、抗撕裂性，加工性能良好，但耐高温、耐油性较差，易老化	轮胎、胶带、胶管和通用橡胶制品等
丁苯橡胶	SBR	优良的耐磨性、耐老化性能，力学性能与天然橡胶相近，但加工性能特别是黏着性较天然橡胶差	可替代天然橡胶，用于轮胎、胶带、胶管和通用橡胶制品等
氯丁橡胶	CR	良好的物理性能和力学性能，耐腐蚀、耐老化、耐油，黏着性好，但耐寒性较差，密度较大，绝缘性能差	胶带、胶管、电线护套、垫圈、密封圈和汽车门窗嵌条等
丁基橡胶	IIR	良好的气密性，吸振能力强，化学稳定性好，耐候性和耐酸性能良好，但耐油性和加工性能较差	轮胎内胎、胶管、电线护套和减震元件等
丁腈橡胶	NBR	优良的耐油、耐老化、耐磨性能，耐热性、气密性好，但耐寒性、绝缘性较差	油封、油管、皮碗和密封圈等耐油元件

任务6.3 玻璃

玻璃是由石英砂、纯碱、长石、石灰石等为主要原料，并加入某些金属氧化物辅料，在1 550～1 600 ℃的高温窑中煅烧至熔融后，经成形、冷却所获得的非金属材料。通常具有透明、隔声、隔热等特性，并具有良好的化学稳定性。在现代汽车中，玻璃不仅是一种功能性外装饰件，而且还与保障视野、优化乘坐环境、减少行车阻力以及美观等多种要求有关，它是汽车的重要组成部分。

资源6-7
认识神奇的玻璃

【想一想】

汽车上哪些地方用到了玻璃？在汽车维修过程中，维修人员怎样鉴别和选配呢？

6.3.1 玻璃的种类及特点

玻璃的种类繁多，按用途不同可分为建筑玻璃、工业玻璃、光学玻璃、化学玻璃和玻璃纤维等。其中建筑玻璃又分为平板玻璃、波纹玻璃；工业玻璃又分为钢化玻璃、夹层玻

璃、中空玻璃和夹丝玻璃等。常用玻璃有以下几种。

6.3.1.1 平板玻璃

平板玻璃无色透明，具有良好的透光性，但抗弯强度极低、脆性大，破碎后形成尖锐棱角，主要用于建筑物门窗。

6.3.1.2 磨砂玻璃

磨砂玻璃又叫毛玻璃，它是对平板玻璃进行表面磨砂处理而得到的。其主要特点是透光不透明，常用于制作浴室、卫生间门窗等，还可用于制作灯罩、黑板面等。

6.3.1.3 钢化玻璃

钢化玻璃是普通玻璃经过高温淬火处理的特种玻璃，即将普通玻璃加热到一定温度后，迅速冷却进行特殊钢化处理。其性能特点是具有很高的温度急变抵抗能力、耐冲击性且强度较高。钢化玻璃主要用于高层建筑的门窗、厂房的天窗及汽车、火车、船舶的门窗和汽车的风窗玻璃等。

6.3.1.4 夹丝玻璃

夹丝玻璃又称防碎玻璃，在玻璃中间夹有一层金属网。其特点是强度高，不易破碎，即使破碎，玻璃碎片也会附着在金属网上而不易脱落，具有一定的安全性，适用于建筑中需要采光而对安全性要求又比较高的场合，如厂房天窗、防火门窗、地下采光窗等。

6.3.1.5 夹层玻璃

夹层玻璃又称安全玻璃。它是将两片或两片以上的平板玻璃或钢化玻璃用聚乙烯醇缩丁醛塑料衬片黏合而成。这种玻璃具有较高的强度，在受到破坏时会产生辐射状或同心圆形裂纹，碎片不易脱落，且不影响透明，不产生折光现象，可用作汽车前风挡玻璃。

6.3.1.6 信号玻璃

信号玻璃主要有平板色玻璃、凸透镜玻璃、偏光镜玻璃和牛眼形玻璃四种。它要求具有较高的透明度、有选择的透光性、色彩鲜艳均匀等特性，广泛用于铁路、公路、水路、航空等领域制作各种信号机、信号灯。

6.3.2 汽车上常用的玻璃

玻璃是汽车上具有重要功能的外装件，汽车上使用的玻璃主要是车窗玻璃。根据玻璃在汽车上的安装位置不同分为风窗玻璃、后窗玻璃、前角窗玻璃、前门窗玻璃、后角窗玻璃、后门窗玻璃等，如图6-5所示。

图 6-5 轿车的玻璃

1—风窗玻璃；2—后窗玻璃；3—后侧窗玻璃；4—后角窗玻璃；
5—后门窗玻璃；6—前门窗玻璃；7—前角窗玻璃

资源 6-8
玻璃在汽车上的应用

汽车用玻璃必须是透明性、耐候性、强度及安全性能高的夹层玻璃、局部钢化玻璃或钢化玻璃。

钢化玻璃在受到冲击破碎后，碎片小而无棱角 ［图 6-6（a）］，不会造成人体伤害，但这种玻璃在破碎前会产生很多裂纹，由于光线的漫射作用，玻璃会变得模糊不清，如果用于风窗玻璃，会影响驾驶员视线，容易造成事故，所以钢化玻璃只能作为汽车后窗玻璃和侧窗玻璃。

局部钢化玻璃只对玻璃局部进行淬火，在玻璃受到冲击作用时，玻璃局部碎裂为细小的碎块，中部则破碎成大块 ［图 6-6（b）］，局部钢化玻璃的这种特性在临破碎之前能保持玻璃有一定的透明度，可使驾驶员受到较小的伤害，还有短暂的时间来进行应急处理。同样，局部钢化玻璃也可作为汽车后窗玻璃和侧窗玻璃。

夹层玻璃因其具有良好的安全性、较高的强度，受到破坏时碎片不易脱落 ［图 6-6（c）］，不影响透明，不产生折光现象等，因此，各国已制定有关法规，规定轿车的前挡风窗必须安装夹层玻璃。

图 6-6 性能不同的汽车车窗玻璃

(a) 钢化玻璃；(b) 局部钢化玻璃；(c) 夹层玻璃

【想一想】

汽车玻璃为什么不能使用普通平板玻璃？

任务 6.4 陶瓷

【案例 6-2】 陶瓷材料是人类最早利用自然界所提供的原料制造而成的材料。从陶器发展到瓷器,是陶瓷材料发展史上的第一次重大飞跃;从传统陶瓷到新型陶瓷,是陶瓷材料发展史上的第二次重大飞跃,这一过程始于 20 世纪 50 年代;如今,从新型陶瓷发展到纳米陶瓷将是陶瓷材料发展史上的第三次重大飞跃。

传统意义上的陶瓷是陶器和瓷器的总称。现代陶瓷的概念是指以天然硅酸盐或人工合成化合物为原料,经过制粉、配料、成形和高温烧结而制成的无机非金属材料。

资源 6-9
陶瓷材料

资源 6-10
陶瓷的基本性能

6.4.1 陶瓷的基本性能

6.4.1.1 力学性能

陶瓷最突出的性能特点是高硬度(一般为 1 000~5 000 HV,而淬火钢的硬度只有 500~800 HV)、高耐磨性、极高的红硬性(可达 1 000 ℃)和高抗压强度,但其抗拉强度和韧性都很低,脆性很大。

6.4.1.2 热性能

陶瓷的熔点很高(一般在 2 000 ℃左右),有很好的高温强度,其高温抗蠕变能力强,1 000 ℃以上也不会氧化,故可用作耐高温材料。陶瓷热膨胀系数低,导热性小,是优良的高温绝缘材料,但其抗热、抗振性差,温度剧烈变化时易破裂,不能急热骤冷。

6.4.1.3 电性能

大多数陶瓷都具有较好的电绝缘性能,可直接作为传统的绝缘材料使用,尤其在高温、高压工作条件下,陶瓷是唯一的绝缘材料。

6.4.1.4 化学性能

陶瓷的化学稳定性高,对酸、碱、盐具有良好的耐腐蚀性,无老化现象。

6.4.2 陶瓷的分类

按原料不同陶瓷分为普通陶瓷和特种陶瓷两大类。

6.4.2.1 普通陶瓷

普通陶瓷是以黏土（$Al_2O_3 \cdot 2SiO_2 \cdot 2H_2O$）、石英（$SiO_2$）、长石（$K_2O \cdot Al_2O_3 \cdot 6SiO_2$）等天然硅酸盐为原料，经粉碎、成形、烧制而成的产品。其特点是坚硬而脆，绝缘性和耐蚀性极好，制造工艺简单，成本低廉，主要用于日用、建筑、卫生陶瓷制品以及工业上应用的高低压电瓷［图6-7（a）］、耐酸及过滤陶瓷等。

6.4.2.2 特种陶瓷

特种陶瓷是采用纯度较高的金属氧化物、氮化物、碳化物和硼化物等化工原料，沿用普通陶瓷的成形方法烧制而成的陶瓷制品。特种陶瓷具有一些独特的力学性能、物理性能及化学性能。

（1）氧化铝陶瓷

氧化铝陶瓷是应用最广的工程陶瓷，其主要成分是 Al_2O_3，又称为刚玉瓷。它具有高硬度（1 500 ℃时为80HRA，仅次于金刚石等材料，居第五位）、高强度（比普通陶瓷高2~3倍）及良好的耐磨性、绝缘性和化学稳定性，是理想的耐高温材料，但抗热、抗振性能差，不能承受温度的突变以及冲击载荷，主要用于制造刀具［图6-7（b）］、坩埚、热电偶的绝缘套等，在汽车上常用于制造火花塞绝缘体［图6-7（c）］、汽车排气净化器、发动机活塞、气缸套、凸轮轴、柴油机喷嘴等零件。

图6-7 陶瓷制品
(a) 高低压电瓷；(b) 刀具；(c) 汽车火花塞绝缘体

（2）氮化硅陶瓷

氮化硅陶瓷具有极高的化学稳定性，除氢氟酸外，能耐各种酸碱腐蚀，也可抵抗熔融金属的侵蚀，同时具有优异的电绝缘性以及很高的硬度、耐磨性和减摩性。常用作在腐蚀介质下工作的机械零件，如耐蚀水泵密封环、高温轴承、冶金容器和管道、炼钢生产上的铁液流量计等。

（3）碳化硅陶瓷

碳化硅陶瓷是目前高温强度最高的陶瓷，在1 400 ℃时抗弯强度仍能达到500~600 MPa，其热稳定性、耐蚀性和耐磨性很好，主要用于热电偶套管、火箭尾喷嘴以及高温轴承、高温热交换器、密封圈和核燃料的包封材料等。

（4）硼化物陶瓷

硼化物陶瓷具有高硬度和较好的耐化学侵蚀能力。硼化物陶瓷的熔点范围为1 800~2 500 ℃。与碳化物陶瓷相比，硼化物陶瓷具有较高的抗高温氧化能力，使用温度达1 400 ℃，主要用于高温轴承、内燃机喷嘴和各种高温器件等。

6.4.3 陶瓷在汽车上的应用

资源 6-11
陶瓷在汽车上的应用

陶瓷应用于汽车上，可以有效地降低车辆重量，提高发动机的热效率，降低油耗，减少排气污染，提高易损件寿命，完善汽车智能性功能。用氮化硅陶瓷材料制成的陶瓷纤维活塞，耐磨性好，可以有效地防止铝合金活塞由于热膨胀系数大而产生的"冷敲热拉"现象。所谓"冷敲"即冷车时，活塞与气缸壁配合间隙过大，活塞换向时引起敲击；"热拉"即热车时，因二者配合间隙过小，拉伤气缸。特种陶瓷可用于制作陶瓷凸轮轴、气门、气门座、摇臂等零件，可以充分发挥其优良的耐热性和耐磨性。日本五十铃公司研究开发的发动机用氮化硅材料制成气门，三菱公司采用陶瓷制成发动机摇臂，使用效果良好。特种陶瓷在高温下有良好的热稳定性，被广泛用作汽油机点火系统火花塞的基体。日本五十铃汽车公司研制的陶瓷发动机采用陶瓷作进、排气管，可以承受 800~900 ℃ 的高温，取消了隔热板，减小了发动机体积，并使排气净化效果提高 2 倍。

目前，陶瓷在汽车上的应用正在逐步扩大，国外已经开发了陶瓷复合发动机，将燃烧室内的气缸套、活塞气门等近 40% 的零件采用陶瓷制造，并取消了冷却和散热装置，功率提高了 10%，油耗降低了 30%。由此可见，陶瓷在汽车上的应用前景十分广阔。

任务 6.5　复合材料

复合材料是由两种或两种以上性质不同的材料通过人工组合而成的固体材料。它不仅综合了各组成材料的优点，而且还具有单一材料无法达到的优越的综合性能。因此，复合材料在各个领域都得到了广泛应用。例如钢筋混凝土是钢筋、水泥和沙石组成的人工复合材料；现代汽车中的玻璃纤维挡泥板就是由脆性的玻璃和韧性的聚合物相复合而成的；先进的 B2 隐形战略轰炸机的机身和机翼则大量使用了石墨和碳纤维复合材料。

资源 6-12
复合材料

6.5.1　复合材料的性能特点

6.5.1.1　比强度和比模量高

比强度（强度/密度）和比模量（弹性/密度）是衡量汽车材料承载能力的重要指标。复合材料的比强度和比模量比金属材料高得多，如碳纤维—环氧树脂复合材料的比强度是钢的 7 倍，比模量是钢的 5.6 倍。因此，将复合材料用于要求强度高、重量轻的动力设备可大大提高动力设备的效率。由复合材料制成的汽车与使用钢材制造的汽车质量相比要轻1/3～1/2，这对提高整车动力性能、降低油耗、增加负载非常有益。

6.5.1.2 抗疲劳性能好

多数金属的疲劳极限是抗拉强度的40%～50%，而碳纤维增强复合材料则可达70%～80%。这是由于纤维复合材料特别是纤维树脂复合材料对缺口、应力集中敏感性小，而且纤维和基体能够阻止和改变裂纹扩展方向，因此复合材料具有较高的抗疲劳性能。

6.5.1.3 耐高温性能好

由于复合材料增强纤维的熔点均很高，一般都在2 000 ℃以上，而且在高温条件下仍然可保持较高的高温强度，故用它们增强的复合材料具有较高的高温强度和弹性模量，特别是金属基复合材料更显出其优越性。例如一般铝合金在400 ℃时，弹性模量接近于零，强度值也从500 MPa降至30～50 MPa；而碳纤维或硼纤维增强的铝材，在400 ℃时强度和弹性模量可保持接近室温的水平。

6.5.1.4 减振性能好

许多机器和设备（如汽车、动力机械等）的振动问题十分突出，而复合材料的减震性能好。原因是纤维增强复合材料的比模量大，则自振频率高，可避免产生共振而引起的早期破坏。另外，纤维与界面吸振能力强，故振动阻尼性好，即使发生振动也会很快衰减。

除以上几点外，许多复合材料都有良好的断裂安全性、化学稳定性、减摩性、隔热性以及良好的成形工艺等性能。

复合材料也有其不足之处，比如其伸长率较小、抗冲击性低、横向拉伸和层间抗剪强度较低，尤其是生产成本比其他工程材料高得多。但是，由于复合材料具有上述优越特性，因此在航空航天等国民经济及尖端科学技术上都有较广泛的应用。

6.5.2 常用复合材料的种类

资源6-13
隐身技术和隐身材料知多少

复合材料一般由基体相和增强相组成。基体相起形成几何形状和黏结作用，有金属基体和非金属基体两大类；增强相起到提高强度和韧性的作用。按增强相的物理形态分为纤维增强复合材料、层叠复合材料和颗粒复合材料。

6.5.2.1 纤维增强复合材料

纤维增强复合材料中承受载荷的主要是增强相纤维。而增强相纤维处于基体之中，彼此隔离，其表面受到基体的保护，因而不易遭受损伤。塑性和韧性较好的基体能阻止裂纹的扩展，并对纤维起到黏结作用，复合材料的强度因而得到很大的提高。纤维种类很多，但用于现代复合材料的纤维主要是指高强度、高模量的玻璃纤维、碳纤维、石墨纤维及硼纤维等。

6.5.2.2 层叠复合材料

层叠复合材料是以两层或两层以上不同的板材经热压胶合而成的。根据复合形式有夹层结构的复合材料、双层金属复合材料、塑料—金属多层复合材料。夹层复合材料已广泛应用于飞机机翼、船舶、火车车厢、运输容器、安全帽、滑雪板等;由两种膨胀系数不同的金属板制成的双层金属复合材料可用于测量和控制温度的简易恒温器。

6.5.2.3 颗粒复合材料

颗粒增强复合材料是由一种或多种颗粒均匀分布在基体材料内所组成的复合材料。一般颗粒的尺寸越小,增强效果越明显,颗粒的直径小于 $0.01 \sim 0.1~\mu m$ 的称为弥散强化材料。不同颗粒起着不同的作用,如加入银粉、铜粉可提高导电、导热性能;加入 Fe_3O_4 磁粉可提高导磁性;加入 MoS_2 可提高减摩性;而陶瓷颗粒增强的金属基复合材料具有高的强度、硬度、耐磨性、耐蚀性和小的膨胀系数,可用于制作高速切削刀具、重载轴承及火焰喷嘴等高温工作零件。

6.5.3 复合材料在汽车上的应用

目前,汽车上常用的复合材料主要有纤维增强复合材料、金属基复合材料、陶瓷基复合材料等。

6.5.3.1 纤维增强复合材料(FRP)

纤维增强复合材料是汽车轻量化的最重要的材料,它是由纤维、树脂、填充料三部分组成的,其基体是塑料。FRP 中较典型的有玻璃纤维增强塑料和碳纤维增强塑料。

(1) 玻璃纤维增强塑料(GFRP)

这种复合材料是以树脂为基体,以玻璃纤维增强的复合材料,俗称玻璃钢。玻璃纤维是由玻璃熔化后以极快的速度抽制而成,直径多为 $5 \sim 9~\mu m$,柔软如丝,单丝的抗拉强度达到 $1\,000 \sim 3\,000~MPa$,且具有很好的韧性,是目前复合材料中应用最多的增强纤维材料。玻璃钢力学性能优良,抗拉强度和抗压强度都超过一般钢和硬铝,而比强度更为突出,因而广泛应用于制造各种机器护罩、复杂壳体、车辆、船舶、仪表、化工容器、管道等。许多新建的体育馆、展览馆、商厦的巨大屋顶都是由玻璃钢制成的,它不仅质量轻、强度高,而且还能透过阳光。

玻璃钢用作汽车零部件材料,可减轻汽车自重,提高汽车性能。目前常用于制造汽车通风和空调系统元件、空气滤清器壳[图 6 - 8(a)]、仪表板、发动机罩[图 6 - 8(b)]、行李箱盖和座椅架[图 6 - 8(c)]等。

(2) 碳纤维增强塑料(CFRP)

碳纤维增强塑料是以碳纤维为增强材料,以工程塑料为基体的复合材料。它不仅保持了玻璃钢的众多优点,而且许多性能高于玻璃钢。其强度和弹性模量均超过铝合金,甚至接近高强度钢,而密度比玻璃钢小,是目前比强度和比模量最高的复合材料之一,同时具

图 6-8 汽车上的玻璃纤维增强塑料
(a) 空气滤清器外壳；(b) 发动机罩；(c) 座椅架

有较高的疲劳强度、优良的耐磨性、减摩性及自润性、耐蚀性和耐热性等。其主要缺点是比较脆，碳纤维比玻璃纤维更光滑，因此与树脂黏结力更差。其主要用于制造要求比强度、比模量高的耐磨件、耐蚀件等。

碳纤维增强塑料将是汽车工业大量使用的增强材料。目前汽车耗油量要求逐年下降，要使汽车轻量化、发动机高效化，都要求有质轻和一材多用的轻型结构材料，而碳纤维增强塑料则是最理想的材料。碳纤维增强塑料在汽车上主要用于底盘系统中的悬置件、弹簧片、框架、散热器等；传动系统中的传动轴、离合器片、加速装置等；发动机系统中的推杆、连杆、摇杆、水泵叶轮等；车体上的车顶内外衬、地板、侧门等。图 6-9 所示为碳纤维增强塑料的应用。

图 6-9 碳纤维增强塑料的应用
(a) 汽车底盘零部件；(b) 尼康 D5300 相机外壳；(c) 网球拍；(d) 登山杖

6.5.3.2 金属基复合材料（MMC）

金属基复合材料通常是由低强度、高韧性的基体和高强度、高弹性模量的纤维组成的。金属基复合材料的基体大多采用铝、铜、铝合金、铜合金、镁合金和镍合金，增强材料一般为纤维状、颗粒状和晶须状的碳化硅、碳化硼、氧化铝和碳纤维，要求具有高的强度和弹性模量（抵抗变形及断裂）、高抗磨性（防止表面损伤）与高化学稳定性（防止与空气和基体发生化学反应）。

(1) 纤维增强金属基复合材料（FRM）

它是利用纤维的特性制造质轻的结构材料。其优点为比强度高、比刚性高，制成同等强度的零件可使重量下降；耐磨性和耐热性能好；热传导和电导性优良。因而 FRM 材料在汽车上常用来制造活塞环、连杆、气缸体、活塞销等。

(2) 颗粒、晶须增强金属基复合材料

颗粒及晶须增强金属基复合材料是目前应用范围最广、开发前景最大的一种金属基复合材料。这类材料的金属基大多数采用密度较低的铝、镁和铜合金，以便提高复合材料的比强度和比模量，其中较为成熟、应用较广的是铝基复合材料。这类复合材料所采用的增强材料为碳化硅、碳化硼、氧化铝颗粒或晶须，其中以碳化硅为主。汽车工业上应用的碳化硅颗粒铝合金基复合材料发展最快，它的强度比中碳钢好，与钛合金相近而又比铝合金略高，其耐磨性也比铝合金和钛合金好，密度只有钢的1/3，与铝相近。在汽车上多用来制造发动机活塞、喷油嘴部件、制动装置等。

6.5.3.3 陶瓷基复合材料

陶瓷具有耐高温、抗氧化、高弹性模量和高抗压强度等优点，但由于脆性大经不起冲击，因而限制了陶瓷的使用。20世纪80年代以来，通过在陶瓷材料中加入颗粒、晶须及纤维等得到的陶瓷基复合材料，使陶瓷的韧性大大提高。

陶瓷基复合材料具有高强度、高弹性模量、低密度、耐高温、高的耐磨性和良好的韧性，目前已用于高速切削工具和内燃机部件上。汽车工业的研究重点是用陶瓷替代金属制造发动机的零部件。汽车发动机部件乃至整机，用陶瓷材料可以提高热效率，无须水冷，而且比硬质合金的重量轻得多。例如，采用氮化硅陶瓷复合材料制造发动机的涡轮增压器，比镍基热合金涡轮增压器的重量减轻34%，起动到 10^4 r/min 所需的时间缩短了36%。

任务6.6　汽车用摩擦材料

汽车用摩擦材料是汽车上的消耗材料之一，主要起到传递动力、制动减速、停车制动等作用，是汽车制动系统与行车系统的重要组成部分。采用摩擦材料制造的汽车零部件主要包括：汽车制动摩擦片（图6-10）、汽车离合器摩擦片（图6-11）以及手制动摩擦片等。汽车摩擦材料对于汽车的安全性、使用性能及操纵稳定性起着十分重要的作用。

图6-10　汽车制动摩擦片

6.6.1 汽车用摩擦材料的性能要求

汽车制动摩擦片、汽车离合器摩擦片的主要功能是将动能转变成热量，然后将热量吸收或散发掉，同时通过摩擦降低摩擦材料和被它贴合的部件之间的相对运动。为了达到这些目的，对汽车用摩擦材料提出了以下性能要求。

6.6.1.1 高且稳定的摩擦系数

摩擦系数是摩擦材料的一个最为主要的技术指标，通常不是一个常数，而受温度、压力、速度或者表面状态、摩擦环境等影响而变化。理想的摩擦系数应该对这些因素的影响变化较小。

图 6-11 汽车离合器摩擦片
1—摩擦片；2—从动盘本体；
3—波形弹簧片；4—铆钉；
5—从动盘毂

6.6.1.2 良好的耐磨性

这是衡量摩擦材料使用寿命的一个重要指标。良好的耐磨性可使摩擦对偶的磨损降低。

6.6.1.3 较好的物理、力学性能

摩擦材料具有较好的物理、力学性能，除满足摩擦材料在加工过程中的要求之外，还要满足在使用中的强度要求，以保持良好的使用性能。通常包含的指标是冲击韧度、抗压强度、抗剪强度、导热系数和耐热性等。

6.6.1.4 不产生过大的噪声

汽车制动噪声的产生，因素很复杂，一般就摩擦材料而言，低模量、低摩擦系数则不易产生过大的噪声。

6.6.2 汽车摩擦材料的组成

汽车摩擦材料主要由增强材料、填充材料及黏结材料等组成。

6.6.2.1 增强材料

增强材料是摩擦材料中一个重要的骨架组成部分，纤维的选用对摩擦材料的摩擦、磨损性能有着重要的影响。增强材料主要有以下几种：

(1) 石棉

石棉作为一种天然矿物纤维，具有质轻、价廉、分散性好、增强效果好等特点，在摩擦材料中得到了广泛的应用。从 20 世纪 20 年代至 80 年代，石棉增强摩擦材料几乎是一统天下，基本能满足当时汽车及工程机械的需要。从 1972 年国际肿瘤医学会确认石棉及其高温挥发物属于致癌物质后，国际上掀起了一股禁止使用石棉摩擦材料的浪潮。此外，

随着汽车科技的进步及世界性的能源危机,汽车的车速更高、制动器更小及盘式制动器的出现,对摩擦材料的要求更高,使用条件也更为严酷。现今,高速轿车在紧急制动时前轮盘式制动器温度可达 300～800 ℃,而石棉在 400 ℃ 左右将失去结晶水,石棉脱水后导致摩擦性能不稳定、出现制动噪声等。因此,石棉摩擦材料明显不能适应汽车工业和现代社会需求,正逐渐被其他材料取代。

(2) 钢纤维

钢纤维摩擦材料为半金属摩擦材料,是以钢纤维代替石棉纤维增强材料而制成的摩擦材料。使用低碳钢及采取超声波切削生产出的钢纤维含油量低,表面活性好,价格便宜,因此在半金属摩擦材料中得到广泛应用。钢纤维的一个显著特点就是导热性好。钢纤维以其高导热性能使局部表面热量迅速扩散至内部,从而降低摩擦面温度,避免表面温度过高,防止树脂基体因热分解而导致材料磨损,缩短使用寿命。与石棉摩擦材料相比,钢纤维摩擦材料有平稳的摩擦系数,300～500 ℃ 时摩擦系数减少衰退;其高温磨损小,可压缩性低。但钢化纤维相对密度较大,易锈蚀,易产生刺耳的制动噪声。

(3) 玻璃纤维

玻璃纤维属于无机硅酸盐纤维,故其热稳定性较好。玻璃纤维发展历史较长,产品质量稳定,产量较大,价格也较便宜,因此在汽车摩擦材料中得到了一定范围的应用。但玻璃纤维硬度高,磨损比石棉增强材料大一倍以上,工作温度高时形成玻璃珠,摩擦系数不稳定。

降低玻璃纤维硬度及采用改性树脂基体可以改善上述缺陷。如国外采用 E 玻璃纤维制成的离合器片,具有良好的耐磨性,使用平稳,噪声低,无振动。

(4) 碳纤维

碳纤维具有比强度高、比模量高、耐热、耐磨、耐腐蚀及热膨胀系数较适宜等一系列优点。碳纤维增强碳基体的复合摩擦材料在航空航天工业中已得到了广泛应用。碳纤维作为汽车摩擦材料的增强纤维使用时主要存在两大障碍:一是原材料价格偏高,产量有限;二是碳纤维表面活性低,与基体树脂相容性差。此外,现有碳纤维一般为长纤维,难以达到适用于汽车摩擦材料的短纤维使用要求。

碳纤维增强材料比玻璃纤维增强材料有更高的摩擦系数和低的磨损率。

(5) 有机纤维

有机纤维摩擦材料有芳纶(KEVLAR)聚丙烯纤维、聚乙烯醇纤维、聚酯纤维等,其本身燃点高,高温热分解不明显。有机纤维单独作为增强纤维使用时,一般都须经过表面处理。通常是把天然或合成的有机纤维放在非电解的处理液中,使纤维表面镀上薄薄一层金属。进行过表面处理的有机纤维,既具有金属纤维的优点,如导热性好、耐磨等,又有非金属纤维的特点,如相对密度小、韧性好。有机纤维可以提高摩擦材料的稳定性,降低磨损量,对降低制动噪声也有明显作用。有机纤维摩擦材料以芳纶摩擦材料为最佳,但目前在降低价格和提高工艺上有待进一步努力。

(6) 混杂纤维

它采用两种或两种以上纤维进行混杂增强,不仅可以降低成本,还可充分发挥每一种纤维的优点,弥补相互的缺陷,使性能更加完善、更加优异。

采用混杂纤维为增强纤维将是摩擦材料的一个主要方向。目前,国内外已进行了碳纤维/钢纤维、玻璃纤维/有机纤维、钢纤维/芳纶混杂的研究,并取得了良好的效果。

6.6.2.2 填充材料

填料是摩擦材料中不可缺少的部分,其在摩擦材料中主要起改善材料的物理与力学性能,调节摩擦性能及降低成本的作用,可分为有机、无机和金属三种材料。

目前,填料常用重晶石、硅灰石、氧化铝、铬铁矿粉、氧化铁及铜、铅等粉末。

6.6.2.3 黏结材料

汽车摩擦材料用黏结材料多以酚醛树脂为主,也有相当一部分使用了含橡胶、腰果油、聚乙烯醇或其他高分子材料成分的改性酚醛树脂。

港珠澳大桥背后的新材料

资源 6 – 14
新型材料简介

2018 年 10 月 24 日,正式通车的港珠澳大桥刷爆了朋友圈。这项东接香港、西接广东珠海和澳门,总长约 55 km 的超大型跨海交通工程被评为"新世界七大奇迹之一"。港珠澳大桥是世界最长的跨海大桥,也是中国第一例集桥、双人工岛、隧道为一体的跨海通道,该工程筹备 6 年,建设 9 年。如图 6 – 12 所示。

"超级工程"背后少不了科技力量的驱动!它有着非常多的科技创新,新材料、新工艺、新设备、新技术层出不穷,仅专利就达 400 项之多!当然,其中也包含了创新型功能复合材料的使用。

图 6 – 12 港珠澳大桥

1. 超高分子量聚乙烯纤

为使桥体更牢固,港珠澳大桥采用高性能绳索吊起,该绳索是由中石化南京化工研究院有限公司和中国纺织科学研究院,耗时十多年研发成功的超高分子量聚乙烯纤维制成的,由 14 万根高强度纤维丝组成的吊带在海上吊装起了重达 6 000 t 的钢筋混凝土预制件。这种超高分子量聚乙烯纤维,粗细仅有头发直径的 1/10,但做成缆绳后,比钢索强度还高,承重力能达到 35 kg。超高分子量聚乙烯纤维,商品名为"力纶",与碳纤维、芳纶并称为三大高性能纤维,是目前世界上强质比最高的纤维,在国防军工和民用工业上都有广泛的应用,是强国强军的战略物资。

2. 新型高分子塑料模板

在建造人工岛环岛跃浪沟时，有一款由国内公司研发的新型高分子塑料模板就发挥了相当大的作用。据悉，该塑料模板采用热塑长纤维增强的高分子复合材料制成，一平方米塑模重量约 10 kg，仅为钢模的七分之一，同时还具有耐磨损、防腐蚀、强度高等特点。塑料模板采用统一的组合构件，可以灵活快速地进行模板化组装，施工人员只需简单培训即可快速掌握操作，同时施工时不存在模板出现残钉、尖刺等问题，可大幅度降低施工安全隐患。

3. OVM 桥梁减隔振技术

根据特殊的工况需求，港珠澳大桥需要能够抵抗 16 级以上台风，这是目前对抗风要求最严苛的国内桥梁工程。经过多番调试，大桥采用了柳州东方工程橡胶制品有限公司自主研发、生产的铅芯隔振橡胶支座和高阻尼隔振橡胶支座两种类型的支座。该支座由铅芯棒、橡胶层、钢板等迭层黏结而成，铅芯棒增大支座的阻尼，吸收外力传来的能量；钢板提高支座竖向刚度，有效支撑建筑结构；橡胶层赋予支座高弹性变形及复位和承载的功能。

港珠澳大桥因地质条件复杂，要同时面临台风、海啸、船撞等多重考验。株洲时代新材料科技股份有限公司制造的"超大高阻尼橡胶隔震支座"长 1.77 m、宽 1.77 m，设计使用寿命 120 年，能有效降低直接袭向建筑物的冲击力。港珠澳大桥还安装了时代新材公司研发的防船撞装置。其防撞护舷采用纤维增强塑料复合材料，通过真空灌注一体成形。当船舶撞击桥墩时，不仅能够减轻桥墩承受的撞击力，还能保护撞桥船只的安全。

港珠澳大桥为钢构桥，有不少拼装项目，拼装处的加固材料尤为重要。加固材料选用了湖南固特邦土木技术发展有限公司的产品，该公司生产的加固材料具有高电阻、抗冲击、耐疲劳、抗老化性及耐酸耐碱性好等特点。桥墩防撞技术成为大桥设计的重中之重。江苏宏远科技工程有限公司根据港珠澳大桥桥墩型式，采用固定式复合材料柔性消能护舷。该护舷由复合材料迎撞面、增强连接板、消能柱、闭孔耗能芯材组成，耗能闭孔泡沫材料等通过真空导入，一体成形，呈"7"字形，成了港珠澳大桥的"防护服"，有效减轻船只撞桥带来的破坏力，提高航运安全性。

港珠澳大桥工程项目，从科研阶段到开工建设，科技创新的理念贯穿始终，国内开发生产的一系列新材料新构件，不仅打破了国外技能壁垒，满足了大桥建造的特别需求，还为我国交通建设行业的自主创新、技术进步起到引领作用。

本章小结

1. 塑料是一种高分子材料，具有密度小、化学性稳定、比强度高、电绝缘性好等优良性能，其缺点是刚性差、强度低、耐热性差、有老化现象。常用来制造汽车仪表盘、灯罩、风扇叶片、挡泥板、电器壳体、杂物箱、开关插座等。

2. 橡胶是一种在使用温度下处于高弹性状的高分子材料，具有低的弹性模量、高的伸长率、优良的伸缩性和好的积储能量的能力，还有高的拉伸强度、疲劳强度以及良好的耐磨性、隔声性、不透水性、不透气性、耐酸碱性和电绝缘性等。常用来制造汽车轮胎、胶带胶管、密封圈、减震块等。

3. 玻璃是硅酸盐类材料的一种，主要由二氧化硅和各种金属氧化物组成。汽车玻璃分为安全玻璃、夹层玻璃、钢化玻璃、区域钢化玻璃。新型玻璃主要有调光夹层玻璃、热线反射玻璃、除霜玻璃等。

4. 陶瓷由晶体相、玻璃相和气相组成。其力学性能表现出突出的硬而脆的特点。在热性能上表现出高熔点、高热强性、高抗氧化性，同时具有高的耐蚀性和绝缘性，是有发展前途的高温材料。在汽车上可制作陶瓷绝热发动机、气门、进排气管、活塞、喷嘴等零件。

5. 复合材料是由两种或两种以上的性质不同的材料组合而成的多相材料。一般是由一种强度低塑性好的基体材料，再加上一种强度高脆性大的增强材料所组成，具有其组成材料本身所没有的优越性能。性能上最突出的优点是比强度高，还有抗疲劳性能好、减震能力强、耐高温性能好、断裂安全性好等。缺点是断裂伸长率较小、抗冲击性低、横向拉伸和层间抗剪强度较低，尤其是成本高。汽车上常用的复合材料是纤维增强塑料（FRP）。典型的有碳纤维增强塑料和玻璃纤维增强塑料，该制件的最大优点是轻量化效果显著，节能效果胜于钢和铝合金制件。

技能训练题

一、名词解释

1. 塑料　2. 橡胶　3. 玻璃　4. 陶瓷　5. 复合材料

二、填空题

1. 塑料是由_____和_____两大部分组成的。
2. 橡胶是以_____为主要原料，并添加适量的配合剂制成的高分子材料。
3. 普通陶瓷是以_____、_____、_____等天然硅酸盐为原料，经粉碎、成型、烧制而成的产品。
4. 复合材料一般由_____相和_____相组成。
5. 玻璃钢是以_____为基体，以_____增强的复合材料。

三、判断题

1. 尼龙是一种工程塑料。（　　）
2. 钢化玻璃在受到冲击破碎后，碎片小而无棱角，可用于制作风窗玻璃（　　）
3. 夹层玻璃受到破坏时，碎片不易脱落，不影响透明，不产生折光现象，可用于制作轿车的前风窗玻璃。（　　）
4. 天然橡胶是从橡胶树上采集的胶乳制成，因而不适宜作汽车轮胎。（　　）
5. 大多数陶瓷都具有较好的电绝缘性能，可直接作为传统的绝缘材料使用。（　　）

四、简答题

1. 汽车上主要应用塑料的部件有哪些？
2. 轮胎、密封条、胶管、胶带减震元件及耐油元件是由哪种橡胶制成的？
3. 汽车前风窗玻璃用钢化玻璃是否合适？为什么？
4. 汽车上有哪些部件可用陶瓷制造？
5. 汽车上常用的复合材料主要有哪些？

模块 7
汽车用燃料

🚗 知识点

1. 了解车用汽油、车用柴油的使用性能及评价指标，汽车新能源的发展状况，认识使用和开发新能源的重要性。
2. 掌握车用汽油、车用柴油的牌号和规格。

🚗 技能点

能够合理选用与正确使用车用汽油和车用柴油。

汽车作为交通工具在道路上行驶，需要消耗燃料以提供动力。燃料通常指能够通过燃烧将自身储存的化学能转化为热能的物质。目前汽油和柴油是汽车的主要燃料。近年来为了减少能源消耗、降低空气污染，开发了醇类燃料、天然气和液化石油气等汽车新能源。

任务 7.1　车用汽油

【案例 7-1】　汽油和柴油都是从石油中提炼得到的，石油是埋藏在地下的天然矿产物，未经过炼制前叫原油。原油是由多种元素组成的多种化合物的混合物，其主要组成元素是碳、氢、硫、氧和氮。

汽油是在石油中精炼出来的，主要由碳、氢元素组成的碳氢化合物，碳约占 85%，氢约占 15%。汽油是汽油发动机（点燃式发动机）的主要燃料，密度一般为 0.71 ~ 0.75 g/cm³，有特殊的汽油芳香气味，是一种密度小且易于挥发的液体燃料，自燃点为 415 ~ 530 ℃。汽油分为车用汽油、航空汽油、工业汽油和溶剂汽油。汽车所使用的为车用汽油。

7.1.1　车用汽油的使用性能

车用汽油使用性能的好坏，对发动机的动力性、可靠性、经济性以及使用寿命都有很大影响。因此车用汽油必须满足的基本要求是：

1）在极短的时间内由液体蒸发成气体，与空气形成良好的可燃混合气，使其快速、平稳的燃烧；

2）汽油在油路中不挥发形成"气阻"；

3）具有良好的抗爆性，不发生爆燃现象；

4）在储存和使用过程中不发生明显的质量变化，燃烧后无积炭；

5）不引起发动机零部件的腐蚀，不含有机械杂质及水分，环境污染少，无害等。

车用汽油的使用性能主要包括：蒸发性（挥发性）、抗爆性、安定性（稳定性）、腐蚀性和清洁性等。

7.1.1.1　蒸发性（挥发性）

汽油的蒸发性是指汽油由液体状态转化为气体状态的性能。汽油蒸发性是否良好，将直接影响汽油机中的燃烧是否正常，影响发动机的功率和经济性。

由于现代汽油发动机的转速都比较高，燃烧速度比较快，所以要求燃料供给系统必须在极短的时间内（0.02 ~ 0.04 s）形成良好均匀的可燃混合气。如果汽油蒸发性能不好，汽油汽化不完全，就难以形成足够浓度的混合气体，不但发动机不易起动，而且会有部分汽油以液体状态进入燃烧室，造成点火不良、发动机工作不稳定，增加油耗和排放污染（冒黑烟）。此外，未蒸发的汽油还会附着在气缸壁上，破坏润滑油膜，甚至窜入曲轴箱，使润滑油变稀，从而导致机油变质，加速机件磨损。特别是在冬季，若使用蒸发性不好的汽油，容易导致发动机不能顺利起动和正常工作。

汽油的蒸发性越好就越容易汽化，发动机中的可燃混合气体燃烧速度就越快越彻底，同时发动机容易起动，且加速及时、工作平稳，输出功率也就越大。但如果蒸发性能过好，会使汽油在储存、运输、加注过程中由于蒸发太快而损耗增大，而且在夏季使用时，会使汽油在油管中产生大量的气泡，造成供油中断，形成"气阻"现象，从而导致发动机不易起动、怠速不稳、加速不良，甚至熄火。所以要求汽油的蒸发性能（挥发性）要适当。

评定汽油挥发性的指标有馏程和饱和蒸气压。

（1）馏程

馏程指定量油品在规定条件下蒸馏时，从初馏点到终馏点的温度范围。馏程的测定方法如图7-1所示，取100 mL汽油，倒入带有支管的蒸馏烧瓶中，然后按一定条件加热烧瓶中的汽油，使其蒸发成气体，通过支管进入冷凝器，冷却后又变成液体汽油经冷凝管流入量杯中。蒸馏出第一滴汽油时的温度称为初馏点，量杯中回收到10 mL、50 mL、90 mL冷凝液时的温度，分别称为10%、50%、90%馏出温度，全部液体从蒸馏烧瓶底部蒸发后的温度称为终馏点。

图7-1 馏程的测定

10%馏出温度表示汽油中轻质馏分的含量。该温度对汽油机冬季起动的难易程度和夏季是否发生"气阻"有很大影响。该温度低，发动机容易起动，起动时间短，耗油少；但温度过低，则易在夏季或高原地区产生"气阻"。国标要求该温度不高于70 ℃，一般以60~65 ℃为宜。表7-1所示为汽油10%馏出温度与起动温度的关系。

表7-1 汽油10%馏出温度与起动温度的关系

起动温度/℃	-21	-17	-13	-9	-6	-2
直接起动的10%最高馏出温度/℃	54	60	66	71	77	82

50%馏出温度表示汽油的平均挥发性，它对发动机起动后到正常工作温度的预热时间、加速性能和工作稳定性有很大影响。该温度低，可改善发动机的加速性、工作稳定性和起动后的暖车升温性能，所以国标要求该温度不能高于120 ℃。表7-2所示为汽油50%馏出温度与发动机预热时间的关系。

表7-2 汽油50%馏出温度与发动机预热时间的关系

50%馏出温度/℃	104	127	148
起动后正常温度的预热时间/min	10	15	28以上

90%馏出温度和终馏点表示汽油中含重质馏分的量，它们对汽油能否完全燃烧和发动机的磨损有影响。这两个温度过高，说明汽油中含重质馏分多，蒸发性差，汽油燃烧不完

全，会冒黑烟，油耗量增大。同时残留的重质馏分还会破坏缸壁上的油膜，加剧气缸的磨损。因此，国标要求汽油90%馏出温度不能高于190 ℃，终馏点不能高于205 ℃。终馏点与气缸磨损、油耗量的关系见表7-3。

表7-3 终馏点与气缸磨损、油耗量的关系

终馏点温度/℃	175	200	225	250
气缸磨损/%	97	100	200	500
油耗量/L	98	100	107	140

汽油蒸发后仍会有一些残留物，它是汽油在储存中氧化生成的胶状物和汽油中的重质馏分。这些残留物会沉积在进气门、化油器量孔或电喷汽油机的喷嘴上，破坏发动机的正常工作，因此要严格控制其残留量。

（2）饱和蒸气压

饱和蒸气压是指汽油蒸发至液、气两相达到平衡时，汽油蒸气对容器壁产生的压力，用来评定汽油在使用中产生的"气阻"倾向的大小。饱和蒸气压越高，说明汽油中含轻质成分越多，挥发性和低温起动性越好，但产生"气阻"的可能性越大，在储存中的蒸发损耗也越大，所以国标规定饱和蒸气压春夏季不大于74 kPa，秋冬季不大于88 kPa。

7.1.1.2 抗爆性

汽油的抗爆性是指汽油在发动机气缸内燃烧时抵抗爆燃的能力。"爆燃"是指汽油在气缸内工作时不需要点火而是靠自燃而燃烧的现象，是一种不正常的燃烧。造成爆燃的主要原因有：进气温度过高，点火提前角过大，压缩比过高，汽油自身的原因，以及发动机的结构和工作的条件等。抗爆性能好的汽油可以用在压缩比较高的发动机上，从而大大地提高了发动机的动力性和经济性能。

抗爆性是车用汽油的一项重要的质量指标，用辛烷值来评定汽油抗爆性的好坏。辛烷值是表示点燃式汽油机燃料抗爆性的一个约定数值。在规定的标准发动机试验中，通过和标准燃料进行分析比较来测定，采用和被测定燃料具有相同抗爆性的标准燃料中异辛烷的体积百分数来表示。辛烷值越高，汽油牌号越高，其抗爆性能越好。但是在发动机试验中，由于规定的额定条件不同，从而导致测定的辛烷值也随之改变。按照试验测定的方法可分为研究法（RON）和马达法（MON）两种。

研究法辛烷值表示汽油在中负荷、低转速运转条件下汽油的抗爆性。它是以较低的混合气温度（一般不加热）和较低的发动机转速（一般在600 r/min）的中等苛刻条件为其特征的实验室标准发动机上测得的辛烷值，它模拟了轿车在城市道路条件下行驶的工况。马达法辛烷值则表示汽油机在重负荷、高速运转条件下汽油的抗爆性。它是以较高的混合气温度（一般加热至140 ℃）和较高的发动机转速（一般在900 r/min）的苛刻条件为其特征的实验室标准发动机上测得的辛烷值，它模拟了载货汽车在公路条件下行驶的工况。同一种汽油用研究法测定的辛烷值比马达法测定的辛烷值要高6~10个单位，其差值称为汽油的灵敏度，可用来反映汽油抗爆性随运转工况激烈程度的增加而降低的情况，汽油灵敏度越小越好。

驾驶员选择汽油时一定要注意：爆燃只发生在汽油机上，牌号高的汽油可以避免爆燃

的发生，但不要相信汽油辛烷值越高越好的说法。如果汽车只需要 93 号的汽油，而给它 97 号的汽油，也不会提高效率或动力，反而会造成经济损失。因此，建议先查一查发动机所需要汽油的牌号是多少，按使用说明所规定的牌号即可。

7.1.1.3　安定性（稳定性）

安定性是指汽油在正常的储存和使用条件下，避免氧化生胶而保持其性质不发生永久变化的能力。汽油安定性的好坏直接影响发动机的工作能力。安定性好的汽油不会给发动机带来危害，而安定性较差的汽油，极容易发生氧化反应，从而生成胶状物质和酸性物质，使汽油的辛烷值降低、酸值增加、颜色变深。如果长期使用这种汽油，则会由于产生的胶质黏稠沉淀，而导致汽油滤清器、油管、电喷式发动机的喷嘴等部位堵塞；由于产生的黏稠物质粘接气门而导致关闭不严，压缩比降低，燃烧不彻底，从而产生的积炭明显增加，导致压力升高，气缸的散热也较差；积炭的增加会使火花塞的间隙减小，而导致点火能力下降，等等。为此要求驾驶人员选用汽油时特别要注意，一定要选择安定性（稳定性）好的汽油。

评定汽油安定性的主要指标有实际胶质和诱导期。

（1）实际胶质

实际胶质是指在规定条件下测得的发动机燃料的蒸发物，以 mg/100 mL 表示。实际胶质是判断汽油在使用过程中生成胶的倾向，从而决定汽油能否使用和能否继续储存。对于汽油的实际胶质，规定出厂时不大于 5 mg/100 mL；出厂后 4 个月检查封样时不大于 10 mg/100 mL；油库交付给使用单位时不大于 25 mg/100 mL。

（2）诱导期

诱导期是指在规定的加速氧化条件下，油品处于稳定状态下所经历的时间周期，以 min 表示。诱导期越长，越不易氧化，生成胶质的倾向越小，其安定性越好，适宜长期储存。一般国产汽油出厂时诱导期在 600~800 min，在普通条件下储存 21 个月后，诱导期仍在 400~500 min。

7.1.1.4　清洁性

汽油的清洁性是指汽油中不应含有机械杂质和水分。汽油中存有的机械杂质和水分一般是在汽油储存、运输和使用过程中因受到外界环境的影响而混入的。机械杂质能增大发动机的磨损，水分会加大氧化生胶。所以国家标准中规定汽油中不允许有机械杂质和水分。如果需要对汽油机进行检测，最简单的办法就是将 100 mL 的汽油注入玻璃管中，静置一段时间（12~18 h）后，观察玻璃管中的汽油，如果油色透明没有悬浮物和沉淀物，即为合格。

7.1.1.5　腐蚀性

汽油在储存、使用过程中，不可避免地要与各种金属接触，这就要求汽油对金属不应有腐蚀性。汽油中各种烃类物质本身并不腐蚀金属，引起金属腐蚀的物质主要是硫及硫化物、有机酸和水溶性酸或碱等物质。为此国标规定车用无铅汽油的硫含量不大于 0.05%，硫醇硫含量不大于 0.001%。

7.1.2 汽油的选用及使用注意事项

【案例7-2】 你驾驶上海别克轿车驶入加油站（图7-2），在几台加油机上分别标着92、95、98等牌号。那么，你到底应该开车到哪个加油机去加油呢？

图7-2 汽油的选用

资源7-1
汽油选用及
注意事项

7.1.2.1 汽油的选用

选择汽油时一定要按照汽车使用说明书中发动机的压缩比和汽车生产厂家推荐的汽油牌号来选择相应牌号（即辛烷值）的汽油，这样不仅可以充分发挥发动机的动力性能和经济性能，还有利于延长发动机的使用寿命和降低成本，同时还可以预防或减少发动机在保证正常运行工作中不发生"爆燃"的现象。

我国车用汽油目前所使用的有89、92、95和98四个牌号的汽油。要想保证发动机在工作中不发生"爆燃"现象，就必须合理地选择相应牌号的汽油，通常是根据压缩比的高低来进行选择的。当发动机压缩比较高、爆燃倾向较大时，应选用牌号较高的汽油；反之，压缩比较低的发动机应选用牌号较低的汽油。车用汽油的基本选用原则是：压缩比在8.0以下的发动机，应选用89号车用无铅汽油；压缩比在8.0～8.5之间的发动机，应选用92号车用无铅汽油；压缩比在8.5～9.5之间的发动机，应选用92、95号车用无铅汽油，高性能跑车选98号汽油。

【特别提示】

由于汽车排放控制标准的实施，我国从2000年1月起已禁用含铅汽油。2013年12月18日第五阶段车用汽油国家标准发布，自发布之日起开始实施，过渡期截至2017年年底。从2018年1月1日起全国范围内供应第五阶段车用汽油，将原90、93、95号汽油调整为89、92、和95号汽油，如图7-3所示。

汽油质量的好坏，可以根据一看、二嗅、三摸和四摇等方法来判定。

图7-3 国Ⅳ和国Ⅴ汽油标准对照

一看：主要是观察汽油的颜色，标准的98号汽油其颜色为翠绿色，而标准的92号汽油其颜色为浅淡黄色或浅黄红色，含铅汽油则为红色，如果汽油颜色太浅，甚至发白，则可能是伪劣产品，选择时应加以注意。

二嗅：主要是闻汽油的味道，加有 MTBE（甲基叔丁基醚）的汽油会有一股酸味，适当少量地加入可以提高汽油的辛烷值，但如果超过 15%，氧的含量就会超标。

三摸：主要检查汽油的蒸发性和黏度，如果将少许汽油放在手上很快蒸发掉，则说明汽油合格；如果很长时间还没有蒸发掉，则说明汽油与柴油或润滑油在储存或使用中混合。

四摇：主要是观察汽油的黏度和泡沫性能，其检查的方法主要是根据以往的经验。

7.1.2.2 汽油使用注意事项

由于驾驶员自身问题会长期使用含铅较高或牌号不当的汽油。长期使用后，会在燃烧室内产生大量的积炭，从而导致压缩比升高，爆燃的倾向加大，此时需要驾驶员及时维护发动机。为保证发动机正常工作必须注意以下事项：

1）需要更换汽油牌号时要注意，对于传统的蓄电池点火的发动机，当汽油由低牌号改换为高牌号时，可以把点火提前角适当提前，这样就可以充分发挥汽油的性能而不至于浪费；当汽油由高牌号改换为低牌号时，可以把点火提前角适当迟后，这样可以避免爆燃的发生。对电控发动机则由电控单元和爆燃传感器自动调节。

2）当车辆在炎热的夏季或高原地区时，由于温度高，气压低，易发生气阻，应该更换为饱和蒸气压较低的汽油；反之，则选择牌号（即辛烷值）较高的汽油。

3）由于发动机长期使用，燃烧室积炭、缸盖经多次修理，会使发动机缸压升高，而导致爆燃。因此，这类汽车在维修后应使用高一级牌号的汽油。

4）汽油中不得掺入其他油液（如煤油或柴油等），如果掺入会引起不必要的麻烦，如爆燃会严重破坏发动机润滑，从而导致发动机的磨损增加。

5）不要使用长期储存或已经变质的汽油，这些汽油燃烧后会产生大量的积炭而影响发动机的工作，特别是电喷发动机影响会更大。

6）汽油易燃、易爆、易产生静电，使用时要注意安全。

【想一想】

为什么油料着火不能用水扑救？

任务 7.2　车用柴油

【案例 7-3】　南方炎热的夏季气温高达 40 ℃，而北方寒冷的冬季气温低至零下 30 ℃ 以下。汽车在这两种环境下，同一种型号的柴油都能够使用吗？柴油是否与汽油一样，也存在着不同的牌号和规格？又怎样选择和使用呢？

柴油是车用柴油发动机的主要燃料，在国民经济中占有重要的地位。柴油和汽油一样也是从石油中精炼出来的，是由碳、氢元素组成的水白、浅黄或棕褐色的液体，如图7-4所示。柴油分为轻柴油和重柴油，轻柴油用于高速运转的发动机，重柴油用于低速运转的发动机。

图7-4 车用柴油

柴油发动机的燃烧不是由火花塞直接点燃，而是柴油与被压缩的高温空气相遇后自行着火燃烧的，故又称为压燃式发动机。柴油发动机具有热效率高、耗油量低、燃料资源较汽油丰富、使用耐久可靠、燃料火灾危险性小等特点，因此柴油发动机广泛用于汽车、舰艇、坦克和工程机械，特别是一些大型重载汽车，大多使用柴油机。

7.2.1 柴油的使用性能

柴油的使用性能包括：发火性、低温流动性、蒸发性、黏度、安定性、腐蚀性和清洁性等。

7.2.1.1 发火性（燃烧性）

发火性是指柴油在柴油发动机中的自燃能力。柴油的发火性主要取决于发火延迟期的长短。发火延迟期是指从柴油喷入燃烧室至开始着火的时期。发火性好的柴油，着火延迟期短，着火燃烧后气缸内压力上升平稳，柴油机工作柔和；如果发火性不好，着火延迟期就长，会使燃烧室的积油量增多、燃烧不充分、功率下降、油耗增加、磨损加大、排气冒黑烟等。同时会引起发动机工作粗暴，从而导致曲柄连杆机构受冲击力过大而产生弯曲并发出强烈的敲击声，使零部件损坏。

柴油的发火性是以十六烷值评定的。与汽油辛烷值类似，也是用两种发火性差异很大的燃料作为基准物对比得出的数值。一种为正十六烷，发火性好，定其十六烷值为100；另一种是α-甲基萘，发火性差，定其十六烷值为0。按不同比例将它们混合在一起，可获得十六烷值为0～100的标准燃料，然后在可变压缩比的标准单缸十六烷值测定柴油机上，将被测燃料与标准燃料进行同期闪火对比试验，若被测燃料与某标准燃料在相同条件下同期闪火，则标准燃料的正十六烷体积百分数即为被测燃料的十六烷值。

柴油机的转速越高，燃烧速度越快，对十六烷值要求就越高，一般1 000 r/min以下的柴油机，应使用十六烷值为35～40的柴油；1 000～1 500 r/min的柴油机，应使用十六烷值为40～45的柴油；1 500 r/min以上的柴油机，应使用十六烷值为45～60的柴油。柴油的十六烷值越高，其发火性越好，汽车就越容易在较低气温下起动。但十六烷值也不宜过高，否则柴油的低温流动性、喷雾和蒸发等性能均会受到影响，导致燃烧不完全、降低发动机功率、增加油耗、排气冒黑烟。一般十六烷值为40～50的柴油基本可满足工作要求。表7-4所示为柴油十六烷值与起动最低温度的关系。

表7-4 柴油十六烷值与起动最低温度的关系

柴油十六烷值	30	40	50	60	70	80
可以起动的最低温度/℃	30	12	4	-4	-8	-11

7.2.1.2 低温流动性

低温流动性是指柴油在低温的条件下也应具有一定的流动状态以供发动机燃烧，从而保证发动机正常工作的性能。柴油的密度和黏度都比汽油大，随着温度的降低，柴油的黏度会变得更大，流动性变差。如果柴油的低温流动性不好，在低温工作时会堵塞油管或滤清器，从而无法形成良好的混合气而导致发动机工作不正常或根本无法起动。评定柴油低温流动性的指标有凝点、浊点和冷滤点。

（1）凝点

凝点又称凝固点，是将柴油装在规定的试管内，冷却到预期的温度。将试管倾斜45°，经过1 min液面不移动，此时的温度便是柴油的凝点。凝点是柴油储存、运输和油库收发作业的低温界限温度，同时与柴油低温使用性能有一定的关系。发动机使用凝点过高的柴油，停车后再起动将会非常困难。凝点越低的柴油，在柴油机燃料系统中供油性能越好，因此，在室外工作的发动机一般应使用凝点低于周围气温5~7 ℃以上的燃料，才能保证发动机的正常工作。

柴油的凝点是评定其性能的最重要的指标之一，我国轻柴油是按凝点来确定牌号的。例如0号柴油，它的凝固点是0 ℃，10号柴油的凝固点是 -10 ℃，25号柴油的凝固点是 -25 ℃。

（2）浊点

浊点是指在规定条件下，柴油冷却至由于石蜡出现而失去透明时的最高温度。此时柴油虽仍可流动，但易造成油路堵塞而出现供油故障。

（3）冷滤点

冷滤点是指在规定条件下，1 min 内通过363目/英寸^2（1英寸=2.54厘米）过滤器的柴油不足20 mL的最高温度。冷滤点与柴油实际使用的最低温度有较好的对应关系，可作为根据气温选用轻柴油的依据。一般冷滤点要高于凝点4~6 ℃，比浊点略低。

7.2.1.3 蒸发性（挥发性）

蒸发性是指柴油由液态转化为气态的能力。柴油的蒸发性要比汽油的蒸发性差得多，但是柴油的馏分要比汽油重。柴油的蒸发性能及蒸发的速度对发动机的工作有着重要的影响。蒸发性能好，柴油机起动性能就好，燃烧充分，耗油低，积炭少，排烟也较少；如果蒸发性不好，会给柴油机带来不必要的影响，如混合气不易形成、燃烧不充分、耗油量增加、污染发动机的润滑油及导致排放污染增加等。但蒸发性过高会影响储运及使用安全，发动机工作容易粗暴。

柴油的蒸发性主要用馏程、闪点等评定。柴油馏程测定方法与汽油基本相同，测定项目有50%、90%和95%馏出温度。50%馏出温度低，则轻质馏分多，易于起动。但50%馏出温度过低时，柴油蒸发太快，易引起全部柴油迅速燃烧，缸内压力升高剧烈，发动机工作粗暴；90%馏出温度与95%馏出温度越低，柴油中重质馏分含量越低，柴油燃烧更加充分，可提高柴油机的动力性，降低油耗，减小机械磨损。闪点指柴油在一定条件下加热，当油料蒸气与周围空气形成的混合气接近火焰时，开始发出闪火时的温度。闪点低的柴油蒸发性好，但闪点太低会使柴油机工作粗暴，同时储运及使用中的安全性下降。

7.2.1.4 黏度

黏度是表示柴油稀稠度的一项重要指标。黏度是随温度变化而变化的,温度高时油料变稀,黏度变小;温度低时油料变稠,黏度变大。轻柴油的黏度是指20 ℃时的黏度。当黏度过大时,流动性能变差,影响供油量,同时,喷入气缸内的油粒较大,影响雾化,不易与空气均匀混合,这样燃烧不完全,燃油消耗量增加;当黏度过小时,在喷射时,因油粒细小、射程太短,同样不能很好地均匀分布,以致燃烧不完全,排气冒黑烟。因此,为了标准发动机正常工作,要求柴油的黏度保持在适当范围内。

7.2.1.5 安定性

安定性是指柴油在储存、运输和使用过程中保持外观颜色、组成和性能不变的能力。安定性好的柴油无论是在储存还是使用过程中其颜色和性能基本保持不变。而安定性差的柴油在一段时间后其颜色和性能都会发生明显的变化,会使油中的实际胶质明显增多。经常使用安定性不好的柴油会使滤清器、油管、喷油器堵塞,燃烧室积炭快速增多。

影响柴油安定性的因素主要是内部的化学成分和外部的环境因素。化学成分主要是指碳氢化合物和非碳氢化合物两大部分,其中碳氢化合物中的烯烃是影响安定性的主要原因;而非碳氢化合物中的硫化物和氮化物是影响安定性的次要原因。外部环境主要是指储油容器、空气中的氧含量、气候温度等。如果使用金属容器储油会对柴油的氧化有一定的催化作用,氧的含量增多会使柴油与氧的接触多,温度高会加快柴油变质的速度。所以为保证发动机正常工作充分发挥其动力性能,要求驾驶员在选用柴油或储存柴油时,注意在合理的储存条件下进行柴油选择和使用,这样才能使发动机工作可靠,减少机件的磨损,延长发动机的使用寿命。

7.2.1.6 腐蚀性

腐蚀性是指柴油在储存和使用的过程中不腐蚀零件的能力。腐蚀性主要是因为柴油中含有硫化物、有机酸和碱等有害物质,这些有害物都会影响发动机的正常工作。其中硫和硫醇硫对发动机的影响更大,因为它们燃烧完都会生成二氧化硫和三氧化硫等酸性有害物质,不仅会对发动机零部件进行强烈的腐蚀,如果硫的含量过多还会使发动机的润滑油变稀、变质而使零部件磨损加剧。使用硫含量过大的柴油,燃烧不彻底会使燃烧室、活塞顶、喷油器、进排气门等部位产生大量的积炭,加大气缸的磨损,从而影响发动机的使用寿命。正因为这些有害物质的存在会给发动机带来种种不良后果,为此要对柴油中的有害物质进行严格控制。国标强制规定柴油中的硫含量不得大于0.2%,硫醇硫含量不得大于0.01%。

7.2.1.7 清洁性

柴油的清洁性用灰分、机械杂质和水分等指标评定。灰分是指柴油中不能燃烧的矿物质,呈颗粒状,坚硬,它是造成气缸壁与活塞环磨损的重要原因之一。为保证发动机具有较高的动力性,要严格控制灰分在柴油中的含量,国家标准规定灰分在柴油中的含量不得高于0.01%。机械杂质与水分是柴油在储存和运输的过程中不慎混入的杂质。机械杂质会使柴油发动机中的精密偶件卡死、喷油器喷孔堵塞而影响供油;水分会降低柴油发热量,冬季或低温下易结冰而堵塞油路,还有可能溶解可溶性的盐类使灰分增大,如果水分和有机酸混合在一起还会加快零件的腐蚀。所以国标严格控制柴油中机械杂质和水分的含量,其中水分不得高于0.03%的体积分数。

7.2.2 柴油的选用及使用注意事项

7.2.2.1 车用柴油的选用

我国柴油牌号是按照凝点来划分的,分为5、0、-10、-20、-35和-50六种牌号。车用柴油应根据地区和季节的气温高低来选用。

为了保证发动机燃料在最低温下正常供应,不发生凝固而失去流动性,造成油路堵塞,所选柴油牌号要比当地、当月最低气温低5~7℃。当地区温度较低时,选用较低牌号的柴油;地区温度较高时,选择较高牌号的柴油。在气候温度允许的情况下应尽量选用高牌号的柴油,否则会造成使用成本升高。因为低牌号柴油价格较高,如-35号柴油的价格是10号柴油的2倍。为了充分利用资源与降低成本,不同牌号的柴油可以掺兑使用,例如将50%的0号柴油与50%的-10号柴油混合,其凝点为-4~-5℃,适合于冬季最低气温在0~-3℃的地区使用。我国各地可参考表7-5选用车用柴油。

表7-5 推荐选用的柴油牌号

牌号	适用地区季节	适用最低气温/℃
5号	全国各地6—8月和长江以南4—9月	8
0号	全国各地4—9月和长江以南冬季	4
-10号	长江以南地区冬季和长江以南地区严冬	-5
-20号	长江以北地区冬季和长江以南黄河以北地区严冬	-14
-35号	东北和西北地区严冬	-29
-50号	东北的漠河(黑龙江北部)和新疆的阿尔泰地区严冬	-44

7.2.2.2 车用柴油的使用注意事项

1)为保证柴油的清洁,柴油加入油箱前,要充分沉淀,沉淀时间不少于48h,然后用麂皮、绸布或细布仔细过滤,除去杂质。

2)柴油与汽油不能混合使用,因为汽油的发火差,如果混用会使发动机起动困难,甚至不能起动。

3)在冬季或低温启动时,可以采用一定的预热措施,如对油底壳进行预热以降低起动阻力,还可以相应地提高蓄电池的密度以防止在低温地区发生结冰的现象,而影响发动机的起动。

4)在寒冷地区,缺乏低凝点柴油时,可以向高凝点柴油中掺入10%~40%的裂化煤油以降低柴油的凝点,但要注意掺入后必须搅拌均匀。

任务 7.3　汽车新能源

【想一想】
你所在的地区主要在推广使用哪些汽车用新能源？

汽车是石油产品的主要消耗者，据统计，全世界的石油产品约有46%为汽车所消耗。这个惊人数字随着汽车保有量的不断增加也随之增加，对环境的污染也是越来越严重。据有关资料预测，石油资源只能供给全世界使用到2050年左右。因此，针对环境和能源形势的日趋恶化，降低汽车油耗和开发汽车新能源迫在眉睫，这已成为现代汽车技术发展的重要课题。

7.3.1　对汽车新能源的要求

汽车新能源必须能够替代目前汽车使用的汽油和柴油，因此应符合以下要求：

1）热值要高，能量密度要大，只需携带少量的燃料就能行驶足够的里程。由于汽车行驶的道路和地区不同，以及车载重量的增加，对新能源的要求也就不同，必须能满足发动机的功率要求才能克服种种阻力。

2）安全性能要好，无毒或低毒，对环境污染小。在使用的过程中对发动机无害，能充分燃烧，不挥发，燃烧后对环境的污染小。

3）来源广泛，价格便宜，容易携带。由于汽车的保有量不断增加，故新能源必须来源广泛才能满足汽车数量不断增加的需求，且其价格便宜才能满足大众的需求。

4）运输、储存和使用方便，不影响发动机的可靠性。

7.3.2　汽车主要新能源

新能源汽车是指除汽油、柴油发动机之外的所有其他能源汽车，主要包括电动汽车、混合动力汽车、氢能源动力汽车和太阳能汽车等，其特点是废气排放量比较低。截止到2018年年底，全世界现有超过2600万辆天然气汽车。

汽车新能源有着广阔的开发前景，目前正在开发代用石油产品的燃料有：醇类燃料、混合动力汽车、天然气、液化石油气、电能、氢气、太阳能、乳化燃料和合成燃料等。这些作为汽车新能源的燃料，也有不同之处，有的能源可以单独使用，而有的能源可以和柴油或汽油混合使用。表7-6所示为各类新能源的特点及应用现状。

7.3.2.1　醇类燃料

醇类燃料主要是指甲醇和乙醇。由于醇类燃料的资源比较丰富，来源广泛（通过植物发酵就可以得到），价格低廉，因此它已经被作为汽车的代替燃料使用，目前无论是在技术革新还是在降低成本等方面都已经有所更新。

表 7-6　各类新能源的特点及应用现状

新能源	优 点	缺 点	现状及前景
电能	1. 电来源方式多； 2. 直接污染及噪声小； 3. 结构简单，维修方便	1. 蓄电池能量密度小，汽车驾驶里程短，动力性差； 2. 蓄电池质量大，使用寿命短，价格高； 3. 蓄电池充电时间长； 4. 蓄电池制造和处理存在污染	现已推广使用，2019 年中国纯电动汽车销量达到了 85.3 万辆，随着各国燃油车停售计划出台，纯电动汽车将成为未来汽车的主体
氢燃料	1. 不产生有害气体； 2. 氢的热值高； 3. 资源极其丰富	1. 氢气制取成本高； 2. 气态氢能量密度小，且储运不便，液态氢技术难度大，成本高； 3. 需要开发专用的发动机	仍处于基础研究阶段，目前多采用混合动力，即燃料电池与发动机并联使用。但有希望成为未来汽车的重要组成部分，前景难以预测
醇类燃料	1. 甲醇、乙醇可以利用植物、天然气、煤炭制取，来源有长期保障； 2. 储运方便； 3. 辛烷值较高	1. 甲醇毒性大，而且对金属和橡胶件有腐蚀； 2. 污染较大，与汽油相当； 3. 单独使用时，需要对发动机做一些改进； 4. 成本高	目前世界上有相当数量的汽车燃烧甲（乙）醇和汽油的混合燃料，发展缓慢，可以作为能源的补充，在某些国家和地区可保持较大的比例
天然气	1. 资源丰富，在今后相当长时间内有充足的保障； 2. 污染很小； 3. 辛烷值高； 4. 价格低廉； 5. 技术成熟	1. 天然气储运不便； 2. 天然气也是非可再生资源； 3. 新建加气站网络投资大； 4. 气态天然气能量密度小； 5. 汽车采用天然气会降低动力性； 6. 单烧天然气时须设计专门发动机	在许多国家已获得广泛使用并大力推广，世界上已有约 511 万辆天然气汽车，21 世纪将成为汽车燃料的主流之一

（1）甲醇

甲醇可以从天然气、煤炭、重质燃料、木材和垃圾等物质中提取。它以液体状态存在，无色，易挥发，有毒，饮后会导致失明。甲醇的自燃点为 464 ℃，辛烷值较高。甲醇作为汽车新能源燃料使用时，既可以单独使用，也可与汽油混合使用。单独使用时，只需对发动机做一些改进，用提高发动机压缩比的方法来提高发动机的性能；混合使用时发动机无须做大的改动。

（2）乙醇

乙醇可以从草秆、玉米、甘蔗等农作物中提取。作为新能源的代替燃料，能缓解石油的缺乏，是现行发展中可行的方法。乙醇俗称酒精，用乙醇为燃料的汽车，也可叫酒精汽车。乙醇常温下是液体，易挥发、燃烧。乙醇的自燃点为 423 ℃，其辛烷值较高，使用方法与甲醇类似。

醇类燃料蒸发潜热大，低温起动时发动机很难起动，所以使用醇类燃料的发动机必须加设预热装备，以保证发动机在低温下容易起动。醇类燃料对发动机的腐蚀严重，易吸水，容易破坏润滑油膜，使发动机磨损加快，从而降低发动机的使用寿命。醇类燃料的燃烧速度快，排气中没有碳烟，对环境的污染小；由于醇类燃料在常温下是以液体状态存在，所以在储存和运输方面是比较方便的。

7.3.2.2　天然气

天然气的主要成分是甲烷，作为新能源具有辛烷值高、混合均匀、燃烧积炭少、不冲刷缸壁油膜的特点。但天然气的携带性较差，汽车需要带气囊行驶，行驶阻力较大，同时气囊容积也会受到一定的限制，因此要求汽车的行驶里程很短，比较适合用在城市的公交车上。天然气是所有新能源中应用最早的一种。目前，天然气被作为汽车新能源已经得到广泛的应用。

7.3.2.3　液化石油气

石油气是在石油开采和加工过程中得到的可燃气体，主要由丙烷、丁烷以及其他气体混合而成。石油气在常温条件下，经加压使其液化后储存在高压容器中使用，故称为液化石油气。

液化石油气作为汽车新能源，具有辛烷值高、抗爆性能好、混合均匀、污染小、价格便宜、储存和使用过程方便的特点。采用液化石油气的发动机，可以通过提高发动机压缩比的方法来提高发动机的热效率；采用液化石油气的发动机燃烧过程比较安全，不会破坏缸壁的润滑油膜，对发动机的磨损小，能延长发动机的使用寿命。

目前多采用燃气（天然气和液化石油气）与汽油双燃料供给，即汽油（柴油）和燃料同时作为汽车的燃料。汽油发动机的汽车设有两套独立的燃料供给系统，利用选择开关在燃气和汽油两种燃料中进行转换使用，但两种燃料不允许同时混合使用；柴油发动机汽车配备两个供给系统及两个独立的燃料储存系统，发动机可使用纯柴油工作，当工作于双燃料状态时，用压燃的柴油引燃燃气与混合气而实现燃烧。

7.3.2.4　氢气

氢可以燃烧，而且它在地球上的蕴藏量极为丰富，是一种极有前途的能源。氢用作汽车燃料具有热值高、热效率高、排气污染小、发动机磨损小等特点。但氢燃料成本极高，而且携带和储存非常困难，因此氢目前尚难用作汽车代用燃料，仅是一种未来可用的燃料。

氢内燃机汽车（Hydrogen Internal Combustion Engine Vehicle，HICEV）是以内燃机燃烧氢气产生动力推动汽车。氢内燃机汽车是传统汽油内燃机汽车的小量改动版本。氢内燃机汽车直接燃烧氢，不使用其他燃料。

7.3.2.5　电能

电能具有对环境没有污染、噪声较小、操纵和使用方便等优点。用电能作为代用燃料的汽车称为新能源汽车。新能源汽车包括的范围比较广，目前主要有混合动力汽车（PHEV）、纯电动汽车（BEV，包括太阳能汽车）、燃料电池电动汽车（FCEV）、氢发动机汽车、其他新能源（如高效储能器、二甲醚）汽车等产品。

我国目前正在大力发展新能源汽车，在补贴及限牌政策（北京为例）的支持下，使得新能源汽车成为了购车族的重要选择，对于新能源汽车，电池才是最重要的。电动汽车用电池主要有磷酸铁锂电池、镍氢电池、三元锂电池等。表7-7所示为几种新能源汽车动力电池优缺点对比。

表7-7 几种新能源汽车动力电池优缺点对比

动力电池种类	优点	缺点	应用车型
钴酸锂电池	1. 生产技术成熟； 2. 能量比高，能量比大约是磷酸铁锂电池的两倍	高温状态下，稳定性相比镍钴锰酸锂电池、磷酸铁锂电池稍差	特斯拉 Model S
磷酸铁锂电池	稳定性是目前车用锂电池中最好的	1. 能量密度较三元锂电池、钴酸锂电池仍有不小的差距； 2. 当温度低于 -5 ℃时，充电效率有所降低； 3. 在温度过低的情况下，会影响电池的容量； 4. 磷酸铁锂电池应用的车型，不适合在北方行驶，尤其是东北等极寒地带，因为那里冬天的温度太低，会影响磷酸铁锂电池的使用寿命	比亚迪 e6、比亚迪秦、比亚迪唐等
镍氢电池	1. 电池能量储备大； 2. 重量更轻； 3. 使用寿命更长； 4. 对环境无污染	1. 制造成本高； 2. 性能方面比"锂电池"差	丰田 Prius、福特汽车 Ford Escape、雪佛兰 Chevroiet Malibu 等
三元锂电池	1. 相对于钴酸锂电池，三元锂电池安全性更高； 2. 更适合未来新能源汽车电池的发展趋势； 3. 适合北方天气，低温时电池更加稳定	1. 电压太低； 2. 能量密度介于磷酸铁锂电池和钴酸锂电池之间	北汽新能源EV200、北汽新能源 EU260、特斯拉 Model 3 等
氢燃料电池	1. 体积小，容量大； 2. 没有污染，零排放； 3. 加氢时间短，仅需几分钟即可加满1辆车	1. 储存能力和稳定性差； 2. 制氢成本高； 3. 加氢站投入大	丰田 Mirai、现代 Nexo
石墨烯电池	1. 充电时间短：可把数小时的充电时间压缩到不到 1 min； 2. 由于锂电池内添加了石墨烯，故可以帮助锂电池降低产能时的热量，达到减少能量损失的目的，避免了大量能量被浪费，减少了热量对电池的损害，提高了电池的使用寿命	成本太过昂贵，大约2 000人民币/克，目前无法大规模应用	石墨烯电池一般用于航空航天等方面，现在暂无车型使用

续表

动力电池种类	优点	缺点	应用车型
超级电容电池	1. 充放电循环寿命在十万次以上； 2. 可以瞬间释放的功率比普通电池高近十倍，而且不会损坏； 3. 充电迅速，它的速度比普通电池快几十倍，几分钟就可充满一辆汽车； 4. 本身不会对环境造成污染，真正免维护，而传统电池仍有污染	1. 它的体积比较大，与体积相当的电池相比，它的储电量要小很多； 2. 储存电量少，只能驱动车辆行驶几公里	暂无车型使用

7.3.2.6 太阳能

太阳能是取之不尽的能源，通过太阳能电板可直接利用太阳能来驱动汽车。太阳能是目前所有新能源中最经济、最简单的能源。但目前开发的太阳能电池效率低、体积大、成本高，驱动的汽车容量很小，短期内难有实用价值。

此外，正在研究开发的汽车新能源还有合成燃料、水、空气、植物油等，因尚处于研究阶段，许多技术问题还有待解决，所以目前还无法在汽车上应用。

航空煤油

航空煤油是石油产品之一，别名无臭煤油，主要由不同馏分的烃类化合物组成。航空煤油密度适宜，热值高，燃烧性能好，能迅速、稳定、连续、完全燃烧，且燃烧区域小，积炭量少，不易结焦；低温流动性好，能满足寒冷低温地区和高空飞行对油品流动性的要求；热安定性和抗氧化安定性好，可以满足超声速高空飞行的需要；洁净度高，无机械杂质及水分等有害物质，硫含量尤其是硫醇性硫含量低，对机件腐蚀小。如图 7-5 所示。

图 7-5 航空煤油

航空煤油适用于燃气涡轮发动机和冲压发动机，用于超声速飞行器时没有低饱和蒸气压与良好的热安定性。此外，因为煤油不易蒸发、燃点较高，故燃气涡轮发动机起动时多用汽油，航空燃油中也加有多种添加剂，以改善燃油的某些使用性能。

> 航空煤油多采用一次通过部分转化的工艺，加工过程中采用共凝胶型催化剂，催化剂量装填多，分子筛含量少，芳烃饱和能力强，油品具有密度大、烟点高、热值高、芳烃低的特点。除航空煤油外，各国还在研究合成烃燃料和其他高能燃料，但尚未获得广泛使用。

本章小结

1. 汽油的蒸发性、抗爆性、安定性、腐蚀性、清洁性是影响汽油发动机使用性能的重要指标。

2. 我国执行了新的汽车排放标准，实行了汽油无铅化。汽油产品目前执行的标准为 GB/T 17930—1999《车用无铅汽油》标准，该标准中汽油的牌号按研究法辛烷值分为 90 号、93 号和 95 号。目前市场上所见到的 97 号、98 号汽油产品执行的产品标准均为企业标准。汽油选用的原则是以不发生爆燃为前提，根据说明书厂家推荐或实际需求选择适当牌号的汽油。

3. 柴油的使用性能指标有燃烧性、蒸发性、低温流动性、安定性和腐蚀性。车用柴油按柴油的凝点分为 10、5、0、-5、-10、-20、-35 号等牌号，主要根据当地当时最低气温选择。为保证柴油机正常工作，凝点应该比环境气温低 5 ℃以上。

4. 天然气、液化石油气、甲醇燃料、电能、氢能等已经成为我国汽车的新能源燃料。

技能训练题

一、名词解释

1. 爆燃　2. 气阻　3. 着火延迟期　4. 闪点　5. 凝点　6. 新能源

二、填空题

1. 车用汽油的使用性能主要包括_____、_____、_____、_____和_____等。

2. 我国车用汽油按_____来划分牌号，_____越高，汽油牌号_____，其抗爆性能越好。目前我国所使用的汽油有_____、_____和_____三个牌号。

3. 柴油的使用性能包括_____、_____、_____、安定性、腐蚀性和清洁性等。

4. 我国柴油牌号是按照_____来划分的，分为 5、_____、_____、_____、_____和 -50 六种牌号。

5. 汽车新能源正在开发代用石油的燃料有_____、_____、_____、混合动力汽车、电能、氢气、太阳能、乳化燃料和合成燃料等。

三、判断题

1. 一般柴油机的耗油量比汽油机的耗油量要高。　　　　　　　　　　　(　　)

2. 汽油发动机的温度过低，会造成混合气形成不良。（　　）
3. 牌号不同的柴油可以掺兑使用，以降低柴油的凝点。（　　）
4. 甲醇是一种易挥发的液体，有毒，饮后会导致失明。（　　）

四、选择题

1. 评定汽油抗爆性能的指标是（　　）。
   A. 十六烷值　　　　B. 辛烷值　　　　C. 馏程　　　　D. 饱和蒸气压
2. 柴油的发火性是以（　　）评定的。
   A. 十六烷值　　　　B. 辛烷值　　　　C. 馏程　　　　D. 压缩比
3. 当柴油需要进行掺兑时，-10号和-20号柴油各50%掺兑后，其凝点为（　　）。
   A. -15号柴油　　　　　　　　　　　B. -16~-17号柴油
   C. -13~-14号柴油　　　　　　　　　D. 不确定
4. 选择汽油时要按照（　　）和汽车生产厂家推荐的汽油牌号来选择。
   A. 辛烷值　　　　　　　　　　　　B. 发动机压缩比大小
   C. 蒸汽压　　　　　　　　　　　　D. 实际胶质
5. 车用柴油应根据（　　）来选用。
   A. 十六烷值　　　　　　　　　　　B. 地区和季节的气温高低
   C. 凝点　　　　　　　　　　　　　D. 黏度

五、简答题

1. 汽油的牌号是根据什么来划分的？主要有哪些牌号？如何进行选用？
2. 柴油的牌号是根据什么来划分的？主要有哪些牌号？如何进行选用？
3. 简述汽油发动机对汽油的基本要求。
4. 简述柴油发动机对柴油的基本要求。
5. 如何确定汽油的辛烷值和柴油的十六烷值？
6. 影响车用柴油安定性的主要因素有哪些？
7. 简述汽车新能源的种类和特点。

模块 8
汽车用润滑材料

🚗 **知识点**

1. 能够合理选用及正确使用发动机润滑油、车辆齿轮油和汽车润滑脂。
2. 掌握润滑材料的检查和更换操作。

🚗 **技能点**

1. 了解发动机润滑油、车辆齿轮油、汽车润滑脂的工作条件及使用性能。
2. 掌握发动机润滑油、车辆齿轮油、汽车润滑脂的分类、品种牌号和规格。

据统计，汽车零部件的主要失效形式是磨损，磨损型的故障约占汽车使用故障率的50%，由此带来的维修费用约占汽车使用费用总数的25%，而且汽车燃料的热能中约有10.5%消耗在汽车的各种摩擦损失中。由此可见，降低摩擦损失、减少磨损、延长车辆使用寿命的重要措施和有效途径就是润滑。

汽车润滑材料主要包括发动机润滑油、汽车齿轮油和汽车润滑脂等。

任务8.1　发动机润滑油

任务导入

【案例8-1】　一辆桑塔纳2000轿车，经常在北方地区行驶。对于其发动机油的选择和使用，应该做哪些经常性的工作？有哪些注意事项？

发动机是汽车的动力装置，汽车在正常行驶过程中，发动机的零部件间将产生相对运动，加之受载荷和温度的影响，会引起零部件的磨损。为减缓零部件的磨损、减少故障、延长发动机的使用寿命，最大限度地发挥发动机的应有功率，要正确地选择和使用发动机润滑油（图8-1）。

图8-1　发动机润滑油

发动机润滑油是由石油中的重油经精致加工，并加入各种添加剂制成的。发动机润滑油是汽车润滑材料中品种最多、用量最大，且性能要求较高，工作条件异常苛刻的一种油品。

8.1.1　发动机润滑油的作用及工作条件

8.1.1.1　发动机润滑油的作用

发动机润滑油的主要作用就是给发动机进行润滑、清洗、冷却、密封、防锈和减振。

（1）润滑

润滑是发动机润滑油的主要作用。发动机在高速运动时，润滑油被发动机润滑系统送到各摩擦表面形成油膜，使金属间的干摩擦变成润滑油层间的液体摩擦，从而减少机件间的磨损，保证机件正常运行。

（2）清洗

发动机润滑油在循环过程中，能把附着在摩擦表面的金属磨屑、杂质、脏物等带走，并把它们送到机油盘中沉淀或由滤清器滤除，使发动机机件表面保持清洁。

（3）冷却

润滑油流过各个摩擦表面时，能将摩擦表面生成的热量带走，使机件保持正常的工作温度。

（4）密封

发动机润滑油工作时会填满活塞与缸壁间的间隙，形成油封，起到良好的密封作用，防止气体泄露，从而保证了发动机正常的输出功率。

（5）防锈

润滑油能吸附在金属表面形成油膜，避免了水及腐蚀介质和金属的直接接触，从而防止或减少它们对金属的锈蚀。

（6）减振

当机件受到冲击载荷时，载荷需通过机件间隙中的润滑油膜才能传递，由此起到缓冲和消振作用。

8.1.1.2 发动机润滑油的工作条件

发动机润滑油是在高温、高压、高速以及润滑困难的恶劣条件下进行工作的，所以润滑油极易变质，而导致零件摩擦表面难以形成良好的油膜，最终导致零件因磨损而报废。

（1）高温、高压

发动机工作时，许多机件处于较高的温度，如活塞头部为 205～300 ℃，气缸上部为 180～270 ℃，曲轴箱中温度为 85～95 ℃；同时，发动机的主轴瓦、连杆瓦、凸轮轴轴瓦等部位必须采用一定的压力给予润滑。润滑油在这样高温、高压下工作，极易氧化变质。

（2）高速

发动机正常工作时，润滑油在发动机内的循环次数为每小时 100 次以上，高速循环的润滑油膜容易被破坏，从而加速零部件的磨损。

（3）燃烧废气和燃料的侵蚀

发动机工作中，燃烧的废气和未完全燃烧的混合气，在气缸密封不良时会窜入曲轴箱，这些气体冷凝后将形成水和酸性物质，稀释和腐蚀润滑油。

（4）杂质的污染

发动机运转中，空气中的尘埃、机件磨损产生的金属屑以及燃烧生成的积炭等都会进入润滑油，对润滑油造成严重污染。

8.1.2　发动机润滑油的主要使用性能

由于发动机润滑油的工作条件非常恶劣，为保证发动机正常润滑，发动机润滑油的主要使用性能包括适当的黏度、良好的黏温性、较强的抗氧化安定性、良好的清净分散性、较好的抗腐蚀性和良好的抗磨性等。

8.1.2.1　适当的黏度

黏度是指润滑油在外力作用下当液体发生流动时分子间的内摩擦力。黏度是发动机润滑油的一项重要指标，是润滑油分类和使用的主要依据。对于汽车发动机来说，润滑油的黏度将直接影响到发动机的起动性能、机件的磨损、燃料和油料的消耗以及功率的损失等。

黏度过小，就不易在摩擦表面形成足够厚的油膜，使机件得不到正常的润滑，以致加剧机件的磨损；同时由于润滑油黏度过小会导致密封不良、气缸漏气、发动机功率下降，还会使混合气穿入曲轴箱使油底壳内的润滑油变稀变质从而失去原有的性能。黏度小的润滑油其蒸发性能就好，当润滑缸壁时润滑油有可能参与燃烧，这样不仅会增加润滑油的消耗，还会使发动机工作不稳。

黏度过大，消耗在润滑油之间的摩擦功率较多，造成发动机低温起动困难，降低了发动机的有效功率，增加了燃料的消耗。此外，由于润滑油的黏度过大，油的流动性就差，润滑油循环速度减慢，单位时间内流过摩擦表面的油量减少，从而降低了润滑油的冷却和清洗效果。所以要求润滑油的黏度要适当，以免带来不必要的故障。

表示油料黏度的方法主要有动力黏度、运动黏度和条件黏度。我国润滑油规格中采用动力黏度和运动黏度表示。发动机使用的润滑油，其 100 ℃ 运动黏度以 100 mm^2/s 左右为宜，黏度指数应在 90 以上。润滑油的黏度受温度影响很大，所以在使用中应考虑其工作环境温度，以便选用适当黏度的品种。

8.1.2.2　良好的黏温性

润滑油的黏度是随温度的变化而变化的。当温度升高时，润滑油的黏度变小；温度降低时，黏度变大。润滑油的黏度随温度变化而变化的特性即为润滑油的黏温性。润滑油的工作温度范围很宽，发动机冬季起动时曲轴箱及摩擦表面的油温与气温相近，而发动机长时间运行后活塞区油温可达 300 ℃ 左右。如果润滑油的黏温性差，即低温时黏度过大，而高温时黏度过小，会造成机件磨损和损坏。因此，为保证润滑油在高温和低温时都有适宜的黏度，要求润滑油必须具有良好的黏温性。

润滑油黏温性可以用黏度指数来表示，它是发动机润滑油的一项重要指标。黏度指数越大，表明黏度受温度影响越小，黏温性越好。

为了提高润滑油的黏温性，通常在低黏度润滑油中添加黏度指数改进剂（增稠剂），使之能适应较宽温度范围的使用要求，这种油称为多级油。

8.1.2.3　较强的抗氧化安定性

安定性是指润滑油在储存和使用过程中，抵抗氧化反应的能力。润滑油一旦和空气中的氧接触，就会发生氧化反应，而引起润滑油变质，并腐蚀零件或影响发动机正常工作。常温下润滑油的氧化速度比较慢，但在高温时，氧化速度明显加快，尤其是在曲轴强烈搅拌下，飞溅的油滴蒸发成油雾，增大了与氧接触的面积，在金属催化作用下使氧化反应非常激烈，并生成氧化物。氧化物不仅会使油的外观和理化性能发生变化（颜色变暗、黏度增加、酸度增大），同时还会引起机件磨损、破坏发动机正常工作、加速润滑油的老化变质。因此，要求润滑油具有良好的抗氧化能力，特别是在高温下的抗氧化能力。为减少润滑油的氧化变质，延长使用寿命，通常在油中添加各种性能良好的抗氧化添加剂。

8.1.2.4 良好的清净分散性

清净分散性是指发动机润滑油能抑制积炭、漆膜和油泥的生成或将已经生成的沉淀物给予清除的性能。

发动机在使用过程中，因受到废气、燃气、高温和金属催化作用，会生成各种氧化物，它们与金属磨屑等机械杂质混合在一起，在油中形成胶状沉积物附在活塞、活塞环槽上，形成积炭和漆膜，或沉积下来形成油泥，堵塞油孔等，从而使发动机散热不良、机件磨损加剧、油耗增加、功率下降等。清净分散性能良好的润滑油能使这些氧化物浮在油中，通过发动机滤清器将其过滤掉，从而减少以上不良因素的产生。因此，润滑油中通常加入清净分散剂，使润滑油具有良好的清净分散性。

8.1.2.5 较好的抗腐蚀性

腐蚀性表示润滑油长期使用后对发动机机件的腐蚀程度。无论润滑油的品质多么高级，在发动机高温、高压和有水分的工作条件下，也会逐渐老化。润滑油中的抗氧化剂也只能起到抑制、延缓油料的氧化过程，减少氧化物的作用，但不能从根本上消除润滑油的老化。造成润滑油老化的主要原因是润滑油老化后产生的弱酸性物质，这些物质在高温、高压和有水分的条件下对金属起到腐蚀作用，特别是滑动轴承的耐腐蚀性较差，易被酸性物质腐蚀，产生麻点、凹坑、剥落等现象。为此，要提高润滑油的提炼精度，减少酸值；或是添加防腐剂，使润滑油具有较好的抗腐蚀性。

此外，发动机润滑油还应有良好的抗磨性和抗起泡性等。

8.1.3 发动机润滑油的分类及规格

8.1.3.1 发动机润滑油的分类

目前国际上广泛采用的是美国汽车工程师协会（SAE）的黏度分类法和美国石油协会（API）的使用性能分类法两种。

（1）SAE 黏度分类法

黏度分类法是根据所测定的黏度将润滑油分为冬季用油（W 级）和非冬季用油。冬季发动机润滑油的分类，用在 -18 ℃ 所测定的黏度来划分，共有 0W、5W、10W、15W、20W、25W 六个等级，其数字越小，说明其低温黏度越小，低温流动性越好，适应的温度越低。如 0W 适用于在 -35 ℃ 地区使用，5W 适用于在 -30 ℃ 地区使用，10W 适用于在

-25℃地区使用，15W适用于在-20℃地区使用，20W适用于在-15℃地区使用，25W适用于在-10℃地区使用。非冬季用油按100℃时的运动黏度分级，共有20、30、40、50和60五个等级，其数字越大，适用的最高温度越高。

另外，为增大润滑油对季节和气温的适应范围，国家标准还规定了多级油的黏度级号，如5W/30、5W/40、10W/30、20W/40等多级油（图8-2），其分子表示低温黏度等级，分母表示100℃时的运动黏度等级。多级油在油中添加了黏度指数改进剂，能同时满足某一W级油和非W级油的黏度要求，有较宽的温度使用范围。例如，5W/40既符合5W级油黏度要求，又符合40级油黏度要求，在全国冬季均可使用。

图8-2 黏度分类法

(2) API使用性能分类法

使用性能分类法是根据使用场合和使用对象将润滑油分为汽油发动机润滑油（S系列）和柴油发动机润滑油（C系列）两类。每一系列又按油品特性和使用场合不同，分为若干等级。目前，汽油发动机润滑油系列分为SA、SB、SC、SD、SE、SF、SG和SH等级别，其中SA、SB、SC和SD级润滑油已经不再使用；柴油发动机润滑油系列分为CA、CB、CC、CD、CD-II、CE和CF-4等级别，其中CA和CB级润滑油已不再使用。各类油品的级号越靠后，其使用性能越好，适用的机型越新，或者说使用的工作条件就更加苛刻。表8-1所示为发动机润滑油的级别、特性和使用场合。

表8-1 发动机润滑油的级别、特性和使用场合

应用范围	级别代号	特性和使用场合
汽油发动机润滑油	SE	适合1972年以后生产的轿车和汽油机货车。抗氧化性、抗高温吸附性及抗锈、抗腐蚀性都要比SD好
	SF	适合1980年以后生产的轿车和汽油机货车。抗氧化性和抗磨性都比SE好
	SG	由发动机生产厂家推荐使用在1989年以后生产的汽油机轿车、轻型客车、轻型货车。它包含CC级的性能，抗吸附性、抗氧化性、耐磨性、抗腐抗锈性都比SF好
	SH	由发动机生产厂家推荐使用在1993年以后生产的汽油机车辆。拥有SG的最低性能下，在抗吸附性、抗氧化性、耐磨性、抗腐抗锈性方面都比SG好。符合DOD CID-A-A-52390和ILSAC GF-1等发动机生产厂家要求的台架实验
	SJ	由发动机生产厂家推荐使用在1996年以后生产的汽油机车辆。与SH具有相同的抗吸附性、抗氧化性、耐磨性、抗腐抗锈性，增加抗低温性、油分子耐蒸发性和高温耐泡沫性。尾气排放有改善（轻微节约燃料）
	SL	适合2002年以后生产的车辆，能节约燃料，高温具有抑制吸附的能力
	SM	适合2004年以后生产的车辆，性能比SL好，以降低添加剂中的磷含量，实现环保要求，抗氧化性、高温耐磨性、高温抑制吸附性和泵送性有所提高

续表

应用范围	级别代号	特性和使用场合
柴油发动机润滑油	CC	适用于高负荷条件下运行的非增压及低增压柴油机,并包括一些重负荷汽油机,具有抑制高温沉积及轴承腐蚀的性能,也能抑制汽油机的低温沉积
	CD	用于使用各种质量燃料的高增压柴油机,包括高硫燃料非增压和增压柴油机。具有控制轴承腐蚀和高温沉积的性能,并可取代 CC 级
	CD-Ⅱ	用于重负荷二冲程柴油机,具有优良的磨损和沉积控制性能,也使用于所有 CD 级油的汽车
	CE	适用于低速高负荷和高速高负荷条件下操作的大功率、高增压柴油机,主要包括 1983 年后生产的重负荷增压柴油机。它改进了 CD 级油的油耗及油的增稠和活塞沉积
	CF	适用于间接喷射柴油机,对燃料的要求较松,如硫含量可以超过 1.5%;具有很强的控制磨损、沉积物和铜轴承腐蚀的能力。可用于 1993 年以来制造的自然吸气涡轮增压式柴油机,也可满足要求使用 CD 级油的发动机
	CF-2	用于要求高效控制气缸磨损、活塞环积炭和沉积物的重负荷二冲程柴油机,以及要求使用 CD-Ⅱ级油和 CD 级油的发动机
	CF-4	用于高速四冲程柴油机。在油耗和活塞沉积物控制方面性能优于 CE 并可替代 CE,特别适合高速公路行驶的重负荷货车
	CG-2	用于二冲程大功率、重负荷的柴油机,节省燃料、排放低
	CG-4	用于高速公路行驶的大功率、重负荷增压直喷式柴油机,燃料宜用低硫、低芳烃柴油,对环保方面的排放要求更严格,能更有效地防止发动机关键部件表面沉积物的形成

8.1.3.2 发动机润滑油的规格

发动机润滑油的产品规格是由品种(使用等级)与牌号(黏度等级)两部分构成的。每一特定品种都附有规定的牌号,国产发动机润滑油的品种与牌号见表 8-2,产品按统一的方法命名,例如,SD30 是指使用等级为 SD 级、黏度等级为 SAE30 的汽油发动机;SN10W/40 为使用等级为 SN 级,并且既符合 SAE10W 级油黏度要求,又符合 SAE40 级油黏度要求的多级汽油机油;SN/CF5W/40 则为多级汽油机/柴油机通用油,它符合 SN 级汽油机油和 CF 级柴油机油的使用性能,并且既符合 SAE5W 级油黏度要求,又符合 SAE40 级油黏度要求。使用性能分类法如图 8-3 所示。

表8-2 国产发动机润滑油的品种与黏度牌号

品种	黏度牌号							
SC	5W/20	10W/30	15W/40	30	40			
SD（SD/CC）	5W/30	10W/30	15W/40	30	40			
SE（SE/CC）	5W/30	10W/30	15W/40	20/20W	30	40		
SF（SF/CC）	5W/30	10W/30	15W/40	30	40			
CC	5W/30	5W/40	10W/30	10W/40	15W/40	20W/40	30	40	50
CD	5W/30	5W/40	10W/30	10W/40	15W/40	20W/40	30	40

(a)　　　　　　　(b)　　　　　　　(c)

图8-3　使用性能分类法

(a)、(b) 汽油机/柴油机通用油；(c) 汽油机用油

8.1.4　发动机润滑油的选用及使用注意事项

8.1.4.1　发动机润滑油的选用

由于润滑油对发动机的使用性能和寿命都有很大影响，因此应严格按照汽车使用说明书规定，选用相同系列、使用等级、黏度等级的润滑油。汽车说明书推荐的润滑油是根据发动机的工作性能和销售地域的气温等情况而定的，对润滑油的选用有一定的指导作用，并留有较大的安全系数，同时也是发动机保修期内索赔的前提条件之一。若无说明书，可按下列方法选用合适的润滑油规格。

（1）润滑油使用性能级别选择

汽油发动机润滑油的选择，主要考虑的是发动机的结构特点，并根据使用说明书和发动机的工作条件进行选择。汽油发动机的工作条件是比较苛刻的，其苛刻程度与发动机进、排气系统中有无附加装置及其类型有关，因此，可按附加装置的类型来选用汽油发动机润滑油的使用等级。没有附加装置的汽油发动机可选用SD级油；有曲轴箱强制通风（PVC）装置的汽油发动机可选用SE级油，如CA1091载货汽车发动机和吉普BJ2020等都要求使用SE级油；有废气再循环（EGR）系统的汽油发动机应选用SF级油，如改进型

492Q 发动机就要求使用这个级别的机油；装有废气催化转化器或中低档电喷燃油系统的汽油机，要选用 SG 级以上的机油，如桑塔纳 2000、富康、红旗系列电喷轿车；对于采用新型材料和新技术的中高档电喷汽油机则选用 SJ 级以上的机油，如奥迪 A4、奥迪 A6、别克、本田轿车及进口中高档汽油机。

另外，对于从欧、美、日等汽车生产国进口的汽车也可以根据生产年份来大致区分汽油机润滑油的使用等级。如 1989—1993 年用 SG 级油；1994—1996 年用 SH 级油；1996—2001 年用 SJ 级油；2001 年至今用 SJ 或 SL 级油。这是因为汽车的生产年份越靠后，其性能改进越多，润滑油的工作条件通常要比早年生产的汽车苛刻。

柴油发动机润滑油的选择，主要考虑的是发动机的强化程度，发动机的强化程度一般可采用强化系数来表示。强化系数越大，柴油机的热负荷和机械负荷越高，其润滑油的工作条件就越苛刻，所选润滑油的等级也就越高。强化系数与柴油发动机润滑油使用等级之间的关系见表 8 - 3。

表 8 - 3　强化系数与柴油发动机润滑油使用等级之间的关系

发动机的强化系数	柴油机油使用等级	应用机型
35 ~ 50	CC	玉柴、扬柴、朝柴 4102、4105、6102、锡柴、大柴 6110、日野 ZM400、五十铃 4BD1/4BG1 等
50 ~ 80	CD	康明斯、斯太尔、依维柯、索菲姆等增压柴油机
>80	CE 以上	用于在低速高负荷和高速高负荷条件下运行的低增压和增压式重负荷柴油机

(2) 润滑油黏度级别的选择

发动机润滑油的黏度级别主要根据气温、工况和发动机润滑油的技术状况选用，应同时满足低温起动性和高温润滑性。

黏度是评价发动机润滑油品质的一个重要指标。它的大小直接影响发动机润滑油的减磨、降温、清洁、除锈、防尘、吸收振动和密封等作用。黏度越小，流动性就越好，清洁、冷却效果越好，但高温油膜易破坏，润滑效果较差；黏度越大，油膜厚度、密封等方面越好，但低温起动时上油较慢，易出现干摩擦或半流体摩擦，冷却、冲洗作用也较差。因此发动机润滑油黏度选用要适当，一般要遵循以下原则：

1) 根据工作地区的环境温度、发动机负荷、转速选用适宜黏度等级的发动机润滑油，以保证零件正常润滑。

2) 尽量选用黏温特性好、黏度指数高的多级油。多级油使用温度范围比单级油宽，具有低温黏度油和高温黏度油的双重特性。如 5W/30 多级油同时具有 5W、30 两种单级油的特性，其使用温度区间由 5W 级油的 - 30 ~ 10 ℃ 和 30 级油的 0 ~ 40 ℃ 组合成 - 30 ~ 40 ℃。与单级油相比，扩大了使用范围，不仅可以减少因气温变化带来的更换发动机润滑油的麻烦，而且会减少发动机润滑油的浪费。

一般我国南方夏季气温较高,对重负荷、长距离运输、工况恶劣的汽车,应选用黏度较大的发动机润滑油。我国北方地区冬季气温低,应选用低黏度发动机润滑油,以保证发动机起动,减少零部件磨损。发动机润滑油黏度级别的选择,还与发动机润滑油的技术状况有关。新发动机应选择黏度较小的发动机润滑油,以保证在磨合期内正常磨合;磨损严重的发动机应选择黏度较大的发动机润滑油,以维持所需的机油压力,保证正常润滑。发动机润滑油的黏度要保证发动机低温易于起动,而走热后又能维持足够黏度保证正常润滑。

从工况方面考虑,重载低速和高温下应选择黏度较大的发动机润滑油;轻载高速应选择黏度较小的发动机润滑油。常用发动机润滑油黏度等级与适用温度范围可参考表8-4。

表8-4 常用发动机润滑油黏度等级与适用温度范围

黏度等级	适用温度/℃	黏度等级	适用温度/℃
5W/20	-30~20	20/40W	-15~40
5W/30	-30~30	10W	-25~-5
10W/30	-25~30	20	-10~30
10W/40	-25~40	30	0~30
15W/40	-20~40	40	10~50

8.1.4.2 发动机润滑油的使用注意事项

1)要注意使用过程中润滑油的颜色和气味的变化。一旦发现颜色、气味以及性能指标有较大变化,应及时更换,不应教条地照搬换油期限。

2)要保证油面的正常高度,正常油面高度应位于油尺满刻度的标志和1/2刻度标志之间。当油面过低时,会使润滑油快速变质或因缺油而导致机件加速磨损甚至烧坏;油面过高时,不仅会加大润滑油的消耗,还会使润滑油窜入曲轴箱而使燃烧室内的积炭增加。

资源7-2
机油的检查与更换

3)在更换发动机润滑油时一定要采用热机放油法。油温高时润滑油容易放出,并且会使油中的悬浮物、油泥分散,易和旧润滑油一起排出。

4)汽油发动机润滑油和柴油发动机润滑油不能互相使用,只有在特殊标明的情况下可以通用。不同牌号发动机的润滑油不可混用,以免发生化学反应。

5)应保持空气滤清器和机油滤清器清洁,并及时更换滤芯,保持润滑油清洁。

6)选购时,应尽可能购买有影响、有知名度的正规厂家的发动机润滑油,要特别注意辨别真假,确保润滑油的品质。

7)使用等级较高的润滑油可以代替使用等级较低的润滑油,但绝不能用使用等级低的润滑油代替使用等级高的润滑油,否则会导致发动机早期磨损。

【考一考】

你会用所学知识来判断发动机润滑油是否需要更换吗?怎样检查和更换?

任务 8.2　车辆齿轮油

【案例 8-2】　一辆丰田威驰轿车，如何对其齿轮油进行选择和更换，在使用过程中有哪些注意事项？

车辆齿轮油是用于汽车、拖拉机和工程机械等车辆的变速器、驱动桥和齿轮传动机构的润滑油。它和发动机润滑油一样，具有润滑、防锈、密封、清洗、冷却和降噪的作用，但齿轮油的工作条件和润滑油不同，因此对车辆齿轮油的性能要求也有所不同。

8.2.1　车辆齿轮油的工作条件

8.2.1.1　承受压力大

齿轮在啮合过程中，啮合部分接触面积小，单位接触压力很高。一般汽车齿轮单位接触压力可达 2 000 ~ 3 000 MPa，而双曲线齿轮可达 3 000 ~ 4 000 MPa，因此齿轮啮合部位的油膜极易破裂，导致摩擦和磨损，甚至引起擦伤和胶合。齿轮传动不仅有线接触，还有滑动接触，特别是双曲线齿轮，齿轮间具有较高的相对滑动速度，一般可达 8 m/s 左右，在这样高速大负荷条件下，会使油膜变薄甚至局部破裂，导致摩擦和磨损加剧。

8.2.1.2　工作温度不高

齿轮油的工作温度要比发动机润滑油低，其油温的升高主要是由于传动机构摩擦产生的热量引起的，并随外界环境温度和行驶中外部空气冷却强度的变化而变化，齿轮油的工作温度一般不超过 100 ℃。现代轿车采用双曲线齿轮，因其轴线偏置量较大，在车速高时，会使齿轮齿面间的相对滑动速度很高，使油温达到 160 ~ 180 ℃。

8.2.2　车辆齿轮油的主要使用性能

8.2.2.1　良好的极压抗磨性

极压抗磨性是指齿轮油在摩擦表面接触压力非常高的条件下，仍能保持有足够厚的油膜，防止摩擦表面产生烧结、胶合等损伤的性能。当汽车在重载荷下起动、爬坡或遇到冲击载荷时，齿面接触区中有相当部分处于边界润滑状态，因此要求齿轮油在较高的负荷下仍能保持有足够厚的油膜。齿轮油黏度的增加有利于承载能力的提高和油膜的保持，但黏度太大会增加摩擦损失。所以在车辆齿轮油中一般都加有极压抗磨添加剂，它能和金属零件表面发生化学反应生成一种性能极强的保护油膜，同时还具有增加金属零件抗腐蚀的作用，这样可以降低齿轮间的磨损并延长使用寿命。

8.2.2.2 适宜的黏度及良好的黏温性

黏度与黏温性也是齿轮油的重要使用性能之一。一般而言，高黏度的齿轮油，可以有效防止齿轮和轴承损伤，减小机械运转噪声和漏油现象；而低黏度的齿轮油，可以提高传动效率，加强散热和清洗的作用。因此，适宜的黏度应该既能保证发动机在低温不经预热便可以顺利起动，又能使齿轮和轴承得到良好的润滑。

齿轮油的黏度是随温度的变化而变化的，其变化幅度越小，证明齿轮油的黏温性能就越好。汽车传动机构温度变化较大，如汽车减速器在冬季起动时温度可能在 0 ℃ 以下，而工作温度却在 80～100 ℃，有时高达 150～170 ℃。若齿轮油的黏温性不好，则起动时由于黏度太大就会增加起动阻力，而当温度上升时，又使黏度下降而削弱了润滑性，因此，齿轮油应具有良好的黏温性。

8.2.2.3 良好的低温流动性

低温流动性是指齿轮油在低温下或冬季仍能保持最佳流动性的能力。车辆起动时，齿轮油的温度与外界温度几乎保持一致，尤其是在温度较低或冬季起动时齿轮油流动性的好坏对发动机起动是非常重要的，所以齿轮油应具有良好的低温流动性。

8.2.2.4 良好的氧化安定性

氧化安定性是指齿轮油在高温条件下抵抗氧化的能力。如果氧化安定性不好，就会使齿轮油的黏度增加并降低齿轮油的流动性，还会生成油泥，并使齿轮油早期变质。同时氧化产生的腐蚀性物质会加快金属零部件的腐蚀和磨损。在齿轮油中加入抗氧化添加剂是提高齿轮油氧化安定性的最佳途径。

8.2.2.5 良好的抗泡沫性

抗泡沫性是指齿轮油在强烈搅动的条件下，抵抗泡沫生成和及时消失的能力。如果齿轮油生成的泡沫能及时消除就不会影响正常工作；如果形成较多的泡沫并且不能及时消失则会发生溢流或磨损等现象。因此，齿轮油应具有良好的抗泡沫性能。

⚙ 8.2.3 车辆齿轮油的分类及规格

8.2.3.1 车辆齿轮油的分类

车辆齿轮油的分类依然采用的是美国汽车工程师协会（SAE）的黏度分类法和美国石油协会（API）的使用性能分类法两种。

(1) SAE 黏度分类法

黏度分类法是根据车辆齿轮油的黏度达到 1.5×10^5 mPa·s 时的最高温度和 100 ℃ 时的运动黏度,将齿轮油分为 70W、75W、80W、85W、90、140 和 250 七种黏度牌号,见表 8-5。在表 8-5 中,凡带字母 W 的为冬季用齿轮油,是根据齿轮油黏度达到 1.5×10^5 mPa·s 时的最高温度划分的。低温黏度规定为 1.5×10^5 mPa·s,超过这一黏度,驱动桥双曲线齿轮和主减速器主动齿轮轴承的润滑条件会恶化,易发生损坏;不带字母 W 的为夏季用齿轮油,黏度等级根据 100 ℃ 时的运动黏度范围划分。

表 8-5 车辆齿轮油的黏度分类

SAE 黏度牌号	黏度为 1.5×10^5 mPa·s 时的最高温度/℃	100 ℃ 时的运动黏度/(mm²·s⁻¹)	
		最小	最大
70W	−55	4.1	—
75W	−40	4.1	—
80W	−26	7.0	—
85W	−12	11.0	—
90	—	13.5	小于 24.0
140	—	24.0	小于 41.0
250	—	41.0	—

车辆齿轮油也有多级油,常见的多级齿轮油有 75W/90、80W/90、85W/90 和 85W/140 等黏度等级。例如 80W/90 表示这种油在冬季使用时相当于 80W,其 −26 ℃ 表面黏度不大于 1.5×10^5 mPa·s;在夏季使用时相当于 90 号,其 100 ℃ 运动黏度控制在 13.5~24.0 mm²/s。由于多级齿轮油具有良好的低温起动性和良好的高温润滑性,能够同时满足不同地区、不同季节温度下齿轮润滑的要求,因此许多汽车用户使用多级齿轮油。

(2) API 使用性能分类法

使用性能分类法是根据齿轮的承载能力和使用条件不同,将齿轮油分为 GL-1、GL-2、GL-3、GL-4、GL-5 和 GL-6 六个等级,级别中的数字越大,代表齿轮油的承载能力越强,适应的工作条件也就越苛刻,如图 8-4 所示。其适用的范围见表 8-6。

图 8-4 车辆齿轮油

表 8-6 车辆齿轮油的使用性能分类

分类级别	适用范围
GL-1	低齿面压力、低滑动速度下运行的汽车螺旋伞齿轮、蜗轮后轴和各种手动变速器。直馏矿油能满足这级油的要求
GL-2	汽车蜗轮后轴,其负荷、温度及润滑速度的状况用 GL-1 级齿轮油不能满足要求

续表

分类级别	适用范围
GL-3	中等速度及负荷运转的汽车手动变速器和后桥螺旋伞齿轮规定用 GL-3 级齿轮油，其承载能力比 GL-2 高、比 GL-4 低
GL-4	在高速低转矩及低速高转矩下运行的轿车和其他车辆的各种齿轮，特别是准双曲线齿轮
GL-5	在高速冲击负荷、高速低转矩、低速高转矩条件下运行的轿车和其他车辆的各种齿轮，特别是准双曲线齿轮
GL-6	高速冲击负荷下运转的轿车和其他车辆的各种齿轮，特别是高偏置双曲线齿轮，偏置大于 5 cm 或接近大齿圈直径的 25%

8.2.3.2 车辆齿轮油的规格

我国参照 API 分类法将车辆齿轮油分为普通车辆齿轮油、中等负荷车辆齿轮油和重负荷车辆齿轮油三个品种，分别相当于 APIGL-3、GL-4 和 GL-5。

(1) 普通车辆齿轮油

普通车辆齿轮油由石油润滑油、合成润滑油及它们的混合组分为原料，并加入抗氧化剂、防锈剂、抗泡剂和少量的极压剂制成，适用于中等速度和负荷比较苛刻的手动变速器和螺旋锥齿轮的驱动桥。按石化行业标准 SH0350—1992 规定，普通车辆齿轮油有 80W/90、85W/90 和 90 等 3 个黏度牌号。

(2) 中等负荷车辆齿轮油

中等负荷车辆齿轮油是由精制矿物油加抗氧化剂、防锈剂、抗泡剂和极压剂等制成，适用于高速低转矩、低速高转矩条件下工作的各种齿轮和使用条件不太苛刻的双曲线齿轮。我国还没有制定中等负荷车辆齿轮油的国家标准，目前国产中等负荷车辆齿轮油采用的是中国石油化工总公司暂定技术条件，有 75W、80W-90、85W-90、90 和 85W-140 等 5 个黏度牌号。

(3) 重负荷车辆齿轮油

重负荷车辆齿轮油是由精制矿物油加抗氧化剂、防锈剂、抗泡剂和极压剂等制成。与中等负荷车辆齿轮油相比，添加剂品种一样，但剂量要增加一倍。其适用于高速冲击负荷、高速低转矩和低速高转矩条件下工作的各种齿轮，特别是客车和其他车辆的双曲线齿轮。按照国家标准 GB/T 13895—2018 规定，重负荷车辆齿轮油有 75W-90、80W-90、80W-110、80W-140、85W-90、85W-110、85W-140、90、110 和 140 等 10 个黏度牌号。

近年来，由于进口品牌的齿轮油在国内大量生产并销售，国内市场出售的齿轮油，基本上都使用国际标准的级别，即 SAE 黏度分级级别和 API 质量分级级别。按照国际标准为汽车选用齿轮油，就可以保证汽车使用的要求。旧牌号国产齿轮油与 SAE 规格、API 规格齿轮油的对应关系及使用范围见表 8-7。

表 8–7　旧牌号国产齿轮油与 SAE 规格、API 规格齿轮油的对应关系及使用范围

国产齿轮油	使用范围	相对应的 SAE 规格（按黏度分类）	相对应的 API 规格（按使用性能分类）
20 号普通齿轮油	冬季使用于一般汽车的齿轮传动装置上	SAE90	GL–2
30 号普通齿轮油	长江以南地区全年，长江以北地区夏季，使用于一般汽车的齿轮传动装置	SAE140	GL–2
22 号渣油型双曲线齿轮油	冬季使用于具有准双曲面齿轮传动装置的汽车上	SAE90	GL–3
28 号渣油型双曲线齿轮油	夏季使用于具有准双曲面齿轮传动装置的汽车上	SAE140	GL–3
18 号馏分型双曲线齿轮油	用于气温在 –30 ~ –10 ℃地区，具有准双曲面齿轮传动装置的汽车上	SAE90	GL–4
26 号馏分型双曲线齿轮油	用于气温在 –10 ℃以上地区，具有准双曲面齿轮传动装置的汽车上	SAE140	GL–4
13 号馏分型双曲线齿轮油	用于气温在 –35 ~ –10 ℃严寒地区，具有准双曲面齿轮传动装置的汽车上	SAE85W	GL–5

8.2.4　车辆齿轮油的选用及使用注意事项

8.2.4.1　车辆齿轮油的选用

车辆齿轮油主要根据汽车生产厂家的使用说明书要求来选择。如果没有使用说明书，可以按照工作条件选择品种，按照当地气温选择牌号；也可以根据齿轮传动的种类和承载能力及使用条件和工作温度来确定齿轮油的使用等级和黏度等级。

（1）使用性能等级的选择

根据齿轮工作条件的苛刻程度来选择。齿轮工作条件的苛刻程度是由齿轮的类型及其工作时的负荷和运动速度决定的。比如中外合资生产的轿车、载货汽车和工程车辆驱动桥中的双曲线齿轮，其齿轮的接触压力可达 3 000 MPa 以上，相对运动速度可达 10 m/s，齿轮油的温度可高达 120 ~ 130 ℃，在高负荷下运转时主要靠齿轮油内的极压抗磨剂的作用来减小磨损，所以双曲线齿轮或其他工作条件苛刻的齿轮，必须使用重负荷的齿轮油（GL–5）。

而车辆变速器的负荷一般较轻，转速又比较快，所以很容易形成良好的油膜给予润滑以降低磨损。因此普通的齿轮油就能够满足其润滑的要求。但通常为了简便省工，并在性

能级别要求相差不大的情况下,通常转向机构的齿轮传动部分和变速器可以使用同一种润滑油。有的车辆要求驱动桥使用中、重负荷齿轮油,而变速器则要求使用普通齿轮油即可。

(2) 黏度等级的选择

主要根据当地季节气温和齿轮油温度为依据来选择适当牌号的齿轮油。

车辆齿轮油应具有良好的黏温性,既能保证在低温下顺利起动,还必须保证在高温时能形成良好的油膜。车辆齿轮油的黏度达到 150 000 mPa·s 时的最高温度,决定其适用的最低温度。黏度为 75W、80W 和 85W 的齿轮油牌号适用的最低温度分别为 -40 ℃、-26 ℃ 和 -12 ℃。

通常长江流域及冬季气温不低于 -10 ℃ 的地区,全年可使用 90 号的齿轮油;长江以北及冬季气温不低于 -12 ℃ 的地区,一般车辆全年可使用 85W/90 号的齿轮油;负荷特别重的车辆,可全年使用 85W/140 号的齿轮油;长城以北及冬季气温不低于 -26 ℃ 的寒冷地区,可以全年使用 80W/90 号的齿轮油;黑龙江、内蒙古、新疆等冬季最低温度在 -26 ℃ 以下的严寒地区,冬季应使用 75W 号的齿轮油,而夏季应换用 90 号的齿轮油;而在我国北方地区,可以选用四季通用的多级齿轮油。车辆齿轮油适用的环境温度及地域见表 8-8。

表 8-8　车辆齿轮油适用的环境温度及地域

黏度级别	适用环境温度/℃	适用地域
75W/90	-40~30	尤其适用于特寒区冬季使用,与合成油类机油及防冻液配合使用效果更佳
80W/90 80W/140	-26~40 -26~50	华东、华北、华中、华南地区冬夏通用
85W/90 85W/140	-12~40 -12~50	华东、华北、华中地区冬夏通用;华南、西南地区冬季使用
90、140	-5~50	全国各地夏季通用;华南地区冬季可用

8.2.4.2　车辆齿轮油的使用注意事项

1) 使用齿轮油时,不能将使用等级较低的齿轮油用在要求较高的车辆上,如将普通齿轮油加在准双曲面齿轮驱动桥中,将使齿轮很快磨损和损坏。使用等级较高的齿轮油可以用在要求较低的车辆上,但会使成本增加。

2) 在保证润滑的条件下,尽量使用黏度合适的齿轮油。如果使用黏度较高的齿轮油,将会使燃料消耗明显增加,所以应尽可能使用合适的多级齿轮油。

3) 齿轮油在使用过程中,应按规定及时更换。一般汽车每行驶 4 万~5 万 km 后,结合定期维护予以换油。更换齿轮油时,应趁热放出旧的齿轮油,并将齿轮及齿轮箱清洗干净后再加入新的齿轮油,同时将换下的废油集中处理,以免污染环境。

4) 等级不同的齿轮油不能混合使用,即使是同类、同级别牌号的齿轮油也不能混合使用,否则会降低齿轮油的使用效果。

5) 齿轮箱的油面要适当,既不可过高也不可过低。加注齿轮油时油面应与加油口下缘平齐,同时应经常检查各齿轮箱是否有漏油,并保持油面干净不能混入杂质等。

【想一想】
是否总质量越重的汽车应该选用越高级的齿轮油？

任务 8.3　汽车润滑脂

【案例 8-3】　一辆东风牌货车停在修理厂，其底盘部分需要进行润滑脂的加注保养，作为汽车修理人员，你应该进行哪些方面的操作？具体操作中有哪些注意事项呢？

润滑脂又称黄油，它是由基础油、稠化剂和液体润滑剂组成的润滑材料，是一种稠化了的润滑油，常温下呈黏稠的半固体油膏状态，颜色一般为深黄色。润滑脂具有许多优良的性能，它是汽车中不可缺少的润滑材料。

8.3.1　润滑脂的特点及其组成

8.3.1.1　润滑脂的特点

1）润滑脂在金属零件表面具有良好的黏附性能，不易流失，在不容易密封的部位使用，可以简化润滑系统的结构。
2）润滑使用周期长，不需要经常添加，可以减少维护工作量，降低维护作业的费用。
3）具有较强的承压抗磨性能，在高负荷和冲击负荷下仍能保持良好的润滑能力。
4）具有较好的密封作用和对金属部件的防腐蚀能力。
5）由于润滑脂适应的温度范围广，适应的工作条件也较宽，所以汽车或各种机械上不宜用液体润滑剂的部位，如轴承、传动轴花键、发电机、水泵和离合器轴承等部位均使用润滑脂。

润滑脂的主要缺点是黏性大，流动性差，运动时阻力大，功率损失也较大，冷却和清洗作用差，杂质混入后不易清除，所以润滑脂在使用范围上受到一定限制。

8.3.1.2　润滑脂的组成

润滑脂主要由基础油、稠化剂、添加剂和填料四部分组成。一般润滑脂中基础油占 80%～90%，稠化剂占 10%～20%，其余为添加剂和填料。

（1）基础油

基础油是润滑脂中起润滑作用的主要成分，它对润滑脂的使用性能有较大的影响。润滑脂一般都使用精制的矿物润滑油馏分或采用中等黏度和高黏度的润滑油作为基础油。为能适应机械设备在苛刻工作条件下的润滑和密封的需要，通常采用合成润滑油（酯类油、硅油等）作为基础油。

（2）稠化剂

稠化剂也是润滑脂的重要组成部分，它的性质和含量决定了润滑脂的黏稠程度以及抗水性和耐热性。稠化剂可分为皂基稠化剂和非皂基稠化剂，90%的润滑脂都采用皂基稠化剂，它是用动、植物油或脂肪酸与氢氧化物反应制成。常用的有钙皂、钠皂和锂皂等。

（3）添加剂和填料

添加剂是润滑脂所特有的，称胶溶剂，常用的有甘油和水，它能使油皂结合更加稳定。钙基润滑脂中一旦失去水，其结构就会完全破坏，不能成脂，而甘油在钠基润滑脂中则可以调节脂的稠度。另一种添加剂和润滑油中的一样，如抗氧剂、抗磨剂和防锈剂等，但其用量一般较润滑油中的多。为了进一步提高润滑脂的润滑能力，还可以加入石墨、二硫化钼和碳黑等固体润滑剂作为填料。

8.3.2 润滑脂的主要使用性能

润滑脂的使用范围很广，工作条件差别也很大，不同车辆或机械设备对润滑脂使用性能的要求也有所不同。根据车辆或机械设备的工作条件，对其使用性能的基本要求是适当的稠度、良好的高温性能、低温性能、抗磨性、抗水性、防腐蚀性和安定性等。

8.3.2.1 稠度

稠度是指润滑脂的浓稠程度，适当的稠度可使润滑脂容易加注并保持在摩擦表面上，以保持持久的润滑和密封作用。稠度可以用锥入度来表示。锥入度是指在规定的时间和温度条件下，以规定质量的标准锥体刺入润滑脂试样的深度，以0.1 mm为单位。测定时，在25 ℃条件下，将锥体组合件从锥入度计上释放，当锥体下落5 s时，测定其刺入的深度。

锥入度反映润滑脂在低剪切速率下变形和流动阻力的性能。锥入度越大，润滑脂越软，即稠度越小，越容易变形和流动；锥入度越小，润滑脂越硬，即稠度越大，越不容易变形和流动。我国用锥入度划分润滑脂的稠度牌号，其是润滑脂选用的重要依据。表8-9所示为润滑脂的稠度等级和相应的锥入度范围。

表8-9 润滑脂的稠度等级和相应的锥入度范围

稠度等级	000	00	0	1	2	3	4	5	6
锥入度 (25 ℃， 0.1 mm)	445~475	400~430	355~385	310~340	265~295	220~250	175~205	130~160	85~115

8.3.2.2 高温性能

高温性能是指润滑脂在较高使用温度条件下，仍能保持其附着性，并具有抵抗氧化变质的能力。温度对润滑脂的流动性有很大影响，温度升高，润滑脂变软，黏附在摩擦表面上的润滑脂会自动流失而失去润滑作用。同时高温下还会使润滑脂的蒸发损失增大，氧化变质和凝缩分油现象加重等。润滑脂的高温性能可用滴点、蒸发损失和漏失量等性能指标评定。

8.3.2.3 低温性能

低温性能是指在低温条件下，仍能保持良好润滑能力的性能。车辆或工程机械设备在起动时润滑脂的温度几乎和外界环境温度相等，当环境温度较低时其黏度会较大，所以要求润滑脂在寒冷的地区或冬季使用时仍然能保持良好的润滑性能。它主要取决于润滑脂的相似黏度及黏温性能，相似黏度是指在一定的温度和一定的剪切速率下所测得的黏度。相似黏度对起动阻力、功率损失以及润滑脂进入摩擦面间隙时的难易程度都有影响，因此润滑脂的相似黏度是评定润滑脂低温性能的重要依据。

8.3.2.4 抗磨性

抗磨性是指润滑脂通过保持在运动部件表面间的油膜，防止摩擦的能力。润滑脂与润滑油的抗磨性几乎是一样的，润滑脂的稠化剂本身就是油性剂，因此润滑脂的抗磨性能一般要比基础油好。为了使润滑脂具有更好的润滑性能，通常在润滑脂中添加二硫化钼等减磨剂和极压剂，使之在较为苛刻的润滑条件下要比普通润滑油的润滑效果更好，这种润滑脂称为极压型润滑脂。

8.3.2.5 抗水性

抗水性是指润滑脂遇水后不改变其结构和稠度的能力。抗水性差的润滑脂遇水后稠度下降，甚至造成乳化而流失。汽车在雨天和涉水行驶时，底盘各摩擦点可能与水接触，所以要求润滑脂应具有良好的抗水性能。测定润滑脂抗水性采用抗水淋性能测定法（SH/T 0109—2004），即在规定条件下，将已知量的润滑脂加入试验机的轴承中，在运转时受水喷淋，根据实验前后轴承中润滑脂的重量差值，得出因受水喷淋而损失的润滑脂量。

8.3.2.6 防腐蚀性

防腐蚀性是指润滑脂抵抗与其相接触的金属被腐蚀的能力。润滑脂本身如果含有过量的游离酸、碱或活性硫化物，或在储存、使用过程中因氧化产生有机酸，都可能腐蚀金属，因此润滑脂中不能含有过量的游离酸、水、碱等。

8.3.2.7 氧化安定性

氧化安定性是指润滑脂在储存和使用过程中抵抗氧化变质的能力。润滑脂中的基础油和稠化剂与空气接触时，在不同程度上会被氧化，使其酸值增加、稠度变软，易腐蚀金属，而使其寿命缩短。因此，通常在润滑脂中加入抗氧化添加剂，以提高润滑脂的抗氧化能力。

8.3.3 润滑脂的分类、品种与规格

8.3.3.1 润滑脂的分类

1）按基础油分为矿物油脂和合成油脂。

2）按用途分为减摩润滑脂、防护润滑脂、密封润滑脂。

3）按特性分为高温润滑脂、耐寒润滑脂、极压润滑脂。

4）按稠化剂的类别分为皂基润滑脂和非皂基润滑脂。皂基润滑脂又分为单皂基润滑脂（如钠基、锂基、钙基润滑脂等）、混合皂基润滑脂（如钙钠基润滑脂）和复合基润滑脂（如复合钙、复合锂、复合铝基润滑脂等）；非皂基润滑脂分为烃基润滑脂、无机润滑脂、有机润滑脂等。

8.3.3.2 润滑脂的品种与规格

汽车常用润滑脂有钙基润滑脂、钠基润滑脂和汽车通用锂基润滑脂等。

（1）钙基润滑脂

钙基润滑脂是由动、植物脂肪与石灰制成的钙皂稠化矿物润滑油，并以水作为胶溶剂。钙基润滑脂按锥入度分为1、2、3、4四个牌号，号数越大，脂越硬，滴点也越高。钙基润滑脂的特点是不溶于水，抗水性较强，且润滑、防护性能较好，但其耐热性较差，在高温、高速部位润滑时易造成油皂分离，所以钙基润滑脂最高使用温度一般不高于60℃，且使用寿命较短。

钙基润滑脂在汽车上主要用于底盘的摩擦部位、水泵轴承、分电器凸轮、变速器前球轴承、底盘拉杆球节等部位。表8-10所示为钙基润滑脂的规格。

表8-10 钙基润滑脂的规格

项 目		质量指标				试验方法
		1号	2号	3号	4号	
外 观		淡黄色至暗褐色均匀油膏				目测
工作锥入度/0.1 mm		310~340	265~295	220~250	175~205	GB/T 269—1991
滴点/℃	不低于	80	85	90	95	GB/T 4929—1985
腐蚀（T2铜片，24 h）		铜片上没有绿色或黑色变化				GB/T 7326—1987
水分/%	不大于	1.5	2.0	2.5	3.0	GB/T 512—1965
灰分/%	不大于	3.0	3.5	4.0	4.5	SY 2703
钢网分油量（60℃，24 h）/%	不大于	—	12	8	6	SY 2729
延长工作锥入度，一万次与工作锥入度差值/0.1 mm	不大于	—	30	35	40	GB/T 269—1991
水淋流失量（38℃，1 h）	不大于	—	10	10	10	SY 2718
矿物油黏度（40℃）/(mm^2·s^{-1})		28.8~74.8				GB/T 265—1988

（2）钠基润滑脂

钠基润滑脂是以动、植物脂肪加烧碱制成的钠皂稠化矿物润滑油，外观为深黄色至暗褐色的纤维状均匀油膏，按锥入度有2号和3号两个牌号。钠基润滑脂的特点是滴点很高（可达160℃），耐热性好，可在120℃下较长时间内工作，并有较好的承压抗磨性能，可适应较大的负荷。但它的耐水性很差，遇水易乳化变质，因此不能用于潮湿和易于与水接触的摩擦部位，适合用于离发动机很近、温度较高的风扇离合器等部位。钠基润滑脂的规格见表8-11。

表8-11　钠基润滑脂规格

项　目		质量指标		试验方法
		2号	3号	
滴点/℃	不低于	160	160	GB/T 4929—1985
锥入度/0.1 mm 延长工作（10万次）	不大于	265～295 375	220～250 375	GB/T 269—1991
腐蚀试验（T2铜片，室温，24 h）		铜片无绿色或黑色变化		GB/T 7326—1987　乙法
蒸发量（99 ℃，22 h）/%（m·m^{-1}）		2.0	2.0	GB/T 7325—1987

（3）汽车通用锂基润滑脂

汽车通用锂基润滑脂（图8-5）是由天然脂肪酸锂皂稠化低凝点润滑油，并加入抗氧剂、防锈剂制成。稠度牌号为2号，滴点达180 ℃。它具有良好的胶体安定性、氧化安定性、防锈性和抗水性，适用于-30～120 ℃，汽车轮毂轴承、底盘、水泵和发电机等各摩擦部位润滑，进口车辆和国产新车普遍推荐使用这种润滑脂。其规格见表8-12。

此外，汽车常用润滑脂还有极压锂基润滑脂和石墨钙基润滑脂等。极压锂基润滑脂适用于高负荷齿轮和轴承的润滑，高性能的进口轿车推荐使用这种润滑脂；而石墨钙基润滑脂均具有良好的抗水性和抗压性，适用于汽车钢板弹簧、半挂车转盘等承压部位的润滑。表8-13所示为常见润滑脂的性能比较。

图8-5　汽车通用锂基润滑脂

表8-12　锂基润滑脂规格

项　目		质量指标	试验方法
锥入度（25 ℃，60次）/0.1 mm		265～295	GB/T 269—1991
滴点/℃	不低于	180	GB/T 4929—1983
钢网分油（100 ℃，30 h）/%	不大于	5	SY 2729
相对黏度（-20 ℃，$D=10\ s^{-1}$）/Pa·s（P）	不大于	1 500 （15 000）	SY 2720
游离碱/（NaOH）%	不大于	0.15	SY 2707
腐蚀（100 ℃，3 h，紫铜片）		合格	SY 2710
蒸发量（100 ℃，22 h）/%	不大于	2.0	GB/T 7325—1987
漏失量（104 ℃，6 h）/g	不大于	5.0	SH/T 0326—1992

续表

项　目		质量指标	试验方法
抗水性（加水10%，10万次工作锥入度）	不大于	375	GB/T 269—1991
剪切安定性（10万次工作与60次工作锥入度差值）		50	GB/T 269—1991
氧化安定性（100 ℃，0.8 MPa，100 h）	不大于	0.3	SY 2715
防腐蚀性（52 ℃，48 h，相对湿度100%）		1级	GB/T 5018—2008

表8-13　常见润滑脂的性能比较

润滑脂	耐热性	机械安定性	抗水性	防锈性	极压性	使用寿命	最高使用温度/℃	价格
钙基脂	差	—	好			—	65	低
钠基脂	一般	—	极差	一般		—	80	低
铝基脂	差	—	差	好			50	低
通用锂基脂	好	—	好	好			120	适中
极压锂基脂	好	—	好	好	好		120	适中
二硫化钼极压锂基脂	好	—	好	好	好		120	适中
膨润土润滑脂	好	—	好	差	—		130	较高
复合钙基脂	好	—	好	好			130	较高
极压复合锂基脂	好	好	好	好	好		160	较高
聚脲脂	好	好	好		好	长	—	高

8.3.4　润滑脂的选用及使用注意事项

8.3.4.1　润滑脂的选用

选择润滑脂时主要根据车辆或机械设备使用说明书的规定，选用与用脂部位操作条件相适应的润滑脂品种和稠度牌号。在没有使用说明书的条件下，则根据工作温度、运动转速、承载负荷和工作环境等条件来选择。

（1）工作温度

润滑部位温度的高低对润滑脂的使用效果和使用寿命影响很大，一般轴承温度升高10～15 ℃，润滑脂的寿命下降1/2。若对润滑脂影响最大的是工作温度，则应选用合适滴点的润滑脂。工作温度越高，选用的滴点也越高；工作温度低，则可选用滴点低的润滑脂。温度高的部位一定要选用抗氧化安定性好、热蒸发损失少、滴点高、分油量少的润滑脂；温度较低的部位，一定要选用低温起动性能好、相似黏度小的润滑脂。例如水泵轴承、离合器分离轴承、轮毂轴承、发电机轴承等均可选用复合钙基润滑脂。

（2）运动速度

若对润滑脂影响最大的是运动速度，则应该选用合适的黏度指标。速度越大，选用的黏度越大，反之应选用低黏度的润滑脂。

（3）承载负荷

对重负荷机械，应选用稠度大的润滑脂。若承载负荷对润滑脂的影响最大，则应选用合适锥入度指标的润滑脂。承载负荷较大、速度较低的摩擦件选用锥入度较小的润滑脂，承载负荷较小的摩擦件选用锥入度较大的润滑脂。

（4）工作环境

选用润滑脂时还应考虑润滑部位的湿度、灰尘、腐蚀性等因素，特殊环境选用特殊性能的润滑脂。若润滑部位直接与水接触，则应选用耐水性强的润滑脂，如汽车钢板弹簧可选用石墨钙基润滑脂。传动轴中间支承轴承和十字轴承的工作温度虽不高，但容易与水接触，应选用钙钠基润滑脂和汽车通用锂基润滑脂。

8.3.4.2 润滑脂的使用注意事项

1）润滑脂的选用要合理，否则会造成很大的浪费。轮毂轴承是主要用脂部位，我国南方地区可四季通用2号润滑脂；我国北方地区冬季可使用1号润滑脂，夏季可使用2号润滑脂。但不少用户习惯常年使用3号润滑脂，该润滑脂稠度较大，会增加轮毂轴承的传动阻力。试验表明，用2号润滑脂比用3号润滑脂节能，3号润滑脂只适合在热带重载负荷车辆上使用。

2）润滑脂的填充量要适当。油脂填充量大，工作时搅动阻力大，轴承温升高，燃料消耗量相应增加。因此，在更换轮毂轴承润滑脂时，只要在轴承的滚珠（或滚柱）之间塞满润滑脂，而轮毂内腔采用"空毂润滑"，即在轮毂内腔仅薄薄地涂上一层润滑脂，起防锈作用即可。这样既利于散热，又可节约润滑脂。电动机轴承在添加润滑脂时，一般只添加1/2或1/3即可。如果添加过多，会增加摩擦阻力，使轴承易发热，而导致电量消耗过大。

3）钙基润滑脂的耐热性较差，因为它是以水为稳定剂的钙皂水化物，温度在100 ℃左右便开始水解，当超过100 ℃时便丧失润滑脂的稠度，所以在使用时不要超过规定温度，以免失水并破坏结构而引起油皂分离，失去润滑作用。

4）要保持润滑脂的清洁性。润滑脂混入杂质后不易清除，所以在储存和使用过程中要尽量避免灰尘、水分等杂质混入其中。在加注润滑脂时必须保证场所干燥清洁，并尽可能减少与空气的接触。

5）润滑脂不能混合使用，否则会破坏原有结构而失去润滑的作用。钙基润滑脂要避免放在阳光直射处，最好放在阴凉干燥的地方。

【想一想】

润滑脂是否能够用润滑油来代替？

> **拓展知识**
>
> **全合成、半合成、矿物油的区别是什么？**
>
> **1. 矿物油（Mineral Lubricant）**
>
> 矿物油是从石油中提炼出来的润滑油，矿物油的基础油是原油提炼过程中在分馏出有用的轻物质（如航空用油、汽油等）之后剩下来残留的塔底油再经提炼而成的产物。就本质而言，它运用的是原油中较差的成分。矿物油是目前市场上最常见的润滑油类型。矿物油的价格虽然低廉，但其使用寿命、润滑性能等都较半合成油和合成油逊色，同时对环境也有较大的污染。
>
> 另外，矿物油在提炼过程中因无法将所含的杂质完全除去，因此流动点较高，不适合寒带作业使用。随着半合成油和合成油生产成本的降低，矿物油将逐渐被淘汰出市场。
>
> **2. 半合成油（Semi-Synthetic Lubricant）**
>
> 半合成油是使用半合成基础油，即国际三类基础油调制而成的润滑油，是在矿物油的基础上经过加氢裂变技术提纯后的产物，半合成油的纯度非常接近全合成油，但其成本较矿物油略高，其是矿物油向合成油的理想过渡产品。
>
> **3. 全合成油（Synthetic Lubricant）**
>
> 全合成油是来自原油中的瓦斯气或天然气所分散出来的乙烯、丙烯，再经聚合、催化等复杂的化学反应炼制成大分子组成的润滑液。在本质上，它使用的是原油中较好的成分，加以化学反应并在人为控制下，达到预期的分子形态。全合成油分子排列整齐，抵抗外来变数的能力自然很强，因此体质较好，热稳定、抗氧化反应、抗黏度变化的能力自然要比矿物油和半合成油强得多。

本章小结

1. 发动机润滑油具有润滑、冷却、清洗、密封、防锈、减震六个作用。其主要使用性能包括适当的黏度、良好的黏温性、较强的抗氧化安定性、良好的清净分散性、较好的抗腐蚀性和良好的抗磨性等。

2. 发动机润滑油分类方法有两种：美国汽车工程师协会（SAE）黏度等级分类和美国石油协会（API）使用性能分类。SAE将发动机润滑油分为0W、5W、10W、20W、25W、20、30、40、50、60等11个黏度牌号，指数越大，表示黏度受温度影响越小，黏温性越好。其中带W的为冬季用油，不带W的为春、秋、夏季用油。其有单级油和多级油之分，单级油只能适应很窄温度范围，是季节性用油；多级油能够适应很宽的温度范围，此油四季通用。API将汽油机机润滑油分为SC、SD、SE、SF、SG、SH级，柴油机润滑油分为CC、CD、CD-Ⅱ、CE、CF-4级。

3. 发动机润滑油的选用原则：先选使用等级，后选黏度等级。应严格按车辆使用说明书的规定和发动机润滑油的工作条件选择合适的使用等级，再根据气温、工况、发动机技术状况选择合适的黏度级别。

4. 我国车辆齿轮油等同美国汽车工程师协会（SAE）车辆齿轮油黏度等级分类，分为70W、75W、80W、85W、90、140、250 七个牌号；按质量分为三类：普通车辆齿轮油、中负荷齿轮油、重负荷齿轮油，分别相当于国际上的GL－3、GL－4、GL－5级别。选用原则：根据车辆使用说明书的规定和齿轮油的工作条件选用质量等级；根据最低气温和最高油温选用黏度等级。

5. 我国常用的润滑脂品种有：钙基、钠基、汽车通用锂基、极压复合锂基、石墨钙基润滑脂。常用的是汽车通用锂基润滑脂，推荐使用的有1号和2号，实际上多用2号。

技能训练题

一、选择题

1. 下列不是车用润滑材料的是（　　）。
   A. 发动机润滑油　　　　　　　　B. 车辆齿轮油
   C. 汽车润滑脂　　　　　　　　　D. 汽油
2. 国产重负荷车辆齿轮油相当于API使用分类中（　　）级齿轮油。
   A. GL－2　　　　　　　　　　　B. GL－3
   C. GL－4　　　　　　　　　　　D. GL－5
3. 润滑脂的稠度通常用（　　）表示。
   A. 滴点　　　　　　　　　　　　B. 锥入度
   C. 黏度　　　　　　　　　　　　D. 水分
4. 现代汽车普遍推荐使用（　　）润滑脂。
   A. 钙基　　　　　　　　　　　　B. 钠基
   C. 钙钠基　　　　　　　　　　　D. 汽车通用锂基

二、填空题

1. 发动机润滑油的主要作用就是给发动机进行_____、_____、_____、_____、防锈和减震。
2. 发动机润滑油的主要使用性能包括适当的_____、良好的_____、较强的_____、良好的_____、较好的抗腐蚀性和良好的抗磨性等。
3. 按SAE黏度分类法将润滑油分为冬季用油和非冬季用油。冬季发动机润滑油共有0W、5W、10W、15W、20W、25W六个等级，其数字越小，说明其低温黏度越_____，低温流动性越_____，适应的温度越_____。非冬季用油共有20、30、40、50和60五个等级，其数字越大，适用的最高温度越_____。
4. 按API使用性能分类法将齿轮油分为GL－1、GL－2、GL－3、GL－4、GL－5和GL－6六个等级，级别中的数字越大，代表齿轮油的承载能力越_____，适应的工作条件也就越苛刻。
5. 润滑脂的稠度可以用_____来表示。_____越大，润滑脂越软，即稠度越小，越容易变形和流动。
6. 汽车钢板弹簧适合选用_____润滑脂进行润滑。

三、简答题

1. 发动机润滑油如何选用?
2. 车辆齿轮油应具备哪些使用性能?如何选用车辆齿轮油?
3. 比较钙基润滑脂、钠基润滑脂和汽车通用锂基润滑脂在使用性能上的差别?
4. 使用发动机润滑油、车辆齿轮油和润滑脂时应注意哪些事项?

模块 9 汽车用工作液

🚗 知识点

1. 了解汽车减震器油、液压油与空调制冷剂的使用性能和分类。
2. 掌握汽车制动液、防冻液和液力传动油的使用性能、分类、牌号和规格。

🚗 技能点

学会汽车制动液、防冻液和液力传动油的合理选用、正确使用及检查和更换操作。

汽车工作液是指汽车正常工作中所使用的液态工作介质。汽车工作液在汽车发动机、制动系统、传动系统以及悬架系统中得到广泛应用，它对汽车的动力性、安全性、行驶平顺性以及发动机排放性都有直接影响，因此需要合理选择和正确使用。

汽车工作液主要包括汽车制动液、汽车防冻液、液力传动油、减震器油和液压油等。

任务9.1　汽车制动液

任务导入

【案例9-1】　一辆捷达轿车经常在湿热气候下的山区行驶。对于其制动液的选用和使用，应该做哪些经常性的工作？有哪些注意事项？

制动液又称刹车油或刹车液（图9-1），是车辆液压制动系统中传递压力的工作介质。当驾驶员踩制动踏板时，从脚踏板传力至制动总泵的活塞，通过制动液传递能量到车轮各分泵，使摩擦片张开，达到停车的目的。汽车制动液质量的好坏直接影响到汽车的行驶安全，使用质量低劣的制动液，会发生高温气阻、低温制动迟缓等故障，导致车辆制动失灵而引起交通事故。

图9-1　汽车制动液

9.1.1　汽车制动液的性能要求

为保证汽车在严寒、酷暑的气温条件和高速、重负荷、大功率及频繁制动的操作条件下，有效、可靠地使汽车制动灵活，确保行车安全，要求汽车制动液具有良好的高温抗气阻性、低温流动性和黏温性、与橡胶的配伍性、抗腐蚀性、溶水性和抗氧化性等。

9.1.1.1　高温抗气阻性

高温抗气阻性是指制动液在高温时抵抗气阻产生的能力。车辆在行驶时经常频繁制动，在制动过程中由于摩擦而产生的热会使制动液的温度显著增加，有时可达150℃以上。如果制动液的沸点低，会在高温作用下蒸发成蒸气，使制动系统产生气阻，从而导致制动失灵。为保证车辆行车安全可靠，要求制动液必须具有较高的沸点。

9.1.1.2　低温流动性和黏温性

制动液的工作温度很宽，冬季接近最低气温，而在制动时由于摩擦发热可使制动系统工作温度达70~90℃，有时高达150℃。为保证制动液在低温下能使制动油缸活塞随踏板的动作灵活移动，在高温时又有适宜的黏度，不影响油缸的润滑和密封，要求制动液有

模块 9　汽车用工作液

良好的低温流动性和黏温性。为此，在制动液的使用技术条件中规定了各级制动液在 −40 ℃ 和 100 ℃ 时的运动黏度。

9.1.1.3　良好的与橡胶配伍性

与橡胶配伍性是指制动液对橡胶零件不会造成显著的溶胀、软化和硬化等不良影响的现象。在汽车制动系统中采用了许多橡胶零部件，如皮碗、油管和油封等，这些橡胶件经常泡在制动液中，如果制动液对这些橡胶制品有溶胀作用，则其体积和质量就会发生变化，出现渗漏、制动压力下降，严重时导致制动失灵，因此要求制动液与橡胶有良好的配伍性。

制动液与橡胶配伍性是通过皮碗试验测定的。测试时要求温度在 120 ℃ 下经过 70 h 和温度在 70 ℃ 下经过 120 h 的浸泡后，取出皮碗，观察皮碗外观无发黏、无鼓泡、不析出黑炭，且皮碗根径增值能控制在规定范围内。

9.1.1.4　抗腐蚀性

抗腐蚀性是指制动液对金属零部件不产生腐蚀而导致制动失灵的现象。制动系统中传动装置多数采用铸铁、铜、铝等金属制成，长期与制动液接触，极易产生腐蚀，使制动失灵。为减少对金属的腐蚀，在制动液使用技术条件中，要求制动液能通过金属腐蚀试验。其方法是将镀锡铁皮、铸铁、黄铜、纯铜、钢和铝等金属片，置于温度为 100 ℃ 的制动液中浸泡 120 h 后，观察其质量变化，要求不超过各自的规定值。

9.1.1.5　溶水性

溶水性是指制动液吸水后还能与水相溶，不产生分离和沉淀。车辆在频繁制动时制动液难免与空气接触，这样空气中的水分就会被制动液所吸收，如果这些水分不被制动液溶解，将会对金属零部件产生一定的腐蚀，并且这些水分还会随工作温度的变化而变化，在较低的温度下会结冰，而在高温下会蒸发形成蒸汽从而导致制动性能下降，所以要求制动液能将这些水分给予溶解。

9.1.1.6　抗氧化性

制动液在常温下是比较稳定的，但在受高温和金属催化等因素影响时，会使其氧化而变质，所以要求制动液应具有良好的抗氧化性能。抗氧化性能决定制动液在储存和使用的过程中是否容易因氧化而变质，抗氧化性能越好，则制动液就越不容易变质，储存和使用期就会越长。

9.1.2　汽车制动液的分类及规格

9.1.2.1　汽车制动液的分类

根据制动液的组成和特性不同，可将制动液分为醇型、矿油型和合成型制动液三类。其中合成型制动液是目前应用的主要品种。

(1) 醇型制动液

醇型制动液是由低碳醇类和蓖麻油按同等比例调和，经过沉淀和过滤制成的制动液。其价格虽低廉，但由于其高低温性能均较差，容易分层，易发生交通事故，为此我国自1990年5月起就已将其淘汰。

(2) 矿油型制动液

矿油型制动液是用精制轻柴油馏分为原料，加入稠化剂和其他多种添加剂调和而成。其特点是工作温度范围广，一般在-50~150℃具有良好的润滑性，对金属无腐蚀作用，但其与水混合后易产生气阻，对天然橡胶有溶胀作用，必须使用耐油橡胶密封件，以免导致制动失灵。因此在我国也未推广使用。

(3) 合成型制动液

合成型制动液由基础液、润滑剂和添加剂组成。其工作温度范围宽，黏温性好，对橡胶和金属的腐蚀作用均很小，故适合于高转速、大功率、重负荷和制动频繁的车辆使用，是目前使用最多、最广的一种制动液。按其基础液不同，常用的有醇醚制动液、酯制动液和硅油制动液三种。

1) 醇醚制动液。醇醚制动液基础液主要有乙二醚类、甘醇醚类化合物或聚醚等。常用的润滑剂有聚乙二醇、聚丙二醇、环氧乙烷和环氧丙烷共聚物等，润滑剂约占总量的20%。添加剂主要有抗氧化剂、抗腐蚀剂、抗橡胶溶胀剂和pH值调整剂等。醇醚型制动液平衡回流沸点较高，性能稳定，成本低，是目前用量最大的一种制动液。其缺点是吸湿性强，湿沸点较低。

2) 酯制动液。酯制动液是为克服醇醚型制动液吸湿性强的缺点而生产的一种制动液，其基础液通常采用乙二醇醚酯、乙二醇酯或硼酸酯等。这类制动液能保持醇醚的高沸点，同时吸湿性小或基本不吸湿，适合在湿热环境下使用。

3) 硅油制动液。硅油制动液具有高温稳定性、氧化安定性、高低温润滑性均高于其他制动液的优点。缺点是具有过分的疏水性，即使只有少量水混入制动系统，在低温下就有可能结成冰，会对制动系统造成不利的影响。另外，硅油制动液的原材料成本高，因此该制动液并未普及，只在军车等车辆中使用。

9.1.2.2 汽车制动液的规格

(1) 国外汽车制动液规格

国外汽车制动液典型规格有三个系列：

1) 美国DOT标准。美国运输部DOT（Department of Transportation）制定的联邦机动车辆运输标准FMVSS No.116，将汽车制动液分为DOT3（醇醚型）、DOT4（酯型）、DOT5（硅酮型）和DOT5.1（硼酸酯型）四种规格，这是世界公认的通用标准。

2) 美国SAE标准。美国汽车工程师协会将汽车制动液分为SAEJ1703、SAEJ1704、SAEJ1705三种规格。

3) 国际标准化组织ISO标准。国际标准化组织ISO标准中，将汽车制动液分为Class3、Class4、Class5.1和Class6四种规格。

(2) 国内汽车制动液规格

2012年我国颁布了GB/T 12981—2012《机动车辆制动液》标准，该标准参照国际通行的 DOT、SAE 和 ISO 分类规格，根据制动液高温气阻性的不同，从低到高分为 HZY3、HZY4、HZY5、HZY6 四种规格（级别），并规定各级制动液应达到的规格要求和使用范围。例如，牌号 HZY3 的含义：H、Z、Y 分别表示"合成""制动""液体"，是合成制动液的汉语拼音；数字表示级号。汽车制动液行业标准为 QC/T 670-2000《汽车合成制动液》，规定汽车制动液有 V-3、V-4 两个规格（级别）。

我国汽车制动液规格与国外汽车制动液规格的对应关系见表 9-1。

表 9-1　我国汽车制动液规格与国外汽车制动液规格的对应关系

序号	质量标准	质量级别				
		醇醚型	硼酸酯型	硼酸酯型	硅酮型	硼酸酯型
1	美国 FMVSS No. 116	DOT3	DOT4/超级 DOT4	DOT5.1	DOT5	—
2	美国 SAE J 系列	J1703	J1704	—	J1705	—
3	国际标准化组织 ISO4925	Class3	Class4	Class5.1	—	Class6
4	GB/T 12981—2012	HZY3	HZY4	HZY5	—	HZY6
5	行业标准为 QC/T 670—2000	V-3	V-4	—	—	—

各级号汽车制动液的技术要求见附录 4。

9.1.3　汽车制动液的选用及注意事项

9.1.3.1　汽车制动液的选用

合成制动液是按等级来划分的，选用时应严格按照车辆使用说明书的规定，选用合适等级的制动液，以确保行车安全。若国产车使用进口制动液或进口车使用国产制动液，应根据其对于关系正确选用。如无说明书，可根据车辆的工作条件（气候特点、道路条件和行驶速度）进行选择。

资源 9-1
汽车制动液的选用
及注意事项

（1）根据环境条件

环境条件主要指气温、湿度和道路条件，如在炎热的夏季、在山区多坡或高速公路上行驶，车辆制动强度大，制动液工作温度高，特别是在湿热条件下，要选用沸点较高的制动液如 HZY5，非湿热条件可选用 HZY3、HZY4 等合成制动液。

（2）根据车辆的速度

高速车辆，特别是高级轿车与一般货车相比，制动液工作温度较高，应选用级别较高的制动液。

（3）优先选用高等级产品

选择车辆制动液时，应选用高于或等于车辆规定使用级别的产品；最好选用合成型制动液；尽量选用经常为车辆制造厂提供配套制动液的生产厂家的产品，以确保质量的可靠性和使用性能的稳定性。

9.1.3.2 汽车制动液的使用注意事项

1）不同型号、不同厂家的制动液不能混用，否则会影响制动效果。

2）加注或更换制动液时，最好使用专业设备。更换制动液时应彻底清洗制动系统，特别要防止水分、矿物油和机械杂质混入。因为水分等杂质会导致制动失灵，水分还会使制动系统中的金属零部件产生腐蚀。当换用不同品种制动液时，应用新液清洗一次。

3）制动液使用一定时间后会发生变质而影响车辆的制动性，所以要求制动液要按期更换，更换期一般为车辆行驶 20 000 ~ 40 000 km 或一年。

4）制动液应密封储存，以免吸收大气中的水分后使沸点降低。

5）制动液多以有机溶液制成，易挥发、易燃，使用中应注意防火，存放时应避免阳光直射。

【案例 9-2】 一辆液压制动汽车在连续下坡途中，驾驶员突然感觉制动踏板缓慢下沉，制动发软，制动性能明显下降，以至于难以控制车速。在紧急时刻，驾驶员应该采取怎样的紧急处理措施？

任务 9.2　汽车防冻液

任务导入

【案例 9-3】 假如你有一辆本田 ACCORDF23A3 型汽车，你怎样选用和使用防冻液，对汽车进行冷却系统维护？

防冻液实际上就是冷却液（图 9-2），它是由降冰点剂、缓蚀剂、消泡剂、着色剂、防腐剂和缓冲剂等多种添加剂调和而成的，具有特殊性能的冷却液。水冷式发动机是用冷却液作传动介质，通过冷却系统把热量带出并散失掉，使发动机能在合适的温度范围内正常工作。水是广泛使用的发动机冷却液，但水的冰点较高，在 0℃ 时就会结冰，水结冰后体积膨胀，会使气缸体、散热器等破损；水在工作中还易生成水垢，影响传热效果。而汽车防冻液用于发动机的冷却系统，它具有冬季防冻、夏季防沸、全年防水垢和防腐蚀等优点。

图 9-2　汽车防冻液

9.2.1　对防冻液的性能要求

9.2.1.1　较低的冰点

冰点是评定防冻液性能的基本指标，冰点越低，其防冻效果就越好。选择防冻液时，其冰点应低于当地最低温度 10 ℃ 以上，以保证温差的变化。

9.2.1.2 较高的沸点

通常水的沸点是 100 ℃，而标准防冻液的沸点则在 110 ℃ 以上，这样在温度较高的环境下工作时就不易开锅，从而保证车辆在满载、高负荷、高速或山区以及炎热的夏季都能正常行车。另外沸点越高的防冻液其蒸发损失就越小。

9.2.1.3 良好的传热性能

为了保证防冻液在夏季时对发动机有较强的冷却作用，要求防冻液有良好的传热性，以保证冷却系统的散热效果。

9.2.1.4 防腐蚀性

冷却系统中的金属件经常与高温冷却水接触而慢慢被腐蚀。采用优质的防冻液不但不会对金属件造成腐蚀，且对冷却系统中使用的水管、水封等橡胶制品也没有腐蚀性。

9.2.1.5 防水垢

水垢是冷却系统中危害最为严重的，水垢易黏附在水箱、水套等金属表面，而影响散热器的散热效果，清除也很困难。采用优质的防冻液不但可以避免生成水垢，而且还具有清除水垢的作用。

9.2.1.6 抗泡性好

防冻液中若有泡沫，会降低防冻液的冷却效果，所以在防冻液中必须加有适量的消泡剂，以提高防冻液的抗泡性。

9.2.2 防冻液的种类与性能

防冻液主要是由防冻剂与水按一定比例混合而成的，按防冻剂的不同，汽车常用的防冻液有酒精型、甘油型和乙二醇型三种。

9.2.2.1 酒精型防冻液

酒精型防冻液是用酒精作防冻剂，与水配制而成。酒精与水可按各种比例混合而组成不同冰点的防冻液。酒精的沸点为 78.3 ℃，冰点为 -114 ℃。酒精含量越高，防冻液的冰点越低。这类防冻液的特点是流动性好、散热快、配制简单，但沸点低、蒸发损失大，挥发后冰点容易回升，易燃、易爆，在高原地区不宜使用酒精型防冻液。

9.2.2.2 甘油型防冻液

甘油型防冻液是由甘油（丙三醇）为防冻剂，与水配制而成。由于甘油的沸点、闪点高，所以这类防冻液的沸点高，不易蒸发和着火，对金属的腐蚀性小，但其降低冰点的效率低，甘油用量大，成本较高，所以这种防冻液只适宜于在环境气温不太低的地区使用。

9.2.2.3 乙二醇型防冻液

乙二醇型防冻液是由乙二醇为防冻剂，与水配制而成。乙二醇是一种无色微黏的液体，它的沸点为 197.4 ℃，冰点为 -11.5 ℃。与水混合后，冰点会有明显降低，其降低的程度在一定的范围内随乙二醇的增加而降低，最低可达 -68 ℃。用不同比例的乙二醇和水可以配制成不同冰点的防冻液。这类防冻液的优点是沸点高、冰点低、冷却效果好、黏度较小，但乙二醇有毒性，对金属有腐蚀作用。因此，常用的乙二醇型防冻液多加有防腐剂和染色剂，可长期使用，故称为长效防冻液。目前发动机使用的防冻液主要是乙二醇型防冻液，也是目前最好的防冻液。

乙二醇型防冻液根据石化行业标准 SH/T 0521—2010 规定，按其冰点不同有 -25、-30、-35、-40、-45、-50 六个牌号。各种牌号的成品防冻液与浓缩液均有一级品和合格品之分。合格品在防腐性上的要求不及一级品，合格品不要求进行模拟腐蚀实验。

⚙ 9.2.3 防冻液的选用及使用注意事项

9.2.3.1 防冻液的选用

选用防冻液时主要依据说明书的规定进行选择。不同发动机其技术特性、热负荷情况以及冷却系统材料等均有所不同，对其质量要求也有所不同。若无特殊要求的车辆，可以选用乙二醇型防冻液以降低运输成本。对于一些中高档车辆，要求使用专用防冻液，通常应按车辆使用说明书选用对应的防冻液。

资源 9 - 2
汽车防冻液的选用及注意事项

乙二醇型防冻液的选用，应根据当地冬季最低气温来选择适当冰点牌号的防冻液，其冰点应至少低于当地最低气温 5 ℃以上。选用浓缩防冻液时应按使用说明书规定的比例加入蒸馏水或去离子水，配制出具有与使用条件相对应冰点的防冻液，配制时不得使用自来水等非清洁水。

9.2.3.2 防冻液的使用注意事项

1）不同厂家、不同牌号的防冻液不能混用，否则会影响发动机的使用寿命。

2）使用防冻液时严禁口吸，因为防冻液中所使用的某些添加剂有一定的毒性。

资源 9 - 3
冷却液的更换

3）加注防冻液之前应对发动机冷却系统进行清洗，加注量一般为冷却系统总容量的 95%，以免温度升高后膨胀溢出。加注时不要将防冻液滴落在车漆和温度较高的零部件上，否则会由于化学作用损伤漆膜和引起燃烧。

4）应经常检查防冻液液面高度，若液面下降，应及时加水，保持原有容量。

任务9.3　液力传动油

任务导入

【案例9-4】　一辆轿车的自动变速器需要更换液力传动油,而市场上有多种牌号和规格,怎样进行选择和合理使用?怎样进行检查和更换操作?有哪些注意事项?

液力传动油(图9-3)又称汽车自动变速器油(ATF),通用型液力传动油呈紫红色,有些呈淡黄色,它是汽车自动变速器和助力转向系统中的工作介质。它不仅对液力变矩器、液力偶合器和机械变速器所构成的自动变速器起到传递动力的作用,而且还对齿轮、轴承等摩擦副起润滑和冷却的作用,同时在伺服机构中起着液压自动控制的作用。

图9-3　液力传动油

9.3.1　对液力传动油的性能要求

液力传动油的主要使用性能要求有适宜的黏度及良好的黏温性、良好的热氧化安定性、良好的抗泡沫性和抗磨性能等。

9.3.1.1　适宜的黏度及良好黏温性

作为传动介质,液力传动油的黏度对变矩器的传动效率影响很大,一般黏度越小,其传动效率越高。但黏度过小会导致液压系统的泄漏增加和换挡迟缓等故障;黏度过高,则会降低其传动效率,而且低温起动困难。为了兼顾上述两方面对液力传动油黏度的不同要求,液力传动油在100 ℃时的运动黏度在7 mm^2/s 左右较为适宜。同时,由于液力传动油的工作范围很宽,一般为-40~150 ℃,为适应自动变速器使用条件比较复杂的特点,保证良好的润滑和使用效率,液力传动油应有良好的黏温性。

9.3.1.2　良好热氧化安定性

由于液力传动油使用温度较高,高速行驶的轿车其液力传动油的温度为80~90 ℃,在苛刻条件下运行时最高油温可达150~170 ℃,此时若液力传动油的热氧化安定性不好,当油温升高时则会形成油泥、漆膜和沉淀物等,影响自动变速器的性能,甚至会堵塞滤清器、油路等,造成摩擦片打滑和控制系统失灵等严重后果。因此,常在液力传动油中加入性能良好的抗氧化剂,以提高液力传动油的热氧化安定性。

9.3.1.3 良好的抗泡沫性

液力传动油在高速流动中极易产生泡沫，泡沫会使油压降低，影响控制的准确性，破坏正常润滑，导致离合器打滑和烧坏等故障。泡沫主要是气体的掺入以及油液中的少量水分蒸发造成的，为了防止泡沫的产生，油中要加入抗泡沫添加剂，以降低油品表面张力，使气泡迅速从油液中溢出。

9.3.1.4 良好的抗磨性

液力传动油的抗磨性是为了满足润滑的需要，以及确保自动变速器的行星齿轮机构、轴承、垫圈和油泵等长期正常工作，要求液力传动油要有相匹配的静摩擦和动摩擦系数，从而适应离合器在换挡时对摩擦系数的不同要求。为了提高液力传动油的抗磨性，通常都会加入抗磨添加剂。

此外，还要求液力传动油与橡胶具有良好的匹配性及防腐蚀、防锈性能等。

9.3.2 液力传动油的分类及规格

9.3.2.1 国外液力传动油的分类

国外液力传动油的分类多采用美国材料试验协会（ASTM）和美国石油协会（API）共同提出的 PTF（Power Transmission Fluid）分类法，将其分为 PTE–1、PTE–2 和 PTE–3 三类。

(1) PTE–1 类传动油

其主要适用于轿车或轻型卡车的液力传动系统。其特点是低温起动性能好，对传动油的低温黏度及黏温性有很高的要求。

(2) PTE–2 类传动油

其主要适用于重负荷的液力传动系统。如客车、越野车和工程机械车等，由于在重负荷下工作，对其极压抗磨性要求高，故通常加极压抗磨添加剂。

(3) PTE–3 类传动油

其主要适用于农业及建筑机械的液力传动系统和齿轮箱。其特点是适用范围广，例如作传动、差速器和驱动齿轮的润滑，以及液压转向、制动和悬挂等装置的工作介质，其极压抗磨性能和负荷承载能力比 PTF–2 类传动油要求更严格。

9.3.2.2 我国液力传动油的分类

我国液力传动油的分类是按照中国石油化工总公司的标准，将其分为 6 号、8 号和 8D 号三种，其规格见表 9–2。

表 9-2 液力传动油规格

项　目	质量指标			实验方法
	6 号	8 号	8D	
运动黏度/($mm^2 \cdot s^{-1}$) 100 ℃	5.0~7.0	7.5~9.0	7.5~9.0	GB/T 265—1988
运动黏度比（100 ℃/50 ℃）	—	3.6	3.6	
黏度指数　　　　　　　不小于	100	200	—	GB/T 2541—1981
闪点（开口）/℃　　　　不低于	180	150	150	GB/T 267—1988
腐蚀试验（铜片，100 ℃，3 h）	合格			SH/T 0195—1992
水溶性酸或碱	无			GB/T 259—1988
机械杂质/%	无			GB/T 511—2010
水分/%	无			GB/T 260—2016
泡沫性（93 ℃）/($mL \cdot mL^{-1}$)	报告			GB/T 12579—2002
凝点/℃	-20	-25	-50	GB/T 510—2018
最大无卡咬负荷 P_B/N	784.5	784.5	784.5	GB/T 3142—1982

（1）6 号液力传动油

6 号液力传动油是以精制的石油馏分，加入抗氧化剂、抗磨剂等调制而成。它的抗磨性好，但黏温性稍差，适用于内燃机车和重型货汽车的多级变矩器和液力耦合器，这种油接近于 PTF-2 级油。

（2）8 号液力传动油

8 号液力传动油是以润滑油馏分，经脱蜡、深度精制并加入增黏、抗氧化、抗腐蚀等多种添加剂调制而成。这种传动油具有良好的黏温性、抗磨性和较低的摩擦系数，适用于轿车和轻型货车的自动变速系统，这种油接近于 PTF-1 级油，外观为红色的透明体。

8D 号传动油的各项技术指标除凝点外，其他均与 8 号油相同。因其凝点较低，故专用于严寒地区液力传动系统的润滑。

9.3.3　液力传动油的选用及使用注意事项

9.3.3.1　液力传动油的选用

选择液力传动油时，应严格按使用说明书的规定，选用适当品种的液力传动油。轿车和轻型货车应选用 8 号传动油；进口轿车要求使用 GM-A 型、A-A 型或 Dexron 型的自动变速器油都可以用 8 号油来代替。重型货车、工程机械的液力传动系统应选用 6 号传动油。严寒地区应选用 8D 号液力传动油。

9.3.3.2　液力传动油的使用注意事项

1）应保持正常的工作油温。因为油温过高会加速液力传动油的氧化变质，引起故障。

2）要经常检查液力传动油的油面高度。通常车辆每行驶 1 万 km 应检查一次。检查时，使车辆停放在平坦路面上，并使发动机保持运转状态，此时油平面应在自动变速器油尺的上下刻度线之间，过低时应及时补给。若发现油面下降过快，则可能漏油，应及时予以检查排除。

3）应按使用说明书的规定期限，及时更换液力传动油和滤清器或清洗滤网，同时拆洗自动变速器油底壳，并更换密封垫。对于无说明书的车辆，通常每行驶3万km时更换一次液力传动油以延长传动系统的使用寿命。

4）检查液力传动油质量时，可直接通过油的外观和气味进行检查，液力传动油外观变化及出现的相应问题见表9-3。

表9-3 液力传动油外观变化及出现的相应问题

液力传动油液的外观变化	出现的相应问题
清澈，并带有红色	此现象正常
颜色发白、浑浊	油水混合，水进入油中
颜色清淡、气泡多	油面过高、内部空气泄漏
油中有固体残渣	离合器或轴承有损伤
油尺上有胶状物	油液温度过高

任务9.4 其他汽车工作介质

除了汽车制动液、防冻液和液力传动油以外，在汽车上还会用到减震器油、液压油、制冷剂等工作介质。

9.4.1 减震器油

为了提高汽车的舒适性，延长汽车的使用寿命，汽车上都装有减震系统，其中大部分车辆都采用液压减震器，它是利用液体流动通过节流阀时产生的阻力来起减震作用的。

减震器油是汽车减震器的工作介质，其使用性能对减震器的工作性能影响极大。对减震器油的主要性能要求有：适当的黏度、良好的氧化安定性、抗泡沫性、抗磨性、防腐性以及低凝点等。目前多数国产汽车推荐使用克拉玛依炼油厂生产的减震器油和按上海石油公司企业标准推荐生产的减震器油。前者的特点是凝点很低，有良好的黏温性，适合在寒冷地区使用；后者的特点是凝点不高于-8℃，适合在温暖地区使用。

减震器油也可自行配制，如可用25号变压器油和22号汽轮机油各50%（质量分数）配制而成；也可用体积比为70%的10W/30或（30）号汽油机油和30%的-35号柴油配制；还可用10号机械油代替。使用减震器油应注意减震器的密封良好，无渗漏现象。定期维护拆检减速器时,按规定更换减震器油,油量要适中,不能过多或过少。

9.4.2 液压油

随着汽车工业的发展,现代汽车上的许多机构广泛采用了液压和液力传动。除液压制动系、液压减震器、自动变速器以外,离合器液压操纵系统、液力转向系统、自动倾斜机构等均采用了液压传动系统。另外,在汽车维修机械中也广泛应用了液压传动,如各种作业装置、平台回转机构、提升及夹紧机构等。

液压油就是用于液压传动系统中的工作介质。为保证液压系统的正常工作,液压油必须保证其不可压缩性和良好的流体状态。对液压油的主要性能要求有:适宜的黏度和良好的黏温性,良好的抗磨性、抗乳化性、抗泡沫性和抗氧化性等。

9.4.2.1 液压油的分类

按国标规定,液压油属于L类(润滑剂和有关产品)中H组(液压系统),并统一命名。汽车及其维修机械液压系统常用 L-HL 液压油、L-HM 液压油(抗磨型)、L-HV 液压油(低温抗磨型)、L-HR 液压油(高黏度指数)等品种。

(1) L-HL 液压油(通用工业机床润滑油)

L-HL 液压油是一种精制矿物油,具有良好的抗氧、防锈性能,常用于低压液压系统和传动装置,在 0 ℃ 以上环境下使用,适用于机床和其他设备的低压齿轮泵,也可以使用于其他抗氧防锈型润滑油的机械设备(如轴承和齿轮等)。L-HL 液压油按照 40 ℃ 时的运动黏度可将其分为 15、22、32、46、68 和 100 等六个黏度牌号。

(2) L-HM 液压油(抗磨液压油)

L-HM 液压油是在 L-HL 油的基础上通过改善其抗磨性能而得来的。适用于低、中和高压的叶片泵、柱塞泵和齿轮泵的液压系统,也可以用于中、高压的工程机械或车辆上的液压系统(如数控机床、起重机和挖掘机等中重型机械)和中等负荷机械上的润滑部位,其适应的温度范围为 -5~60 ℃。L-HM 液压油按照 40 ℃ 时的运动黏度可将其分为 15、22、32、46、68、100 和 150 七个黏度牌号。

(3) L-HV 液压油(低温抗磨液压油)

L-HV 液压油是在 L-HM 油的基础上通过改善其黏温性能而得来的液压油。L-HV 液压油属于宽温度变化范围下使用的液压油,适用于环境温度变化较大和工作条件恶劣的(野外作业的工程车辆、军车等)低、中、高压液压系统和其他中等负荷机械的润滑部位,其适用温度在 -30 ℃ 以上。按其基础油可将其分为矿油型和合成油型两种;按照 40 ℃ 时的运动黏度又可以将其分为 15、22、32、46、68 和 100 六个黏度牌号。

(4) L-HR 液压油(低温液压油)

L-HR 液压油是在 L-HL 油的基础上通过改善其黏温性能而得来的。它具有良好的防锈、抗氧性和黏温性,适用于环境温度变化较大和工作条件恶劣的中、低压液压系统和其他轻负荷机械的润滑部位。L-HR 液压油分为 15、32 和 46 三个黏度牌号。

9.4.2.2 液压油的选用及使用注意事项

液压油的选用应根据工作环境温度和液压泵的类型选择液压油。汽车举升机和轮胎起重机液压系统采用 21 MPa 以上的高压泵，应选用黏温性好的 L-HR 液压油、抗磨性好的 L-HM 液压油，或抗磨性和黏温性都好的 L-HV 液压油。L-HL 普通液压油适用于环境温度为 0~40 ℃ 下操作的各类液压泵（6.3~21 MPa）。根据液压泵的类型选择液压油，见表 9-4。

表 9-4 各种液压泵液压油的选择

泵的类型	系统压力/MPa	温度/℃	液压油品种	黏度级别
齿轮泵	>7	5~40	L-HL 液压油，中高压以上用 L-HM 液压油	32、46、68
	—	40~80	L-HL 液压油，中高压以上用 L-HM 液压油	100、150
径向柱塞泵		5~40	L-HL 液压油，中高压以上用 L-HM 液压油	32、46
	—	40~80	L-HL 液压油，中高压以上用 L-HM 液压油	68、100、150
轴向柱塞泵		5~40	L-HL 液压油，中高压以上用 L-HM 液压油	32、46
	—	40~80	L-HL 液压油，中高压以上用 L-HM 液压油	68、100、150
叶片泵	<7	5~40	L-HM 液压油	32、46
	>7	40~80	L-HM 液压油	46、68
	<7	5~40	L-HM 液压油	46、68
	>7	40~80	L-HM 液压油	68、100

使用液压油时应注意：
1）不同品种、不同牌号的液压油不得混合使用。
2）液压油在储存或使用过程中应确保其清洁，否则会缩短液压系统的寿命。
3）应按使用说明书规定的换油标准及时换油，一般条件下汽车和工程机械在高级维护时更换液压油。

9.4.3 空调制冷剂

空调制冷剂又称制冷工质，在南方一些地区俗称雪种，它是汽车空调制冷系统中循环流动的工作介质。由于受到压缩机所做压缩功的作用，它在系统的各个部件之间循环流动，进行能量的转换和传递，完成制冷剂向高温热源放热和从低温热源吸热的过程，从而实现制冷的目的。

制冷剂的性质直接关系到制冷装置的制冷效果、经济性、安全性及运输管理，因而汽车空调制冷剂应满足以下性能要求：无毒、无异味；不易燃、不易爆；易于改变吸热和散热状态；化学性质稳定，无腐蚀性；与润滑油无亲和作用，可与冷冻机油以任意比例相溶；有利于环境保护。

9.4.3.1 制冷剂的分类

目前汽车空调制冷系统使用的制冷剂主要有 R12 和 R134a 两种，其中 R 是英文 Refrigrant（制冷剂）的第一个字母。

汽车空调制冷剂最早广泛使用的是 R12，R12 属于氟利昂系制冷剂，其特点是蒸发潜热大、易液化，对金属、橡胶的腐蚀性小，无毒且不易燃烧，但遇火会产生有毒物质。由于 R12 制冷剂会严重破坏大气臭氧层，引起严重的环保问题，目前世界各国都已禁止使用，取而代之的是 R134a 制冷剂。

R134a 制冷剂的特点是沸点较低、蒸发潜热高于 R12 制冷剂、传热性能好，但其中水分含量高、管路压力高、温度及负荷大。用 R134a 制冷剂代替 R12 制冷剂后，空调系统的输入功率和制冷量都有明显的提高，而且占用面积也有所减少，从而证明 R134a 制冷剂是一种最为理想的代用品。

9.4.3.2 制冷剂的使用注意事项

1）在储存和使用过程中应尽量避热。制冷剂极易蒸发，在储存时应尽量避开阳光直射、火炉及其他热源，添加制冷剂时应在低温下进行。

2）应尽量避免与皮肤接触。因为制冷剂在大气压力下会急剧蒸发制冷，极易冻伤皮肤，在加注制冷剂时，要避免接触皮肤和进入眼睛。

3）加注制冷剂时要选择通风良好的环境。因为制冷剂排到大气中会造成氧气浓度急剧下降，严重时会使人窒息，因此在检查及填充时要在通风良好的环境下进行。

4）不得混合使用制冷剂。因为不同的制冷剂对空调系统结构的要求不一致。

空调制冷发展史

被称为制冷之父的英国发明家威利斯·哈维兰德·卡里尔（有的地方译作开利）于 1902 年设计并安装了第一部空调系统。美国纽约的一个印刷商发现温度的变化能够造成纸的变形，从而导致有色墨水失调，该空调系统就是为他设计的。卡里尔的专利 1906 年得到注册。

1902 年 7 月 17 日，卡里尔这名才从康奈尔大学毕业一年的年轻人，在"水牛公司"（Buffalo Forge Co.）工作时，发明了冷气机。当年水牛公司的一个客户——纽约市沙克特威廉印刷厂，它的印刷机由于空气的温度及湿度变化，使纸张扩张及收缩不定、油墨对位不准，无法生产清晰的彩色印刷品，于是求助于水牛公司。卡里尔心想既然可以利用空气通过充满蒸汽的线圈来保暖，何不利用空气经过充满冷水的线圈来降温？空气中的水会凝结于线圈上，工厂里的空气将会既凉爽又干燥，空调的时代就由这印刷厂首次使用冷气机而开始。其他的行业如纺织业、化工业、制药业、食品甚至军火业等，亦因空调的引进而使产品质量大大提高。1907 年，第一台出口的空调，买家是日本的一家丝绸厂。

1915年，卡里尔成立了一家公司，至今它仍是世界最大的空调公司之一。但空调发明后的20年，享受的一直都是机器，而不是人。直到1924年，底特律的一家商场，常因天气闷热造成不少人晕倒，首先安装了三台中央空调，此举大大成功，凉快的环境使得人们的消费意欲大增，自此空调成为商家吸引顾客的有力工具，空调为人们服务的时代正式来临了。

空调主要是通过电影院普及成功的，大多数美国人是在电影院第一次接触到空调的。20世纪20年代的电影院利用空调技术，承诺能为观众提供凉爽的空气，使空调变得和电影本身一样吸引人，而夏季也取代了冬季成为看电影的高峰季节。随后出现了大量全年开放的室内娱乐场所，如赌场、室内运动场和商场，这些都得归功于空调的出现。

总的看来，可以把制冷剂的发展历程划分为两个阶段，第一个阶段是从自然物质到人工合成的物质，那么制冷剂发展的第二个阶段将再次回归到自然物质。

早期的制冷剂是自然界中容易获得或制取的物质，如乙醚、氨、CO_2等。但是这些早期的制冷剂最后都因为制冷设备庞大、效率较低，在20世纪50年代退出常规制冷系统。

1929年，美国通用公司合成出R12，以后很快出现了R11、R22等称为氟利昂的系列卤代烃化合物，因其优良的热力学特性、无毒、不燃烧、极其稳定等性质，很快成为制冷剂的主角，被大量生产和使用，如家用冰箱、汽车空调、小型冷库都用R12，至20世纪70年代，包括制冷剂、发泡剂在内的各种卤代烃的年产量达到数百万吨，并有继续增加的趋势。

但是，氟利昂是一种化学性质非常稳定的人工合成物质，当它们挥发到大气中以后，很长时间不会被自然界分解，而一直扩散到平流层，在大气层11～45 km处的同温层与臭氧层相遇，由于在平流层受到强烈太阳紫外线照射，含氯的氟利昂分子（称为氯氟碳化合物，英文缩写为CFC）便分解游离氯原子，而氯原子可以催化分解臭氧分子，在反应中氯原子被不断放出，所以分解反应不断进行，氯原子使臭氧层受到破坏、减薄直至消失。由于氟得昂被大量使用，导致南极上空的臭氧空洞不断扩大，而且据报道在我国青藏高原上空也出现了臭氧空洞，因此对氟利昂制冷剂的替代势在必行。

本章小结

1. 合成制动液是我国目前汽车使用的主要制动液，其牌号有JG_3、JG_4、JG_5三种。

2. 防冻液的作用不仅仅是降低发动机冷却液的冰点，还具有提高冷却液沸点、防止散热器金属被腐蚀、提高传热效率等优点。目前广泛使用的是乙二醇型冷却液。按冰点分为 -25、-30、-35、-40、-45、-50 六个牌号。

3. 我国液力传动油分为8号和6号两种。8号主要用于轿车，6号用于内燃机车、载货汽车、工程机械等。

4. 目前，多数国产汽车推荐使用克拉玛依炼油厂和按上海石油公司企业标准（沪Q\YSM118—1989）生产的减震器油。前者特点是凝点很低，有很好的黏温性，适合在寒冷地区使用；后者的凝点不高于 -8 ℃，适合在高温地区使用。

5. 汽车空调制冷介质有 R12 和 R134a 两种。其中 R134a 也称为环保制冷剂，是取代 R12 的理想产品。

技能训练题

一、名词解释

1. 汽车制动液   2. 汽车防冻液   3. 液力传动油   4. 减震器油   5. 液压油   6. 空调制冷剂

二、填空题

1. 汽车工作液主要包括_____、_____、_____、减震器油和液压油等。

2. 制动液是车辆液压制动系统中_____的工作介质。

3. 为保证制动液在低温下制动油缸活塞能随踏板的动作灵活移动，在高温时又有适宜的黏度，不影响油缸的润滑和密封，要求制动液有良好的_____和_____。

4. 我国液力传动油按现行标准将其分为_____、_____和 8D 号三种。

5. 汽车防冻液用于发动机的冷却系统，具有冬季防_____、夏季防_____、全年防水垢和防腐蚀等优点。

6. 防冻液主要是由_____剂与_____按一定比例混合而成。

7. 乙二醇型防冻液按其冰点不同有 -25 号、_____、_____、_____、-45 和 -50 6 个牌号。

8. 汽车空调制冷系统使用的制冷剂主要有 R12 和 R134a 两种，其中_____属于氟利昂系制冷剂，会严重破坏大气臭氧层，引起严重的环保问题，取而代之的是_____制冷剂。

三、选择题

1. （   ）制动液已被淘汰。
A. 醇型   B. 醇醚   C. 酯   D. 硅油

2. （   ）不是防冻液的作用。
A. 降低冰点   B. 提高沸点
C. 降低沸点   D. 加强散热

3. 目前发动机使用的防冻液主要是（   ）型防冻液。
A. 酒精   B. 乙醇
C. 乙二醇   D. 甘油

4. （   ）是环保制冷剂。
A. R12   B. R134a
C. R22   D. 氨

四、简答题

1. 各种制动液能否混合使用?为什么?
2. 如何正确加注防冻液?
3. 汽车制动液、汽车防冻液、液力传动油分别有哪些主要性能要求?
4. 使用汽车制动液、汽车防冻液、液力传动油和空调制冷剂应注意哪些事项?

模块 10

汽车轮胎

知识点

1. 了解汽车轮胎的使用性能。
2. 掌握汽车轮胎的基本结构、分类和规格。

技能点

学会轮胎的选配和合理使用。

轮胎是汽车的重要组成部分，一辆新载货汽车的轮胎价值占全车价值的 1/5。在汽车运输过程中，轮胎费用也占 10% 左右。汽车轮胎的作用是支撑汽车的总质量；吸收和缓和汽车行驶时所受到的一部分冲击和振动，以保证汽车具有良好的乘坐舒适性和行驶平顺性；保证轮胎与路面有良好的附着作用，以提高汽车的牵引性、操作性和通过性。轮胎的性能直接影响汽车的动力性、制动性、行驶稳定性、平顺性、越野性和燃料经济性。因此，合理选择、正确使用和及时维护轮胎，对延长其使用寿命、提高汽车的使用性能、降低运输成本有重要的意义。

资源 10 - 1
汽车轮胎概述

任务 10.1　轮胎的类型与结构特点

10.1.1　轮胎的类型

资源 10 - 2
形形色色的轮胎

1）按配套车辆可分为轿车轮胎、载重汽车轮胎、工程机械轮胎、摩托车轮胎、自行车轮胎和航空轮胎等。

2）按组成结构可分为有内胎轮胎和无内胎轮胎。

3）按胎体中帘线排列方向可分为普通斜交轮胎、带束斜交轮胎和子午线轮胎等。

4）按胎面花纹可分为普通花纹轮胎、混合花纹轮胎和越野花纹轮胎。

5）按胎内气压可分为高压轮胎（气压 0.5 ~ 0.7 MPa）、低压轮胎（气压 0.15 ~ 0.45 MPa）和超低压轮胎（气压低于 0.15 MPa）。目前，轿车、货车几乎全部采用低压胎，因为低压胎弹性好，断面宽，与道路接触面大，壁薄而且散热性能好，故提高了汽车行驶的平顺性和转向操纵性。

不同类型的轮胎有不同的结构特点和使用性能。

10.1.2　轮胎的结构特点

轮胎通常由外胎、内胎和垫带组成，如图 10 - 1 所示，也有不需要内胎的，但对内胎层的橡胶性能要求较高。现以目前常见的普通斜交轮胎、子午线轮胎和无内胎轮胎为例说明其结构。

10.1.2.1　普通斜交轮胎

普通斜交轮胎如图 10 - 2 所示，是一种老式结构，其结构特点是胎体中的帘线与胎面中心线呈 35°，帘线是由一侧胎边穿过胎面到另一侧胎边。由这种斜置帘线组成的帘布层，通常有多层，它们交错叠合起来，成为胎体的基础。由于帘布层的交错排列，给轮胎胎面和胎体增加了强度，在适当充气时，会使驾驶员感到较为柔软、舒适。轮胎接触地面的面积大，使汽车行驶更加平稳，从而延长了轮胎的使用寿命。但普通斜交轮胎的滚动阻力大，油耗高，承载能力较低，因此在使用上受到了一定的限制，有被子午线轮胎取代的趋势。

图10-1　有内胎轮胎的组成

1—外胎；2—内胎；3—垫带

图10-2　普通斜交轮胎

1—胎面；2—缓冲层；3—帘布层

10.1.2.2　子午线轮胎

子午线轮胎用钢丝或纤维织物作帘布层，其帘线与胎面中心线的夹角接近90°，从一侧胎边穿过胎面到另一侧胎边环形排列。帘线这样分布就像地球上的子午线，故称子午线轮胎。子午线轮胎的结构如图10-3所示。

由于子午线轮胎的帘线呈环状排列，使帘线的强度得到充分利用，所以子午线轮胎帘布层数比斜交轮胎少40%~50%。帘线在圆周方向上若只靠橡胶来维系，则难以承担行驶时产生的切向力，所以子午线轮胎一般采用强度较高、伸张很小的纤维织物帘布或钢丝帘布制造的带束层，带束层像刚性环形带一样，紧紧箍在胎体上，以保证轮胎具有一定的外形尺寸，承受内压引起的负荷及滚动时所受的冲击力，减少胎面与胎体帘布层所受的负荷等。带束层一般有多层，相邻层帘线呈交叉排列，它们与胎面中心线夹角很小，一般为10°~20°，这就使得帘布层帘线和带束层帘线交叉于三个方向，形成许多密实的三角形网状结构，如图10-4所示。这种结构有效阻止了胎面向周向和横向伸张与压缩，大大提高

图10-3　子午线轮胎的结构

1—胎面；2—带束层；3—帘布层

图10-4　子午线轮胎帘布层帘线和带束层帘线组成的三角形网状结构

了胎面的刚性，减少了胎面与路面的滑移现象，提高了胎面的耐磨性。图 10-5 所示为子午线轮胎和普通斜交轮胎的帘布层比较。

图 10-5　子午线轮胎和普通斜交轮胎的帘布层

由于子午线轮胎的这些结构特点，使得子午线轮胎具有比普通斜交轮胎显著的优点：

1）附着性能好。由于子午线轮胎胎体弹性大，使其滚动时与地面接触面积大，胎面滑移小，所以其附着性能好。

2）滚动阻力小，节省燃料。由于子午线轮胎帘布层数少，层间摩擦力小，所以其滚动阻力比普通斜交轮胎小 20%~30%，不但可提高汽车的动力性，还可以提高燃料的经济性，一般可降低油耗 6%~8%，并且随着车速的提高，节油效果更加明显。

3）承载能力大。由于子午线轮胎的帘线排列与轮胎的主要变形方向一致，因而其帘线强度可得到充分利用，故其承载能力比普通斜交轮胎高。

4）胎面耐穿刺，不易爆胎。由于子午线轮胎有多层坚硬的环形带束，胎面刚性大，能够减小胎面胶的伸张变形，接触地面的面积又大，单位压力小，因而提高了胎面的耐刺穿性能，在恶劣的使用条件下也不易发生爆裂。

5）由于子午线轮胎帘布层数少，胎侧薄，所以散热性能好，有利于提高车速。

子午线轮胎在具有以上优点的同时，也存在一些缺点，如胎侧薄、变形大、胎侧与胎圈受力比普通斜交轮胎大，因而胎面与胎侧的过渡区易产生裂口；吸振能力弱，胎面噪声大；制造技术要求高，成本高等。

由于子午线轮胎明显优越于普通斜交轮胎，因此在轿车上已广泛使用，在货车上也越来越多地采用了子午线轮胎。随着汽车技术的发展，结合无内胎轮胎和子午线轮胎的优点，现在轿车上已开始广泛使用的无内胎轮胎（真空胎）大多数是无内胎子午线轮胎。

10.1.2.3　无内胎轮胎

无内胎轮胎与有内胎轮胎在外观和结构上基本相似，不同之处是无内胎轮胎没有内胎，是将压缩空气直接压入外胎内。在外胎的内壁上有一层 2~3 mm 厚的、专门用来密封压缩空气的橡胶密封层，它是采用硫化的方法黏附上去的。其特点是只有在爆胎时才会失效，另外爆胎后可从外部进行紧急处理。车辆行驶时当尖物刺破轮胎后，内部的压缩空气不会立即消失，从而提高了车辆的行驶安全性；散热性能好，可通过轮辋直接散热；可以延长轮胎的使用寿命。目前无内胎轮胎在小型轿车上得到广泛应用。

任务 10.2　轮胎的规格及合理使用

10.2.1　轮胎的规格

按国家标准规定，在轮胎外胎的两侧标有生产编号、厂家商标、尺寸规格、层级、额定载荷、胎压、胎体帘布层的汉语拼音代号（如 M—棉帘布轮胎、R—人造丝帘布轮胎、N—尼龙帘布轮胎、G—钢丝帘布轮胎、ZG—钢丝子午线帘布轮胎）、旋转方向等。

10.2.1.1　轮胎的尺寸规格

轮胎尺寸规格可用外胎直径 D、轮辋直径 d、断面宽度 B 和断面高度 H 的名义尺寸代号表示。

1）**外胎直径 D** 是指轮胎按照规定压力充足气后，在无负载状态下轮胎外表面的直径。

2）**轮辋直径 d** 是指轮胎按照规定压力充足气后，在无负载状态下轮胎内圈的直径。

3）**断面宽度 B** 是指轮胎按照规定压力充足气后，在无负载状态下轮胎外侧两面间的距离。

4）**断面高度 H** 是指轮胎按照规定压力充足气后，在无负载状态下轮胎外径与内径差值一半，即：

$$H = (D - d)/2$$

10.2.1.2　不同轮胎规格的表示方法

1）**高压轮胎**，一般用 $D \times B$ 表示。D 表示轮胎的外胎直径，B 表示轮胎的断面宽度，均使用英寸（in）为单位，"×"表示为高压胎。目前在汽车上高压胎已经很少使用。

2）**低压轮胎**，一般用 $B - d$ 表示。B 表示轮胎的断面宽度，d 表示轮胎的轮辋直径，均使用英寸（in）为单位，"-"表示为低压胎。例如 9.00 - 20，"9.00"表示轮胎断面宽度为 9 in，"20"表示轮辋名义直径为 20 in，"-"表示为低压胎。

3）**超低压轮胎**。超低压轮胎规格的表示方法与低压轮胎基本相同。在一般情况下，轮辋直径在 15 in 以下为低压胎，例如 7.00 - 14，表示轮胎断面宽度为 7 in，轮辋名义直径为 14 in。

4）**国产子午线轮胎**，规格用 BRd 表示，其中 R 表示子午线轮胎（Radial 的首写字母）。

随着轮胎的扁平化，原先使用轮胎的断面宽度和轮辋直径已经不能完全表示轮胎的规格，即在断面宽度相同的情况下，其断面高度随不同扁平率的变化而变化。轮胎按照扁平率的高宽比划分系列，目前国产轿车的子午线轮胎有 80、75、70、65 和 60 五个系列，数字分别表示为断面高度和断面宽度的百分比，其相对应的是 80%、75%、70%、65% 和 60%。从比例的数值可以看出，数字越小，轮胎就越矮，即轮胎越扁平。例如 9.00R20，"9.00"表示轮胎名义断面宽度，"R"表示子午线结构，"20"表示轮辋名义直径。185/60R13 中，"185"表示轮胎名义断面宽度，"60"表示轮胎名义高度比，"R"表示子午线结构，"13"表示轮辋名义直径。

5) <u>无内胎轮胎</u>。按国家标准规定，载货汽车的子午线无内胎轮胎的规格表示为 BRd。例如 8R22.5 中，"8"表示轮胎名义断面宽度，"R"表示子午线结构，"22.5"表示无内胎轮辋名义直径。

有些子午线无内胎轮胎，采用在规格中加"TL"标志，例如轻型载货汽车子午线轮胎 7.00R16.5TL，其中"TL"则表示为无内胎轮胎。

10.2.1.3 轮胎的层级

轮胎的层级是表示轮胎承载能力的相对指数，主要用于区别尺寸相同，但结构和承载能力不同的轮胎。轮胎的层级数与轮胎帘布层的实际层数没有直接的关系。轮胎层级常用 PR（PLY RATING）表示。

10.2.1.4 轮胎最高速度和速度级别代号

轮胎最高速度是指在规定条件（路面级别、轮辋名义直径）下，在规定的持续行驶时间内允许使用的最高速度。

将轮胎最高速度（km/h）分为若干级，目前有 25 个，用字母表示，叫作速度级别符号。表 10-1 所示为部分速度级别符号，表 10-2 所示为不同轮辋名义直径的轿车轮胎最高速度。

表 10-1 轮胎速度级别符号与最高行驶速度

轮胎速度级别符号	轮胎最高行驶速度/(km·h^{-1})	轮胎速度级别符号	轮胎最高行驶速度/(km·h^{-1})
L	120	R	170
M	130	S	180
N	140	T	190
P	150	U	200
Q	160	H	210

10.2.1.5 轮胎负荷指数与轮胎负荷能力

轮胎负荷指数是指在规定条件（轮胎最高速度、最大充气压等）下轮胎负荷能力的数字符号。轮胎负荷指数用 LI 表示，轮胎负荷能力用 YLCC 表示。轮胎负荷指数目前有 0~279 共 280 个，表 10-3 所示为部分轮胎负荷指数与轮胎负荷能力对应关系的数据。

表 10-2 轮胎速度级别符号在不同轮辋名义直径时表示的轿车轮胎最高行驶速度

轮胎速度级别符号	轮胎最高行驶速度/（km·h^{-1}）		
	轮辋名义直径 10 in	轮辋名义直径 12 in	轮辋名义直径≥13 in
R	135	145	160
S	150	165	180
T	165	175	190
H		195	210

图 10-6 所示为型号为 225/60R16 98H 的轮胎，"225"表示轮胎端面宽度（mm）；"60"表示轮胎的扁平率；"R"表示子午线轮胎；"16"表示轮辋直径（in）；"98"表示负荷指数，即轮胎负荷能力为 7 100 N；"H"表示速度级别，即轮胎在负荷指数内允许的最高时速为 210 km/h。

表 10-3 轮胎负荷指数与轮胎负荷能力对应关系

轮胎负荷指数（LI）	轮胎负荷能力（YLCC）/N	轮胎负荷指数（LI）	轮胎负荷能力（YLCC）/N
85	5 150	92	6 300
86	5 300	93	6 500
87	5 450	94	6 700
88	5 600	95	6 900
89	5 800	96	7 100
90	6 000	97	7 300
91	6 150	98	7 500

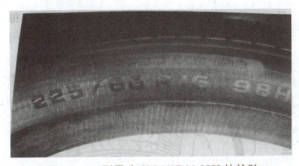

图 10-6　型号为 225/60R16 98H 的轮胎

10.2.2　轮胎的合理使用

合理使用轮胎，目的在于降低轮胎的磨损速度，防止不正常的磨损和损坏，从而延长轮胎的使用寿命。轮胎使用的基本要求有以下几个方面。

10.2.2.1　保持轮胎气压正常

轮胎的充气压力是决定轮胎使用寿命和行驶安全性的重要因素。轮胎气压过低，会使胎体变形增大，从而造成内应力增加，并过度生热，加快橡胶老化和帘线疲劳，导致帘线因疲劳而折断、松散和帘布脱层；还会使轮胎的接地面积增大，滑移量增加及磨损加剧，特别是胎肩的磨损较为严重；由于轮胎的滚动阻力增加，而使燃料消耗增加；如果使用双轮胎，一胎气压过低，会严重使另一轮胎磨损加快。轮胎气压过高时，会使轮胎接地面积减少，单位压力增高，从而使胎冠磨损加剧。由于材料过度拉伸，会使轮胎的刚性增大，胎体弹性下降，故当轮胎受到冲击时，极容易产生胎冠爆裂。

试验表明，轮胎气压过低或过高，轮胎的使用寿命将会缩短。由图10-7可见，轮胎气压降低20%，轮胎的使用寿命会缩短15%。汽车超载或装载不均衡时，会引起轮胎超载。

图10-7 轮胎气压与寿命的关系

10.2.2.2 防止轮胎超载

严格控制车辆超载装物。因为每一个轮胎都有它最大装载质量，所以在使用时要严格按照规定进行装载。如果超载行驶，轮胎的变形就会增大，其帘布层和帘线应力也会有所增加，此时极易造成帘线折断和帘布层脱落，导致轮胎的接地面积增大，而加快轮胎胎肩的磨损。当车辆行驶，特别是遇到障碍物时，即使是一个不大的石块，也会引起爆胎。在转弯或不平的路面上行驶，当轮胎负荷超过50%，其轮胎使用寿命将缩短59%；当超过一倍时，其寿命将会缩短80%以上。轮胎超载时的损坏和胎压过低时的损坏相似，只是超载时轮胎损坏更严重。因此，装载货物时必须按照规定的装载质量装载，并注意装载货物时要保持装载平衡，以防止车辆在行驶时发生货物移动或漂移等现象。

10.2.2.3 合理搭配轮胎

在同一辆车上或同一轴上应该使用规格、结构、层级和花纹等完全一致的轮胎，采用双胎并装时，必须要求选用同一厂牌的轮胎，以保持负荷相同、磨损一致。

当轮胎磨损到一定程度需要更换时，应尽可能是全车更换或同轴更换。如果条件不允许，可将新胎或磨损较轻的轮胎装在转向轮上，将旧胎或磨损稍重的轮胎装在其他轮上，以确保行车安全。规格相同，但结构、层级以及花纹不同的轮胎，不能装在同一轴上使用，特别是子午线轮胎和普通斜交轮胎更不能混装在同一车上或同一轴上使用。轮胎应按规定的型号与轮辋配套使用，不同型号、规格的轮辋，即使直径相同，其轮辋宽度和凸缘高度也有所不同。窄胎装宽轮辋，或宽胎装窄轮辋，都会造成轮胎的早期损坏。

10.2.2.4 控制行驶车速，注意轮胎温度

随着汽车行驶速度的提高，轮胎在单位时间内与地面的接触次数也相应增多，轮胎的变形频率、胎体的振动也随之增加。当车速达到某一速度时，轮胎的工作温度和气压升高，会加速橡胶的老化，产生帘布层断裂和胎面剥落现象，严重时会造成轮胎爆裂。因此，一定要坚持中速行驶，且胎体温度不得超过100℃。夏季行驶应增加停歇次数，如轮

胎发热或胎压增高，应停车休息散热。严禁放气降低轮胎气压，也不要泼冷水降温。

10.2.2.5 精心驾驶车辆

不正确或不精心驾驶车辆，都会使轮胎的使用寿命急剧缩短。为此，驾驶车辆时应做到：起步平稳、加速均匀、中速行驶、直线前进、减速转向、少用制动。

10.2.2.6 做好日常维护

轮胎的日常维护包括出车前、行车中和收车后的检查，主要检查轮胎的气压及其有无不正常磨损和损伤，并及时预防隐患和消除故障。

出车前用气压表检查各个轮胎的气压是否符合规定，气门嘴有无漏气现象，以及是否碰到制动鼓。检查各个轮胎的螺母是否松动，挡泥板、货箱等有无碰擦轮胎的现象，并及时消除，以防故障隐患。

行车中的检查是在停车时进行，检查项目与出车前检查项目基本相似。

收车后检查轮胎是否有漏气的现象，如有则查找其漏气根源并及时清除；检查轮胎花纹之间是否有夹杂石子等现象并及时清除；检查轮胎螺母是否有松动，如有松动也应及时清除，以防故障隐患。行车中由于种种原因换用备用轮胎，则收车时应及时维修替换下来的轮胎。

拓展知识

固特异轮胎的诞生

美国固特异轮胎橡胶公司始建于1898年，至今已有百余年的历史。固特异公司是世界上最大规模的轮胎生产公司，总部位于美国俄亥俄州阿克隆市，公司主要在28个国家90多个工厂中生产轮胎、工程橡胶产品和化学产品。如今，固特异在全世界的员工已达到8万多人。图10-8所示为固特异轮胎。

当查尔斯·固特异发明"硫化橡胶"的时候，他没有想到，这个耗费了无数精力，倾注了无限希望的发明并没有帮他致富，反而让他更加贫困。当弗兰克·史伯林把自己创建的轮胎橡胶公司命名为"固特异"的时候，他也没有想到，百年之后，这三个字成为轮胎业最响亮的一个名字。

橡胶作为一种古老的材料很早就为东方的先民所使用，那时橡胶大多用于黏合剂。西方人第一次见到橡胶制品大概是在哥伦布西征，他曾记载了美洲印第安人用树汁制造的一种有弹性的球，这种球比西方人的充气球要重，但弹性更好。土著人把白色的树汁倒在木质的模子上，用熏蒸的办法去掉水分，固化成球。1775年对于"橡胶"有了正式的命名。

图10-8 固特异轮胎

自橡胶发现伊始，西方人便不断对其进行开发。德国的佛雷德里克用溶解在乙醚中的橡胶制成了一双骑马用的长筒靴。由于橡胶能擦去铅笔痕迹，因而人们把它制作成了橡皮。1791年，英国制造商用松节油作溶剂将橡胶制成了防水服，并申请了橡胶的第一个专利。在19世纪初，英国和美国兴起早期的橡胶工业。但橡胶却有一个致命的缺点，就是对温度过于敏感。温度稍高它就会变软变黏，而且有臭味，温度一低它就会变脆变硬。这一缺点使得橡胶产品毫无市场，早期的橡胶工业无一例外地陷入了危机。

1834年夏天，固特异参观了纽约的印第安橡胶公司，他了解到橡胶的这种性质困扰着整个橡胶工业，但橡胶同时具有高弹性、可塑性、耐用、防水、绝缘等一系列优秀性质，因而固特异决心研究橡胶的改性。从这时一直到他的生命结束，他都在致力于橡胶的研究和推广。

固特异既不是化学家，也不是科学家，在工厂中，他就像工人一样不停劳作，不停把各种材料拿来与橡胶一起试验。经过持之以恒的工作，固特异的研究不断取得突破。1837年，固特异用硝酸处理橡胶薄片并取得"酸气过程"的专利。1839年1月，固特异的试验有了重大突破，他偶然把橡胶、氧化铅和硫黄放在一起加热并得到了类似皮革状的物质。这种物质不像通常知道的弹性橡胶会在较高的温度下分解。固特异经过一系列改良，最终确信他所制备的这种物质不会在沸点以下的任何温度分解，"橡胶硫化技术"问世了。但可惜的是，这一技术与这一技术的价值却没有同时到来。

1841年11月6日，美国专利局承认了他的发明。同一年，他不顾极端贫困和身体疾病，把自己的发明投入生产，还没有产生效益他就再次破产，被关进监狱。1844年6月14日，美国专利局批准了他的专利（专利号3633），但他不得不把该专利的制造和收益的权利转给他的债权人。

在余下的16年间，他仍然围绕着自己的专利开发了各种各样的产品。但由于硫化技术"太容易"掌握，许多橡胶厂都在无偿享受他用辛苦换来的成果。固特异陷入与侵权者无休止的斗争中。1852年9月28日，固特异在新泽西伦登获得了诉讼的决定性胜利。但这些诉讼大量消耗了固特异的时间和金钱，固特异依然一贫如洗。

1851年5月1日，固特异靠借来的3万美元参加了维多利亚女王主办的展览会，他的展品从家具到地毯，从梳子到纽扣都是由橡胶制成的，有成千上万的人参观了他的作品。他因此被授予国会勋章以及拿破仑三世的英雄荣誉勋章、军团英雄十字勋章。但他的债权人以他的发明得不到收益为由将他告上法庭，这次他挂着勋章进了牢房。1860年6月1日，固特异在贫病中去世，这时他还欠债权人20万～60万美元。

在固特异去世后的38年以后，为了纪念查尔斯·固特异对美国橡胶工业做出的巨大贡献，弗兰克·克伯林把自己创建的轮胎橡胶公司命名为"固特异"。

本章小结

1. 轮胎的作用是支撑汽车总质量，吸收和缓和汽车行驶时所受到的一部分冲击及振动，保证与地面良好的附着作用，以提高汽车的牵引性、操作性和通过性。

2. 子午线轮胎和无内胎轮胎由于具有良好的使用性能而被广泛用于载重汽车和轿车上。

3. 选择轮胎时应考虑所选轮胎的尺寸规格符合车辆使用说明书的规定，轮胎的速度等级必须与车辆最高行驶速度相适应、轮胎的负荷能力要与承载能力相适应、轮胎的花纹要与道路条件相适应等。

4. 使用轮胎时应保持轮胎气压正常，防止超载，合理搭配轮胎，合理控制车速，注意轮胎温度。

技能训练题

一、名词解释

1. 子午线轮胎　2. 外胎直径 D　3. 轮辋直径 d　4. 断面宽度 B　5. 断面高度

二、填空题

1. 汽车轮胎的作用是支撑汽车的＿＿＿＿＿；吸收和缓和汽车行驶时所受到的一部分＿＿＿＿＿；保证轮胎与路面良好的＿＿＿＿＿作用，以提高汽车的牵引性、操作性和通过性。

2. 轮胎的分类方法有很多，按组成结构可分为＿＿＿＿和＿＿＿＿；按胎内气压可分为＿＿＿＿、＿＿＿＿和＿＿＿＿。

3. 轮胎通常由＿＿＿＿、＿＿＿＿和＿＿＿＿组成。

4. 轮胎尺寸规格可用＿＿＿＿、＿＿＿＿、＿＿＿＿和＿＿＿＿的名义尺寸代号表示。

5. 轮胎的日常维护包括＿＿＿＿、＿＿＿＿和＿＿＿＿的检查。

三、简答题

1. 汽车轮胎有哪些类型？各有何优缺点？
2. 为什么无内胎轮胎在轿车上得到广泛使用？
3. 无内胎轮胎在结构上是如何实现密封的？
4. 如何合理使用轮胎？
5. 子午线轮胎和普通斜交轮胎相比有什么特点？为什么子午线轮胎得到越来越广泛的使用？
6. 轮胎气压对轮胎有什么影响？

附 录

附录 1

压痕直径与布氏硬度对照表

压痕直径 d/mm	HBW $D=10$ mm $F=30D^2$	压痕直径 d/mm	HBW $D=10$ mm $F=30D^2$	压痕直径 d/mm	HBW $D=10$ mm $F=30D^2$
2.40	653	2.86	457	3.32	337
2.42	643	2.88	451	3.34	333
2.44	632	2.90	444	3.36	329
2.46	621	2.92	438	3.38	325
2.48	611	2.94	432	3.40	321
2.50	601	2.96	426	3.42	317
2.52	592	2.98	420	3.44	313
2.54	582	3.00	415	3.46	309
2.56	573	3.02	409	3.48	306
2.58	564	3.04	404	3.50	302
2.60	555	3.06	398	3.52	298
2.62	547	3.08	393	3.54	295
2.64	538	3.10	388	3.56	292
2.66	530	3.12	383	3.58	288
2.68	522	3.14	378	3.60	285
2.70	514	3.16	373	3.62	282
2.72	507	3.18	368	3.64	278
2.74	499	3.20	363	3.66	275
2.76	492	3.22	359	3.68	272
2.78	485	3.24	354	3.70	269
2.80	477	3.26	350	3.72	266
2.82	471	3.28	345	3.74	263
2.84	464	3.30	341	3.76	260

续表

压痕直径 d/mm	HBW $D=10$ mm $F=30D^2$	压痕直径 d/mm	HBW $D=10$ mm $F=30D^2$	压痕直径 d/mm	HBW $D=10$ mm $F=30D^2$
3.78	257	4.42	185	5.06	139
3.80	255	4.44	184	5.08	138
3.82	252	4.46	182	5.10	137
3.84	249	4.48	180	5.12	135
3.86	246	4.50	179	5.14	134
3.88	244	4.52	177	5.16	133
3.90	241	4.54	175	5.18	132
3.92	239	4.56	174	5.20	131
3.94	236	4.58	172	5.22	130
3.96	234	4.60	170	5.24	129
3.98	231	4.62	169	5.26	128
4.00	229	4.64	167	5.28	127
4.02	226	4.66	166	5.30	126
4.04	224	4.68	164	5.32	125
4.06	222	4.70	163	5.34	124
4.08	219	4.72	161	5.36	123
4.10	217	4.74	160	5.38	122
4.12	215	4.76	158	5.40	121
4.14	213	4.78	157	5.42	120
4.16	211	4.80	156	5.44	119
4.18	209	4.82	154	5.46	118
4.20	207	4.84	153	5.48	117
4.22	204	4.86	152	5.50	116
4.24	202	4.88	150	5.52	115
4.26	200	4.90	149	5.54	114
4.28	198	4.92	148	5.56	113
4.30	197	4.94	146	5.58	112
4.32	195	4.96	145	5.60	111
4.34	193	4.98	144	5.62	110
4.36	191	5.00	143	5.64	110
4.38	189	5.02	141	5.66	109
4.40	187	5.04	140	5.68	108

续表

压痕直径 d/mm	HBW $D=10\ \mathrm{mm}$ $F=30D^2$	压痕直径 d/mm	HBW $D=10\ \mathrm{mm}$ $F=30D^2$	压痕直径 d/mm	HBW $D=10\ \mathrm{mm}$ $F=30D^2$
5.70	107	5.82	102	5.94	97.7
5.72	106	5.84	101	5.96	96.9
5.74	105	5.86	101	5.98	96.2
5.76	105	5.88	99.9	6.00	95.5
5.78	104	5.90	99.2		
5.80	103	5.92	98.4		

附录 2

车用柴油（Ⅴ）技术要求和试验方法（GB/T 19147—2016）

项目	质量指标						试验方法
	5 号	0 号	−10 号	−20 号	−35 号	−50 号	
氧化安定性(以总不溶物计)/(mg/100 mL)　不大于	2.5						SH/T 0175
硫含量[a]/(mg·kg^{-1})　不大于	10						GB/T 0689
酸度（以 KOH 计）/(mg·100 mL^{-1})　不大于	7						GB/T 258
10% 蒸余物残炭[b]（质量分数）/%　不大于	0.3						GB/T 17144
灰分(质量分数)/%　不大于	0.01						GB/T 508
铜片腐蚀(50 ℃, 3 h)/级　不大于	1						GB/T 5096
水含量[c](体积分数)/%　不大于	痕迹						GB/T 260
机械杂质[d]	无						GB/T 511
润滑性 校正磨痕直径(60 ℃)/μm　不大于	460						SH/T 0765
多环芳烃含量[e]（质量分数）/%　不大于	11						SH/T 0806
运动黏度[f](20 ℃)/(mm^2·s^{-1})	3.0 ~ 8.0			2.5 ~ 8.0		1.8 ~ 7.0	GB/T 265
凝点/℃　不高于	5	0	−10	−20	−35	−50	GB/T 510

续表

项目		质量指标						试验方法
		5号	0号	−10号	−20号	−35号	−50号	
冷滤点/℃	不高于	8	4	−5	−14	−29	−44	SH/T 0248
闪点(闭口)/℃	不低于	60	60	60	50	45	45	GB/T 261
十六烷值	不小于	51	51	51	49	47	47	GB/T 386
十六烷值指数[g]	不小于	46	46	46	46	43	43	SH/T 0694
馏程: 50%回收温度/℃ 不高于 90%回收温度/℃ 不高于 95%回收温度/℃ 不高于		300 355 365						GB/T 6536
密度[g](20 ℃)/(kg·m⁻³)		810~850	810~850	810~850	790~840	790~840	790~840	GB/T 1884 GB/T 1885
脂肪酸甲酯含量[i](体积分数)/% 不大于		1.0						NB/SH/T0916

[a] 也可采用 GB/T 11140 和 ASTMD7039 进行测定,结果有异议时,以 SH/T 0689 方法为准。

[b] 也可采用 GB/T 268 进行测定,结果有异议时,以 GB/T 17114 方法为准。若车用柴油中含有硝酸酯型十六烷值改进剂,10%蒸余物残炭的测定应使用不加硝酸酯的基础燃料进行。车用柴油中是否含有硝酸酯型十六烷值改进剂的改进方法见 GB/T 19147—2016 附录 B 柴油中硝酸酯型十六烷值改进剂的检验。

[c] 可用目测法,即将试样注入 100 mL 玻璃量筒中,在室温 20 ℃±5 ℃下观察,应当透明,没有悬浮和沉降的水分,也可采用 GB/T 11133 和 SH/T 0246 测定,结果有异议时,以 GB/T 260 方法为准。

[d] 可用目测法,即将试样注入 100mL 玻璃量筒中,在室温 20 ℃±5 ℃下观察,应当透明,没有悬浮和沉降的杂质,结果有异议时,以 GB/T 511 方法为准。

[e] 也可采用 SH/T 0606 进行测定,结果有异议时,以 SH/T 0806 方法为准。

[f] 也可采用 SH/T 30515 进行测定,结果有异议时,以 GB/T 265 方法为准。

[g] 十六烷指数的计算也可采用 GB/T 11139,结果有异议时,以 SH/T 0694 方法为准。

[h] 也可采用 SH/T 0604 进行测定,结果有异议时,以 GB/T 1884 和 GB/T 1885 方法为准。

[i] 脂肪酸甲酯应满足 GB/T 20828 要求,也可采用 GB/T 23801 进行测定,结果有异议时,以 NB/SH/T 0916 方法为准。

车用柴油(Ⅵ)技术要求和试验方法(GB/T 19147—2016)

项目		质量指标						试验方法
		5号	0号	−10号	−20号	−35号	−50号	
氧化安定性(以总不溶物计)/(mg·100 mL⁻¹) 不大于		2.5						SH/T 0175
硫含量[a]/(mg·kg⁻¹) 不大于		10						GB/T 0689

续表

项目		质量指标						试验方法
		5 号	0 号	-10 号	-20 号	-35 号	-50 号	
酸度（以 KOH 计）/(mg·100 mL^{-1}) 不大于		7						GB/T 258
10% 蒸余物残炭[b]（质量分数）/% 不大于		0.3						GB/T 17144
灰分（质量分数）/% 不大于		0.01						GB/T 508
铜片腐蚀(50 ℃, 3 h)/级 不大于		1						GB/T 5096
水含量[c]（体积分数）/% 不大于		痕迹						GB/T 260
润滑性 校正磨痕直径(60 ℃)/μm 不大于		460						SH/T 0765
多环芳烃含量[d]（质量分数）/% 不大于		7						SH/T 0806
总污染物含量/(mg·100 mL^{-1}) 不大于		24						GB/T 33400
运动黏度[e](20 ℃)/(mm^2·s^{-1})		3.0~8.0		2.5~8.0		1.8~7.0		GB/T 265
凝点/℃ 不高于		5	0	-10	-20	-35	-50	GB/T 510
冷滤点/℃ 不高于		8	4	-5	-14	-29	-44	SH/T 0248
闪点（闭口）/℃ 不低于		60		50		45		GB/T 261
十六烷值 不小于		51		49		47		GB/T 386
十六烷值指数[f] 不小于		46		46		43		SH/T 0694
馏程： 50% 回收温度/℃ 不高于 90% 回收温度/℃ 不高于 95% 回收温度/℃ 不高于		300 355 365						GB/T 6536
密度[g](20 ℃)/(kg·m^{-3})		810~850			790~840			GB/T 1884 GB/T 1885
脂肪酸甲酯含量[h]（体积分数）/% 不大于		1.0						NB/SH/T 0916

续表

项目	质量指标						试验方法
	5号	0号	-10号	-20号	-35号	-50号	

    a 也可采用 GB/T 11140 和 ASTMD7039 进行测定,结果有异议时,以 SH/T 0689 方法为准。

    b 也可采用 GB/T 268 进行测定,结果有异议时,以 GB/T 17114 方法为准。若车用柴油中含有硝酸酯型十六烷值改进剂,10% 蒸余物残炭的测定应使用不加硝酸酯的基础燃料进行。车用柴油中是否含有硝酸酯型十六烷值改进剂的改进方法见 GB/T 19147—2016 附录 B 柴油中硝酸酯型十六烷值改进剂的检验。

    c 可用目测法,即将试样注入 100 mL 玻璃量筒中,在室温 20 ℃ ±5 ℃下观察,应当透明,没有悬浮和沉降的水分,也可采用 GB/T 11133 和 SH/T 0246 测定,结果有异议时,以 GB/T 260 方法为准。

    d 也可采用 SH/T 0606 进行测定,结果有异议时,以 SH/T 0806 方法为准。

    e 也可采用 SH/T 30515 进行测定,结果有异议时,以 GB/T 265 方法为准。

    f 十六烷指数的计算也可采用 GB/T 11139,结果有异议时,以 SH/T 0694 方法为准。

    g 也可采用 SH/T 0604 进行测定,结果有异议时,以 GB/T 1884 和 GB/T 1885 方法为准。

    h 脂肪酸甲酯应满足 GB/T 20828 要求,也可采用 GB/T 23801 进行测定,结果有异议时,以 NB/SH/T 0916 方法为准。

附录 3

我国各地各月份风险率为 10% 的最低气温（GB/T 19147—2016）

月份	1	2	3	4	5	6	7	8	9	10	11	12
河北省	−14	−13	−5	1	8	14	19	17	9	1	−6	−12
山西省	−17	−16	−8	−1	5	11	15	13	6	−2	−9	−16
内蒙古自治区	−43	−42	−35	−21	−7	−1	4	1	−8	−19	−32	−41
黑龙江省	−44	−42	−35	−20	−6	1	7	4	−6	−20	−35	−43
吉林省	−29	−27	−17	−6	1	8	14	12	2	−6	−17	−26
辽宁省	−23	−21	−12	−1	6	12	18	15	6	−2	−12	−20
山东省	−12	−12	−5	2	8	14	19	18	11	4	−4	−10
江苏省	−10	−9	−3	3	11	15	20	20	12	5	−2	−8
安徽省	−7	−7	−1	5	12	18	20	20	14	7	0	−6
浙江省	−4	−3	1	6	13	17	22	21	15	8	2	−3
江西省	−2	−2	3	9	15	20	23	23	18	12	4	0
福建省	−4	−2	3	8	14	18	21	20	15	8	1	−3
台湾省	3	0	2	8	10	16	19	19	13	10	1	2
广东省	1	2	7	12	18	21	23	23	20	13	7	2
海南省	9	10	15	19	22	24	24	23	23	19	15	12
广西壮族自治区	3	3	8	12	18	21	23	23	19	15	9	4
湖南省	−2	−2	3	9	14	18	22	21	16	10	4	−1
湖北省	−6	−4	0	6	12	17	21	20	14	8	1	−4
河南省	−10	−9	−2	4	10	15	20	18	11	4	−3	−8
四川省	−21	−17	−11	−7	−2	1	2	1	0	−7	−14	−19
贵州省	−6	−6	−1	3	7	9	12	11	8	4	−1	−4
云南省	−9	−8	−6	−3	1	5	7	7	5	−1	−5	−8
西藏自治区	−29	−25	−21	−15	−9	−3	−1	0	−6	−14	−22	−29
新疆维吾尔自治区	−40	−38	−28	−12	−5	−2	0	−2	−6	−14	−25	−34
青海省	−33	−30	−25	−18	−10	−6	−3	−4	−6	−16	−28	−33
甘肃省	−23	−23	−16	−9	−1	3	5	5	0	−8	−16	−22
陕西省	−17	−15	−6	−1	5	10	15	12	6	−1	−9	−15
宁夏回族自治区	−21	−20	−10	−4	2	6	9	8	3	−4	−12	−19

注：台湾省所列的温度是绝对最低气温，即风险率为 0 的最低气温。

附录 4

机动车辆制动液的技术要求和试验方法（GB/T 12981—2012）

序号	项目		质量指标				试验方法
			HZY3	HZY4	HZY5	HZY6	
1	外观		清亮透明，无悬浮物、杂质及沉淀				目测
2	运动黏度/($mm^2 \cdot s^{-1}$) 　-40 ℃　　　　　不大于 　100 ℃　　　　　不大于		1 500 1.5	1 500 1.5	900 1.5	900 1.5	GB/T 265
3	平衡回流沸点（ERBP）/℃　　　不低于		205	230	260	250	SH/T 0430
4	湿平衡回流沸点（WERBP）/℃　不低于		140	155	180	165	附录 C
5	pH 值		7.0~11.5				附录 D
6	液体稳定性（ERBP）变化/℃ 　高温稳定性（185 ℃±2 ℃，120 min±5 min） 　化学稳定性		±5 ±5				附录 E
7	腐蚀性（100 ℃±2 ℃，120 h±2 h） 试验后金属片质量变化/(mg·cm^{-2}) 　　镀锡铁皮 　　钢 　　铸铁 　　铝 　　黄铜 　　紫铜 　　锌 试验后金属片外观 试验后试液性能 　　外观 　　pH 值 　　沉淀物（体积分数）/% 不大于 试验后橡胶皮碗状态 　　外观 　　硬度降低值　　　　　　不大于 　　根径增值/mm 　　体积增加值　　　　　　不大于		-0.2~+0.2 -0.2~+0.2 -0.2~+0.2 -0.1~+0.1 -0.4~+0.4 -0.4~+0.4 -0.4~+0.4 无肉眼可见坑蚀和表面粗糙不平，允许脱色或色斑 无凝胶，在金属表面无黏附物 7.0~11.5 0.10 表面不发黏，无炭黑析出 15 1.4 16				附录 F

续表

序号	项 目	质量指标 HZY3	HZY4	HZY5	HZY6	试验方法
8	低温流动性和外观 　-40 ℃±2 ℃，144 h±2 h 　　外观 　　气泡上浮至液面的时间/s 　　　　　　　　　　不大于 　　沉淀物 　-50℃±2℃，6 h±0.2h 　　外观 　　气泡上浮至液面的时间/s 　　　　　　　　　　不大于 　　沉淀	清亮透明均匀 10 无 清亮透明均匀 10 无				附录 I
9	蒸发性能（100℃±2℃，168 h±2 h） 　蒸发损失/%　　　　不大于 　残余物性质 　残余物倾点/℃　　　不高于	80 用指尖摩擦时，沉淀中不含有颗粒性沙粒和磨蚀物 -5				附录 H
10	溶水性（22 h±2 h） 　-40℃ 　　外观 　　气泡上浮至液面的时间/s 　　　　　　　　　　不大于 　　沉淀 　60℃ 　　外观 　　沉淀量（体积分数）/% 不大于	清亮透明均匀 10 无 清亮透明均匀 0.05				附录 I
11	液体相容性（22 h±2 h） 　-40 ℃±2 ℃ 　　外观 　　沉淀 　60 ℃±2 ℃ 　　外观 　　沉淀量（体积分数）/%　不大于	清亮透明均匀 无 清亮透明均匀 0.05				附录 I
12	抗氧化性（70 ℃±2 ℃，168 h±2 h） 　金属片外观 　金属片质量变化/（mg·cm^{-2}） 　　铝 　　铸铁	无可见坑蚀和点蚀，允许痕量胶质沉积， 　　　允许试片脱色 -0.05～+0.05 -0.3～+0.3				附录 J

续表

序号	项目	质量指标				试验方法
		HZY3	HZY4	HZY5	HZY6	
13	橡胶适应性（120 ℃ ±2 ℃，70 h ± 2 h） 　丁苯橡胶（SBR）皮碗 　　根径增值/mm 　　硬度降低值/IRHD　　不大于 　　体积增加值/% 　　外观 　三元乙丙橡胶（EPDM）试件 　　硬度降低值/IRHD　　不大于 　　体积增加值/% 　　外观	0.15～1.40 15 1～16 不发黏，无鼓泡，不析出炭黑 15 0～10 不发黏，无鼓泡，不析出炭黑				附录 K
14	行程模拟性能（85 000 次行程，120 ℃ ±5 ℃，7 MPa ±0.3 MPa） 　金属部件状态 　缸体和活塞直径变化/mm　不大于	通过				附录 L
15	防锈性能	合格				附录 M

说明：试验方法中提到的附录 C、附录 D、附录 E、附录 F、附录 G、附录 H、附录 I、附录 J、附录 K、附录 L、附录 M，特指 GB 12981—2012 中的附录。

参 考 文 献

[1] 高美兰. 汽车材料与金属加工 [M]. 北京：机械工业出版社，2012.
[2] 李蕾. 金属材料与热加工基础 [M]. 北京：机械工业出版社，2018.
[3] 高美兰，白树全. 工程材料与热加工基础 [M]. 北京：机械工业出版社，2015.
[4] 梁戈，时惠英，王志虎. 机械工程材料与热加工工艺 [M]. 北京：机械工业出版社，2015.
[5] 李明慧. 汽车材料 [M]. 北京：机械工业出版社，2009.
[6] 司卫华，王学武. 金属材料与热处理 [M]. 北京：化学工业出版社，2009.
[7] 张蕾. 汽车材料 [M]. 北京：科学出版社，2009.
[8] 娄云. 汽车性能与使用技术 [M]. 北京：机械工业出版社，2009.
[9] 戴汝泉. 汽车运行材料 [M]. 北京：机械工业出版社，2005.
[10] 陈一永. 汽车修理工 [M]. 北京：金盾出版社，2009.